Helmut Kohl

Die deutsche Einheit

Helmut Kohl

Die deutsche Einheit

Reden und Gespräche

Mit einem Vorwort
von Michail Gorbatschow

Gustav Lübbe Verlag

Redaktion: Ulrike Brandt-Schwarze, Bonn
Umschlaggestaltung: Roland Winkler, Bergisch Gladbach
Satz: Dörlemann-Satz, Lemförde
Druck und Einband: Ebner Ulm

Printed in Germany
ISBN 3-7857-0665-0

Inhalt

An die Leser dieses Buches

Die Geschichte ist ein gerechter, ruhiger und anspruchsvoller Richter. Nur langsam wählt sie endgültige Einschätzungen für Staaten, Ereignisse und Persönlichkeiten aus. Es kommt vor, daß Jahrzehnte, mitunter auch Jahrhunderte, vergehen, ehe ihre Beurteilungen allgemein anerkannt werden. Manchmal aber, wenn es sich um etwas wahrhaft Bedeutsames handelt, ist das Urteil der Geschichte vorherbestimmt. Staatsmänner, die eine neue Situation zutreffend eingeschätzt, eine richtige Wahl getroffen und sie auch praktisch umgesetzt haben, verdienen es, herausragende historische Persönlichkeiten genannt zu werden - ganz gleich, wie sich ihr weiteres Schicksal gestaltet. In Anlehnung an Stefan Zweig kann man sagen, daß diese Persönlichkeiten ihrer »Sternstunden« würdig sind.

In der deutschen Geschichte, wie in der Geschichte anderer Länder und Völker auch, gibt es manche Personen, die man in diese Reihe stellen kann. Ich bin zutiefst davon überzeugt, daß Helmut Kohl unter ihnen bereits seinen Platz eingenommen hat.

Die Idee einer einheitlichen Staatlichkeit hat auf Grund des historischen Schicksals des deutschen Volkes in seinem Bewußtsein immer einen sehr wichtigen Platz eingenommen. Bisweilen wurde diese Vorstellung zum Schaden für andere Länder und Völker ausgenutzt. Letzten Endes wurden die Deutschen aber selbst zum Opfer solch einer Politik.

Der Staatsmann, der zum erstenmal daranging, diese Idee auf der Grundlage demokratischer Prinzipien, mit ausschließlich friedlichen Mitteln und unter Respektierung der Belange und Rechte anderer Nationen und Völker zu verwirklichen, hat durch diese Politik den Deutschen geholfen, wieder Vertrauen zu ihrem Land zu gewinnen. Er verdient den Titel eines großen Bürgers im eigenen Land und die Anerkennung der anderen Völker.

Wir sind mit Helmut Kohl Partner in der Weltpolitik und auch Freunde geworden, nachdem wir rechtzeitig die Herausforderungen der Zeit in der »Deutschen Frage« begriffen hatten. Ich hatte Gelegenheit, ihn sowohl als einen Politiker von Format wie auch als Menschen schätzen zu lernen - einen starken, offenherzigen, für einfache Gefühle aufgeschlossenen Menschen, der fähig ist, Vertrauen mit Vertrauen zu beantworten, sich in die Lage des Partners zu versetzen, Solidarität zu üben und sein Wort zu halten.

Die Frage nach der Wiedervereinigung Deutschlands wurde endgültig im Juli 1990 während unseres Treffens in Moskau und in der Region Stawropol gelöst, das Helmut Kohl mit gutem Grund »einen neuen Höhepunkt in der Geschichte der sowjetisch-deutschen Beziehungen« genannt hat. Natürlich geschah dies nicht kurzfristig und spontan. Dem Abkommen und dem »Großen Vertrag« war eine langwierige, schwierige Arbeit vorausgegangen. Eine wichtige Rolle spielte hierbei die »neue Ostpolitik« der Bundesrepublik Deutschland. Helmut Kohl und ich mußten - jeder bei sich zu Hause - große Anstrengungen unternehmen, um die Voraussetzungen für das notwendige gegenseitige Verständnis zu schaffen. Auf beiden Seiten galt es, eingefahrene Klischees der Feindseligkeit, die Ängste der Vergangenheit und nicht zuletzt den Widerstand traditioneller außenpolitischer Konzeptionen zu überwinden. Die maßgebliche Bedingung für die Lösung der »Deutschen Frage« war die Beendigung des »kalten Krieges«. Auch hier spielte unsere gute Zusammenarbeit mit Helmut Kohl eine bedeutende Rolle.

Auf die Lösung der großen Fragen folgt - wie es heute allgemein bekannt ist - keine ruhige und gleichmäßige Vorwärts- und Aufwärtsbewegung. Im Gegenteil: Es tauchen weitere schwierige - wenn auch andersgelagerte - Probleme auf. Die Wiederherstellung der deutschen Einheit erwies sich als ein weitaus komplizierterer Prozeß, als viele angenommen hatten. Falsch lagen aber auch jene, die angesichts der schwierigen wirtschaftlichen, sozialen und geistig-moralischen Anpassung von Panik befallen wurden. Ich freue mich, daß der Prozeß des Zusammenwachsens stabil und in demokratischen Bahnen abläuft.

Vorwürfe, Kritik, ja sogar Beschuldigungen mußte und muß sich Helmut Kohl anhören. Nichts und niemand aber wird das Wichtigste erschüttern können, was er für sein Volk geleistet hat: die Wiedervereinigung Deutschlands.

Die Herausgabe eines Sammelbandes mit Reden von Helmut Kohl bietet mir einen willkommenen Anlaß, diese Gedanken über meinen Freund, einen hervorragenden Staatsmann unserer Zeit, zu äußern. Mit Vergnügen habe ich davon Gebrauch gemacht.

23. VII

23. Juli 1992 | Michail S. Gorbatschow

1 »40 Jahre Bundesrepublik Deutschland – Unsere Verantwortung für Deutschlands Zukunft«

I

Der 40. Geburtstag unserer Bundesrepublik Deutschland sollte für uns alle Anlaß sein, uns auf eine wichtige Tugend aus der Gründungsphase unseres Gemeinwesens zu besinnen: nämlich auf die Fähigkeit zum Konsens, ohne den eine Demokratie auf Dauer nicht lebensfähig ist. Wir haben wahrlich genug Themen, über die wir uns streitig auseinandersetzen können; aber um der Zukunft unseres Landes willen ist es ebenso wichtig, immer wieder auch zur Gemeinsamkeit zu finden. Gerade die ersten Jahrzehnte unserer Bundesrepublik Deutschland beweisen ja, daß dies auch in schwierigen Zeiten möglich ist.

40 Jahre Bundesrepublik Deutschland – dieses Jubiläum wird die vor uns liegenden Monate prägen, und es wird 1989 in vielfacher Hinsicht zu einem besonderen Jahr machen: zu einem Jahr, in dem wir auf die Anfänge unserer freiheitlichen Demokratie zurückblicken und Bilanz ziehen; zu einem Jahr auch, in dem wir gemeinsam feiern, was seit 1949 durch die Anstrengungen aller Bürger geschaffen wurde.

40 Jahre Bundesrepublik Deutschland: auf den ersten Blick scheint das kein langer Zeitraum zu sein – schon gar nicht im Vergleich zu anderen Jubiläen, die in diesem Jahr gefeiert werden: Ich denke zum Beispiel an das 300jährige Jubiläum der »Bill of Rights« in Großbritannien und natürlich an das 200jährige Jubiläum der Französischen Revolution.

Und doch. Es ist gut und wichtig, daß wir gerade jetzt, nach 40 Jahren, an die Gründung unserer Bundesrepublik Deutschland erinnern. Im Rahmen der jüngeren deutschen Geschichte nehmen sich diese vier Jahrzehnte in der Tat als etwas Besonderes aus. Und wir dürfen – bei aller gebotenen Zurückhaltung – mit Genugtuung und auch mit Stolz auf sie zurückblicken.

Rede zur Eröffnung des CDU-Kongresses »40 Jahre Bundesrepublik Deutschland: Frieden – Freiheit – Soziale Gerechtigkeit« am 18. Januar 1989 in Bonn.

In der deutschen Geschichte der Neuzeit markieren diese 40 Jahre eine eindrucksvolle Stabilität. Von 1914 bis 1949 zum Beispiel erlebten die Deutschen in nur 35 Jahren zwei Weltkriege, das Ende des Kaiserreichs, die Weimarer Republik und deren Scheitern, schließlich die Barbarei der Nationalsozialisten sowie den tiefen Einschnitt nach 1945 mit den Jahren der Besatzung. Welch ein Kontrast zu der Periode, in der wir heute leben! 40 Jahre Bundesrepublik Deutschland – das sind vor allem 40 Jahre Frieden in Freiheit.

Noch aus einem anderen Grund halte ich es für wichtig, den historischen Rückblick jetzt vorzunehmen. 40 Jahre entsprechen im landläufigen Sinne dem Wechsel von einer Generation zur nächsten. Aber sie bilden auch noch keine so große zeitliche Kluft, daß der Kontakt der Generationen dadurch unterbrochen würde.

Wer heute in der Bundesrepublik Deutschland Verantwortung trägt – in Politik und Wirtschaft, im kulturellen Leben oder in gesellschaftlichen Verbänden –, hat die Gründung unserer freiheitlichen Demokratie zumeist als Kind oder Jugendlicher erlebt. Gleichzeitig leben auch noch viele Zeitzeugen aus der Generation der Gründer, die von Beginn an beim Aufbau unseres freiheitlichen Gemeinwesens mitgewirkt haben. Gemeinsam stehen wir in der Pflicht, unserer jungen Generation – für die ein Leben in Frieden, Freiheit und Wohlstand selbstverständlich ist – ein wirklichkeitsgetreues Bild jener Gründungsphase vor Augen zu führen.

Vor allem müssen wir versuchen, einen Eindruck von den Hoffnungen, von den Ideen und Überzeugungen der Gründer unserer Republik zu vermitteln – und nicht zuletzt von den Erfahrungen, die sie geprägt hatten. Zu diesen Erfahrungen zählt in erster Linie das schreckliche Erlebnis der nationalsozialistischen Gewaltherrschaft. »Nie wieder Krieg, nie wieder Diktatur!« – so lautete der feierliche Schwur bei Gründung der Bundesrepublik Deutschland, und wir haben ihn seither immer wieder bekräftigt.

In diesem Jahr werden wir auch den 50. Jahrestag des Beginns des Zweiten Weltkriegs begehen. Bei dieser Gelegenheit werden wir – wie auch beim Gedenken an den 50. Jahrestag der »Reichskristallnacht« im vergangenen Jahr – einmal mehr mit großem Ernst deutlich machen: Wir nehmen unsere Geschichte in ihrer Gesamtheit an – mit all ihren guten, aber auch mit ihren schrecklichen Seiten.

Die Gründergeneration der Bundesrepublik Deutschland konnte uns den Wert und die Würde verantworteter Freiheit ja vor allem auch deshalb zurückgewinnen, weil sie bereit war, die Last der Geschichte anzunehmen. In diesem Geiste hat es Konrad Adenauer 1951 als »*vornehmste Pflicht des deutschen Volkes*« bezeichnet, im Verhältnis zum Staate Israel und zu den Juden, »*den Geist wahrer Menschlichkeit wieder lebendig und fruchtbar werden*« zu lassen.

Wiedergutmachung wurde geleistet, zur Sicherung einer Heimat für die Juden und als Hilfe für die Überlebenden des Holocaust. Aber heute wissen wir so gut wie damals: Leiden und Sterben, Schmerz und Tränen kann man nicht wiedergutmachen. Dafür gibt es nur die gemeinsame Erinnerung, die gemeinsame Trauer und den gemeinsamen Willen zum Miteinander in einer friedlicheren Welt.

Ohne das Wissen um die totalitäre Versuchung, ohne die Erinnerung an Schuld und moralisches Versagen sowie an die beispiellosen Schrecken, die daraus erwuchsen, läßt sich die Geschichte der Bundesrepublik Deutschland nicht verstehen: Diese Erfahrungen prägten die Beratungen im Parlamentarischen Rat auf entscheidende Weise. Dies immer wieder ins Bewußtsein zu rufen gehört mit zu den Aufgaben in diesem Jubiläumsjahr.

Aus dem Rückblick auf 40 Jahre Geschichte der Bundesrepublik Deutschland kann auf diese Weise eine Brücke werden, die die Generationen zusammenhält. Ich glaube, der Versuch, über mehr Kenntnisse unserer Geschichte auch mehr Verständnis wachsen zu lassen, ist aller Anstrengungen wert.

Dies wäre allerdings zum Scheitern verurteilt, wenn wir uns nicht um ein vielseitiges, ausgewogenes und möglichst umfassendes Bild unserer Geschichte bemühten. Es kann nicht darum gehen, kritiklose Selbstzufriedenheit zu verbreiten – und ebensowenig dürfen wir der Versuchung erliegen, unsere Sicht nur auf die Bundesrepublik zu beschränken. Wir müssen uns vielmehr um eine Gesamtschau bemühen, die alle Aspekte einbezieht:

- Dazu gehört zunächst einmal das Wissen um die fortbestehende Einheit unserer Nation. Wenn wir das 40jährige Bestehen unserer freiheitlichen Demokratie feiern, dann vergessen wir darüber niemals, daß die Bundesrepublik nicht unser ganzes Vaterland ist: Auch die DDR wird in diesem Jahr 40 Jahre alt. Um so mehr bekräftigen wir - gerade auch bei den Jubiläumsfeierlichkeiten - unsere Verbundenheit mit all jenen Deutschen, denen ein Leben in Freiheit bislang versagt blieb.

- Zu der Gesamtschau, von der ich sprach, gehört ebenso der Blick auf die internationalen Zusammenhänge, vor allem auch auf die Einbindung in die westliche Wertegemeinschaft, durch die sich unsere Freiheit erst entfalten konnte.

II

Damit sind entscheidende Stichworte genannt, die sich wie ein roter Faden durch die Geschichte der letzten 40 Jahre ziehen: Es ist eine Geschichte der Freiheit und der Verantwortung, die aus ihr erwächst - Verantwortung der Bürger füreinander und für unseren Staat, Verantwortung für unsere Landsleute in der DDR, Verantwortung für den Schutz von Frieden, Freiheit und Menschenrechten weltweit - an der Seite unserer Freunde und Partner in der westlichen Allianz. So sieht es nicht zuletzt das Grundgesetz vor, in dessen Präambel vor 40 Jahren der Auftrag aufgenommen wurde, »*als gleichberechtigtes Glied in einem vereinten Europa dem Frieden der Welt zu dienen . . .*«

Wir erinnern uns in diesen Tagen in Dankbarkeit jener Männer und Frauen, die im Parlamentarischen Rat das Grundgesetz berieten. Dieses Dokument der Freiheit, Fundament unserer freiheitlichen und rechtsstaatlichen Demokratie, ist für uns Deutsche zu einer Quelle neuer moralischer Kraft geworden. Mit der Verkündung des Grundgesetzes war der entscheidende Schritt getan, um in einem zerstörten, von einer totalitären Diktatur geschändeten Land die Demokratie wiederzuerrichten. Und mehr noch: Unsere Verfassung hat sich als flexibel genug erwiesen, um einer kreativen Weiterentwicklung - wo erforderlich - den notwendigen Raum zu geben. Sie bezeugt damit über den Tag hinaus sowohl die Weitsicht der Gründer unserer Bundesrepublik Deutschland als auch die zeitlose Gültigkeit ihrer Ideale. Bei allem, was die demokratischen Parteien in der Bundesrepublik heute trennen mag - und notwendigerweise trennen muß: Wir stehen gemeinsam in der Tradition des antitotalitären Grundkonsenses von Persönlichkeiten wie Theodor Heuss, Kurt Schumacher oder Carlo Schmid - und nicht zuletzt Konrad Adenauer und Ludwig Erhard. Ich denke hier auch an so bedeutende Frauen wie zum Beispiel Helene

Weber, die als Zentrumsabgeordnete schon der Verfassunggebenden Nationalversammlung von Weimar und dem Reichstag angehört hatte.

[...]

Der historische Rückblick kann uns helfen, Augenmaß zu bewahren und den richtigen Weg zu finden. Die Erinnerung an die Geschichte dient immer auch als Standortbestimmung im Blick auf die Zukunft. Sie nimmt uns in die Pflicht, das Erreichte zu bewahren und auszubauen. Sie schärft schließlich den Blick für entscheidende Grundbedingungen und unauflösbare Zusammenhänge, die wir niemals außer acht lassen dürfen:

- So war zum Beispiel unsere Demokratie in den vergangenen Jahrzehnten auch deshalb so stabil, weil sie sich - im Gegensatz zur Weimarer Republik - gegenüber den Feinden der Freiheit zur Wehr setzen konnte. Durch eine glückliche Verbindung von Toleranz und Festigkeit hat sich unsere freiheitliche Ordnung allen Herausforderungen durch totalitäre Bestrebungen oder terroristische Gewalttäter gewachsen gezeigt.

  Auch für die Zukunft gilt: Wenn wir den inneren Frieden in unserem Land erhalten wollen, müssen wir bereit sein, die friedenstiftende Funktion des Rechts zu wahren. Dazu gehört auch, Gesetzesübertretungen zuverlässig zu ahnden und keine rechtsfreien Räume oder Grauzonen entstehen zu lassen. Dazu gehört erst recht, illegales Handeln als Mittel der politischen Auseinandersetzung entschieden abzulehnen.
- Ebenso wie der innere Friede bedarf auch der äußere des fortdauernden Schutzes. Wenn wir auf 40 Jahre Frieden in Freiheit zurückblicken können, dann sollten wir daran denken: Es ist kein Zufall, daß dieses Jubiläum mit dem 40jährigen Bestehen der NATO zusammenfällt.

  Wir leben mittlerweile nicht nur in der längsten Friedensperiode in der europäischen Geschichte der Neuzeit - länger als die zeitweise recht unruhige Phase zwischen 1871 und 1914. Wir haben darüber hinaus allen Grund zur Hoffnung, daß diese Friedensperiode anhält, mehr noch: daß der Frieden auf unserem Kontinent immer sicherer wird. Der INF-Vertrag war ein ermutigender Schritt in diese Richtung, ein bewegendes Zeichen der Hoffnung für viele Menschen.

Darüber droht nur allzuleicht der Blick für wesentliche Bedingungen dieses Erfolgs verlorenzugehen: Wenn wir jetzt in eine Entwicklung eingetreten sind, die Abrüstung Wirklichkeit werden läßt, die mehr Vertrauen schafft und die zu immer besseren Beziehungen zwischen West und Ost führen kann, dann verdanken wir dies nicht zuletzt unserer Grundsatztreue, unserem Willen zur Verteidigung von Frieden und Freiheit und dem festen Zusammenhalt im westlichen Bündnis. Gefährden wir diesen Fortschritt nicht, indem wir jetzt seine Grundlagen in Frage stellen!
Von Anfang an, seit Bestehen unseres Staates, ist unsere Sicherheit unauflösbar mit der Sicherheit unserer westlichen Verbündeten gekoppelt, und so wird es auch in Zukunft sein. Deshalb wird die Einbindung in die westliche Wertegemeinschaft auch weiterhin ein unverzichtbarer Teil unserer Staatsräson bleiben - und ebenso werden wir auch in Zukunft die notwendigen Verteidigungsanstrengungen auf uns nehmen müssen. Das wird natürlich - wie bisher auch - in einem gewissen Umfang Belastungen, Einschränkungen und Opfer mit sich bringen, vor allem für unsere jungen Wehrpflichtigen.
Doch nach wie vor gilt: Frieden und Freiheit gibt es nicht zum Nulltarif. Der politische Kurs von Generalsekretär Gorbatschow berechtigt zu Hoffnungen. Aber der Weg ist noch weit, sein Ziel durchaus ungewiß. Niemand von uns hat das Recht, aus einer Euphorie heraus vorschnell Entscheidungen zu treffen, die unsere Sicherheit und die Solidarität des westlichen Bündnisses aufs Spiel setzen könnten.
Eine gesicherte Verteidigungsfähigkeit - das lehren uns gerade auch die letzten 40 Jahre - bleibt unverzichtbare Voraussetzung für Entspannung und Abrüstung. Und deshalb bleibt es bei unserem Ja zur Bundeswehr - bei unserer Solidarität mit den Soldaten, deren Dienst oft schwierig und mit manchen Entbehrungen und Anstrengungen verbunden ist. Die Bundeswehr ist ein fester Bestandteil unseres demokratischen Gemeinwesens. Unsere Soldaten leisten Diensteid und feierliches Gelöbnis nicht auf eine bestimmte Person; vielmehr versprechen sie, *»der Bundesrepublik Deutschland treu zu dienen und das Recht und die Freiheit des deutschen Volkes tapfer zu verteidigen«*.

- Zu den Dingen, die es zu schützen und zu bewahren gilt, gehören natürlich auch unser wirtschaftlicher Wohlstand und unsere soziale Sicherheit. Beides hat dieselbe Grundlage: den Fleiß, die Leistungsbereitschaft und die Kreativität unserer Bürger. Ich sage noch einmal: Der hohe Lebensstandard bei uns ist die Frucht harter Arbeit - und wir müssen uns bewußt sein, daß er auch nur durch harte Arbeit erhalten werden kann.
  Gerade zu einem Zeitpunkt, in dem andere Völker und Regionen - ich denke vor allem an den ostasiatischen Raum - im wirtschaftlichen Aufbruch begriffen sind, dürfen wir hier nicht nachlassen. Jeder Art von Versorgungsmentalität, wie wir sie hier und da beobachten können, müssen wir deshalb eine entschiedene Absage erteilen. Mehr denn je gilt die schlichte Wahrheit, daß wir nicht einfach sorglos aus dem vermeintlich vollen schöpfen können - weder beim Gesundheitswesen noch beim Umgang mit unseren natürlichen Ressourcen oder bei der Verteilung von Arbeitszeit.

Begreifen wir deshalb das Jubiläum unserer Bundesrepublik Deutschland auch als einen Aufruf, neue Kräfte zu mobilisieren, Fähigkeiten und Tugenden zu erneuern, die manche schon zum alten Eisen werfen wollten - und die doch unseren wirtschaftlichen Aufstieg erst möglich gemacht haben! Ich spreche von der Bereitschaft zur Leistung, zum engagierten Einsatz über das zwingend Vorgeschriebene hinaus. Ich spreche auch von der Fähigkeit zur Eigeninitiative, vom Mut zum Risiko, von Sorgfalt und Zuverlässigkeit, von vermeintlich altmodischen Einstellungen also, die dem »Made in Germany« seinen guten Ruf verschafft haben.

So verstanden, können 40 Jahre Bundesrepublik Deutschland in der Tat kein Grund sein, uns selbstzufrieden zurückzulehnen - uns gleichsam auf den Lorbeeren unseres Jubiläums auszuruhen. Sie sind vielmehr immer auch Mahnung, Antrieb und eine Orientierungshilfe im Blick auf die Zukunft. Selbstzufriedenheit, Sattheit und Bequemlichkeit sind das Letzte, was wir uns erlauben können; sie wären Verrat an den künftigen Generationen.

III

In vielfacher Hinsicht hat die Entwicklung unseres freiheitlichen Gemeinwesens – allen Wechseln und Veränderungen zum Trotz – eine bemerkenswerte Kontinuität gezeigt. Im Rückblick erkennen wir: Wichtige Erfahrungen, Zusammenhänge und Grundbedingungen haben ihre Gültigkeit bewahrt. So wie vor 40 Jahren müssen wir sie auch jetzt beachten, wenn wir neue Ziele anstreben.

Wir haben eine konkrete Vision, von der wir uns dabei leiten lassen: die Vision einer Friedensordnung, die ganz Europa – und auch die Deutschen – in Freiheit vereint. Wir wissen nicht, wann wir sie verwirklichen können, aber wir lassen nicht nach, mit ganzer Kraft dafür zu arbeiten – und gerade in letzter Zeit haben wir ermutigende Fortschritte erzielt.

Vor allem ist die Vollendung des europäischen Binnenmarktes auf einem guten Weg. Wir bauen weiter an dem Werk, das Konrad Adenauer, Jean Monnet, Robert Schuman, Alcide de Gasperi und viele andere begonnen haben. Der gemeinsame Binnenmarkt wird eine völlig neue Qualität der europäischen Einigung eröffnen. Als Raum ohne Grenzen für 320 Millionen Bürger wird er einen wirtschaftlichen Schub bewirken, den man – auf deutsche Verhältnisse übertragen – nur mit Ludwig Erhards Währungsreform vergleichen kann. Aber er wird Europa auch politisch entscheidende Impulse geben.

Es geht in diesem Zusammenhang auch darum, der Gemeinschaft fortschreitend die Dimension eines gemeinsamen Sozialraumes und eines gemeinsamen Währungsraumes zu eröffnen – sowie darum, eine wesentlich größere Übereinstimmung in der Außen- und Sicherheitspolitik zu erreichen. Gerade auf dem zuletzt genannten Gebiet haben Frankreich und die Bundesrepublik Deutschland eine Schrittmacherrolle übernommen.

Durch unsere gemeinsamen Initiativen, nicht zuletzt durch die Aufstellung eines integrierten deutsch-französischen Truppenverbandes, ist eine Keimzelle geschaffen worden, aus der schließlich eine gemeinsame europäische Verteidigung erwachsen kann. Frankreich und die Bundesrepublik Deutschland handeln dabei in europäischer Verantwortung – und im Bewußtsein, daß die europäischen Staaten nur noch gemeinsam Sicherheit finden können. Auch die Brücke über den Atlantik zu unseren amerikanischen Freunden wird auf Dauer nur halten können, wenn sie auf beiden Seiten auf festgefügten Pfeilern ruht.

Ich betone noch einmal: Die Vollendung des Binnenmarkts markiert das wichtigste Ziel unserer Europapolitik in den nächsten Jahren - aber sie ist letztlich auch nur eine Zwischenetappe. Wir wollen die Europäische Union verwirklichen, die gleichzeitig als Modell und Eckstein einer umfassenden europäischen Friedensordnung wirken soll. Denn eines vergessen wir nicht: Europa ist weitaus mehr als die EG. Ich verstehe die Europäische Gemeinschaft deshalb als ein Angebot, das offenbleiben muß für jene, die einmal zu diesem größeren Verband dazustoßen können und wollen. In dieser europäischen Perspektive liegt Deutschlands Zukunft - und wenn ich Deutschland sage, meine ich nicht nur die Bundesrepublik allein.

Die europäische Einigungspolitik bildet nach wie vor die einzig sinnvolle Antwort auf die ungelöste deutsche Frage. Europa muß den Rahmen bilden, in dem alle Deutschen in Einheit und Freiheit zusammenkommen können. Deshalb ist es absurd, wenn manche hier einen Widerspruch zu konstruieren suchen - einen Widerspruch zwischen den Zielen deutscher Wiedervereinigung und europäischer Einigung. Eine solche Behauptung ist ja nicht sehr originell. Seit Gründung der Bundesrepublik Deutschland ist sie immer wieder zur Diskussion gestellt - und aus guten Gründen immer wieder verworfen worden. In den Erinnerungen von Konrad Adenauer findet sich das Zitat:

»In Deutschland waren Auffassungen vertreten, nach denen es für uns entweder nur eine Politik für Europa oder aber eine Politik für die deutsche Einheit gäbe. Ich hielt dieses ›Entweder-Oder‹ für einen sehr verhängnisvollen Irrtum. Es konnte niemand erklären, wie ohne ein starkes und einiges Europa die deutsche Einheit in Freiheit zu verwirklichen wäre.«

Es ist erstaunlich, mit welcher Beharrlichkeit sich manche Irrtümer durch die deutsche Geschichte ziehen. Ich halte es für wichtig, solche Überlegungen auch heute noch einmal in aller Deutlichkeit zurückzuweisen. Die Wiederbelebung dieser Scheinalternative - deutsche Einheit oder europäische Einigung - hat offensichtlich die Westintegration selbst im Visier. Manche nehmen die kommende Europäische Union zum Anlaß, um neutralistische Tendenzen zu fördern.

In Wahrheit gibt es zwischen Wiedervereinigung und Westintegration keinen Widerspruch. Sie sind nicht konkurrierende, sondern parallellaufende – und ich meine sogar: zusammengehörige – Aufträge des Grundgesetzes. Ich zitiere noch einmal den Satz aus der Präambel des Grundgesetzes, in dem *beide* Aufträge an das deutsche Volk formuliert sind: »... *seine nationale und staatliche Einheit zu wahren und als gleichberechtigtes Glied in einem vereinten Europa dem Frieden der Welt zu dienen* ...« Diese Formulierung macht deutlich, daß die Väter und Mütter unserer Verfassung beides für miteinander vereinbar hielten. Die Wiedervereinigung Deutschlands ist Verfassungsauftrag; Friedenspolitik und europäische Einigung sind es ebenfalls.

Richtig ist natürlich auch, daß die Staatsorgane alles zu unterlassen haben, was die Wiedervereinigung vereiteln würde. Sie dürfen nichts unternehmen, was rechtlich oder tatsächlich einer Wiedervereinigung in Freiheit offensichtlich entgegenstünde. Ich kann aber nicht erkennen, inwieweit die Zugehörigkeit der Bundesrepublik Deutschland zu einem europäischen Bundesstaat – den Vereinigten Staaten von Europa – ein rechtliches Hindernis dafür bilden könnte, »*in freier Selbstbestimmung die Einheit und Freiheit Deutschlands zu vollenden*«. Es geht um beides: um Einheit *und* Freiheit. Freiheit ist Bedingung der Einheit, sie darf nicht ihr Preis sein. Wenn aber die Freiheit der Kern der deutschen Frage ist – wie sollte dann ein freiheitlich verfaßter europäischer Bundesstaat im Wege stehen, wenn sich endlich allen Deutschen die Chance gemeinsamer Freiheit böte? Heute wie vor 40 Jahren war der Sinn der Westintegration, die Freiheit der Menschen in der Bundesrepublik Deutschland sowie ihrer Bündnispartner zu schützen und die Chance für gemeinsame Freiheit aller Deutschen und Europäer zu bewahren und zu fördern. Daher sind Deutschland- und Europapolitik zwei Seiten derselben Medaille.

Wenn wir die europäische Einigung vorantreiben, dann nicht, weil wir unsere Landsleute in der DDR oder unsere europäischen Nachbarn in Mittel-, Ost- und Südosteuropa abgeschrieben hätten. Im Gegenteil: Wir vertrauen auf die große Anziehungskraft des europäischen Einigungswerkes. So wird etwa in Ungarn laut darüber nachgedacht, ob man nicht der EG beitreten solle; dies ist beispielhaft für eine Entwicklung, die noch vor wenigen Jahren völlig undenkbar gewesen wäre.

Die Europäische Gemeinschaft wird so mehr und mehr zu einem Kristallisationspunkt für das Europa der Freiheit – und gerade in diesen Monaten erleben wir, wie der fortschreitende Prozeß der europäischen Einigung auch in den Staaten des Warschauer Pakts Eindruck macht. Es wächst dort das Bewußtsein, daß alte, verkrustete Strukturen aufgebrochen werden müssen, um Wege in eine bessere Zukunft zu eröffnen.

Indem wir uns in der Europäischen Gemeinschaft immer enger zusammenschließen, handeln wir also auch im Interesse der Menschen im anderen Teil unseres Kontinents - und damit auch unseres Vaterlandes - sowie in der Hoffnung, daß sie eines Tages in freier Selbstbestimmung dieses Werk des Friedens werden mitgestalten können.

IV

Gerade wir Deutsche müssen deshalb das größte Interesse daran haben, daß der europäische Einigungsprozeß voranschreitet. Das heißt auch: Wir müssen zu Kompromissen bereit sein, wenn wir nicht die großen Chancen verspielen wollen, die sich uns gemeinsam eröffnen. Vergessen wir dabei nicht: Nur gemeinsam lassen sich die großen globalen Aufgaben lösen, mit denen wir in den nächsten Jahren und Jahrzehnten konfrontiert werden.

- Ich erwähne den Schutz unserer Umwelt. Die Schönheit und Vielfalt unserer Natur ist ein kostbares Gut, das es zu pflegen und zu bewahren gilt. Vor allem aber geht es darum, die natürlichen Lebensgrundlagen zu erhalten - für uns und für die kommenden Generationen.

  [. . .]
- Ähnlich verhält es sich mit der Lösung des Nord-Süd-Konflikts. Ich sehe in diesem Problem eine der zentralen Herausforderungen an die Menschheit, dessen Brisanz vielleicht schon bald die des Ost-West-Konflikts überwölben könnte. Die Armut in den Ländern der Dritten Welt, Krankheiten, Hunger und Elend - sie dürfen uns schon aus mitmenschlicher Solidarität nicht gleichgültig lassen. Doch hier steht auch der Frieden, der soziale Frieden, der Völkergemeinschaft auf dem Spiel.

  [. . .]

Diese Beispiele zeigen, wie unsere Zukunft in immer stärkerem Maße mit der anderer Staaten verflochten ist. Internationales Zusammenwirken wird unter diesen Voraussetzungen zum Gebot der Stunde. Nach 40 Jahren ist die Bundesrepublik Deutschland heute mehr denn je gefordert, ihre weltpolitische Verantwortung wahrzunehmen – ohne Besserwisserei, ohne Überheblichkeit und in enger Partnerschaft mit unseren Freunden im westlichen Bündnis.

Nutzen wir das Jubiläum unserer freiheitlichen Ordnung auch in dieser Hinsicht – indem wir darauf hinweisen, wie sich aus veränderten Bedingungen für die Bundesrepublik Deutschland auch international neue Herausforderungen, neue Pflichten ergeben. Sie verbinden sich mit unserem Auftrag, weltweit für Freiheit und Menschenwürde einzustehen – und nicht zuletzt diese besondere Verpflichtung ergibt sich aus unserer Geschichte.

Ich erwähnte bereits, daß sich in diesem Jahr auch der Beginn des Zweiten Weltkriegs zum 50. Mal jährt – ein Anlaß, an die schlimmen Taten zu erinnern, die von Deutschland ausgegangen sind und für die wir als Deutsche die historische Verantwortung tragen.

In den Gedenktagen dieses Jahres werden so Licht und Schatten deutscher Geschichte in starkem Kontrast deutlich. Dieser Gegensatz schärft nicht nur das Bewußtsein dafür, daß wir ohne Wenn und Aber zu unserer gesamten Geschichte stehen müssen – daß sich niemand von uns einzelne Teile davon heraussuchen kann. Er enthält gleichzeitig die Mahnung, totalitärer Versuchung in jeder Form zu widerstehen.

Schließlich gibt er uns Kraft und Mut für die Zukunft. Indem wir an Krieg und Zerstörung erinnern, indem wir die Umstände nachzeichnen, unter denen unsere Republik geboren wurde, erfahren wir die Demokratie einmal mehr als kostbares Geschenk, das wir uns durch Bürgersinn, durch eigene Anstrengungen täglich neu erwerben müssen. Damit stärken wir das geistige und moralische Fundament unserer freiheitlichen Ordnung.

Wir wissen: Die Zustimmung zu unserer Demokratie hängt nicht zuletzt davon ab, daß die Bürger deren geschichtliche Wurzeln kennen – und die Entwicklung, die die Bundesrepublik Deutschland seit 1949 genommen hat. Wenn wir uns diese Entwicklung vergegenwärtigen, dann stellen wir fest: Unsere Ausgangsposition an der Schwelle zu den 90er Jahren, an der Schwelle zum 21. Jahrhundert ist gut – und gewiß unvergleichlich viel besser als die Lage vor 40 Jahren. Im Gegensatz zu heute gab es damals wirklich Grund, pessimistisch in die

Zukunft zu blicken - oder gar zu verzweifeln. Die Menschen von damals - diese großartige Generation der Väter und Mütter unserer Republik - haben sich indessen ihren Lebensmut nicht nehmen lassen, und die Geschichte der letzten 40 Jahre hat ihnen recht gegeben.

Dies sollte uns Ansporn sein, mit Zuversicht den Weg fortzusetzen, den uns die Gründergeneration der Bundesrepublik Deutschland gewiesen hat - im leidenschaftlichen Bekenntnis zur Demokratie und im Bewußtsein unserer Verantwortung für die nachwachsenden Generationen.

2 »Es waren 40 gute Jahre«

Unsere Bundesrepublik Deutschland wird heute 40 Jahre alt. Dieses Jubiläum ist für uns alle Grund zur Dankbarkeit. Denn es waren insgesamt 40 gute Jahre. Träume von damals sind Wirklichkeit geworden.

Ich selbst erinnere mich noch genau an diese Zeit. Damals war ich 19 Jahre alt. Die Städte lagen noch in Trümmern. Viele Menschen litten Not, darunter Millionen von Flüchtlingen und Vertriebenen. Trotzdem schöpften wir neue Hoffnung. Ich spürte wie die meisten damals: Dies wird *unsere* Republik.

Seither ist vieles geschaffen worden, auf das wir stolz sein dürfen. Auf dem Fundament des Grundgesetzes haben wir eine freiheitliche Demokratie aufgebaut. Wir genießen Freundschaft und hohes Ansehen überall in der Welt. Noch nie in der deutschen Geschichte hat es eine so lange Zeit des Friedens und so viel persönliche Freiheit gegeben. Nie zuvor konnten mehr Menschen in Wohlstand und sozialer Sicherheit leben.

Viele haben dazu beigetragen. Ich denke an Konrad Adenauer, der uns in die Gemeinschaft der freien Völker zurückgeführt hat. An Ludwig Erhard, den Vater der Sozialen Marktwirtschaft. An Theodor Heuss, unseren ersten Bundespräsidenten. Ich denke auch an große sozialdemokratische Persönlichkeiten wie Kurt Schumacher oder Ernst Reuter.

Entscheidend aber waren der Mut und der Fleiß von vielen Millionen Bürgerinnen und Bürgern. Ich erwähne nur einige davon: Die Kumpel an Rhein und Ruhr. Die Bauern vom Allgäu bis Schleswig. Die Soldaten unserer Bundeswehr. Die Handwerker. Die Arbeiter und Unternehmer. Gerade an einem Tag wie heute sollten wir mit größtem Respekt auch an jene Frauen denken, die damals unter den allerschwierigsten Bedingungen für ihre Familien gesorgt haben.

Beitrag, veröffentlicht in BILD am 23. Mai 1989.

Dankbar müssen wir auch den ehemaligen Kriegsgegnern sein, die uns die Hand zur Versöhnung reichten: den Amerikanern, den Franzosen, den Briten und all den anderen, die uns geholfen haben.

Nicht alle Träume von damals haben sich erfüllt. Wir stehen weiterhin unter dem Auftrag des Grundgesetzes, »in freier Selbstbestimmung die Einheit und Freiheit Deutschlands zu vollenden«. In den letzten Jahren ist die Hoffnung gewachsen, daß wir dieses Ziel erreichen können.

Europa - West und Ost - bricht in eine neue Epoche auf. Wir können deshalb heute den Blick zuversichtlich nach vorn richten: in eine Zukunft, in der die Menschen und Völker *ganz* Europas in gemeinsamer Freiheit vereint sein werden.

3 Fundament des Friedens und der Freiheit

Die deutsch-amerikanische Freundschaft

[. . .]

Wir haben in diesen Tagen den vierzigsten Geburtstag unserer Bundesrepublik Deutschland gefeiert – und wir konnten dabei feststellen: Es waren insgesamt vierzig gute Jahre. Wir werden niemals vergessen, daß wir dies auch in hohem Maße unseren amerikanischen Freunden zu verdanken haben. Durch ihre Hilfe konnten sich das demokratische Engagement und der Fleiß von Millionen deutscher Bürgerinnen und Bürger entfalten. Vierzig Jahre Bundesrepublik Deutschland sind eben auch vierzig Jahre enger deutsch-amerikanischer Freundschaft. Viele wichtige Daten unserer Geschichte seit 1949 sind auf die eine oder andere Weise mit den Vereinigten Staaten untrennbar verknüpft.

So sind zum Beispiel in unser Grundgesetz viele der Gedanken und Ideale der amerikanischen Verfassung eingeflossen. Was unser gemeinsames Verständnis von Föderalismus betrifft, so stehen sich Deutsche und Amerikaner wohl näher als viele andere Völker.

Es war der politisch weitsichtige Marshall-Plan, der als Initialzündung für den Wiederaufbau unseres zerstörten Landes wirkte. Es waren die Vereinigten Staaten, die behutsam, aber nachhaltig die Einigung Europas förderten. Es waren amerikanische Soldaten, die – an der Seite der Soldaten unserer Bundeswehr und unserer anderen Verbündeten – in den vergangenen Jahrzehnten Frieden und Freiheit schützten.

In all diesen Jahren sind enge Beziehungen entstanden – nicht zuletzt auch auf persönlicher Ebene. Sie bilden ein festes und unzerstörbares Fundament für die Brücke der Freundschaft, die Deutsche und Amerikaner verbindet. Diese Brücke wollen wir weiter festigen – zum Beispiel, indem wir den Jugendaustausch fördern. Junge Deut-

Ansprache anläßlich des Besuches des Präsidenten der Vereinigten Staaten von Amerika, George H. W. Bush, in der Rheingoldhalle in Mainz am 31. Mai 1989.
Bulletin des Presse- und Informationsamts der Bundesregierung Nr. 54 (2. Juni 1989).

sche und junge Amerikaner müssen mehr Gelegenheit bekommen, einander zu begegnen und sich besser kennen- und verstehenzulernen. Nur so können wir manche oberflächlichen Urteile - die es in beiden Ländern immer noch gibt - dauerhaft abbauen.

Die deutsch-amerikanische Freundschaft wird auch in Zukunft von existentieller Bedeutung für uns sein. Sie ist Ausdruck der Wertegemeinschaft, die uns in der Atlantischen Allianz verbindet. Gerade in einer Zeit rascher und umfangreicher Veränderungen brauchen wir mehr denn je die Sicherheit und die Verläßlichkeit, die diese Gemeinschaft gibt. Die Zugehörigkeit zum Atlantischen Bündnis und die Mitgliedschaft in der Europäischen Gemeinschaft sind die unverrückbaren Fundamente der deutschen Außen- und Sicherheitspolitik. Niemals werden wir zulassen, daß an diesem Fundament gerüttelt wird. Die Westbindung unseres Landes steht außer Frage. Wir sind keine Wanderer zwischen den Welten: Unsere Zukunft liegt nicht irgendwo im Niemandsland zwischen West und Ost. Unsere Zukunft liegt allein in der Gemeinschaft der freien Völker.

Ich betone dies hier so nachdrücklich, weil es dazu in den letzten Wochen Spekulationen gegeben hat, die an der Wirklichkeit völlig vorbeigehen. Richtig ist allerdings, daß der Wandel in der Sowjetunion und anderen Staaten des Warschauer Pakts das geteilte Deutschland besonders berührt. Im übrigen ist es nur natürlich, daß zwei Länder mit so unterschiedlichen Gegebenheiten Einzelfragen immer wieder einmal unterschiedlich beurteilen. Eine Freundschaft zeigt sich aber nicht darin, daß jederzeit in allen Fragen völlige Übereinstimmung besteht. Das wäre eine künstliche und deshalb brüchige Harmonie. Entscheidend ist vielmehr, daß wir über offene Fragen als Freunde sprechen. Wir müssen immer wieder deutlich machen: Niemand von uns zweifelt an der Verläßlichkeit und Berechenbarkeit des anderen. Die feste Bindung zwischen unseren Ländern beruht eben nicht nur auf gemeinsamen Interessen - so wichtig diese sind -, sondern vor allem auf gemeinsamen Idealen und Überzeugungen.

Wir sind Zeugen eines neuen Aufbruchs in Europa. Zum ersten Mal seit dem Ende des Zweiten Weltkriegs haben wir eine realistische Chance, aus dem Schatten des Ost-West-Konflikts herauszutreten. Dabei ist entscheidend, daß die Hauptanstöße von unserem Bündnis ausgingen. Mittlerweile ist die sowjetische Politik kompromißfähiger geworden, offener für Dialog und Zusammenarbeit. Mit Befriedigung stellen wir fest: Es sind unsere gemeinsamen Wertvorstellungen, die den Reformprozeß im Osten beflügeln: unsere Forderungen nach Achtung der Menschen- und Bürgerrechte, unser Vorbild einer freiheitlichen Wirtschaftsordnung in sozialer Verantwortung. Auch wenn Ziel und Erfolg dieser Entwicklung noch nicht abzusehen sind: Sie bieten mehr Anlaß zu Hoffnung als Veränderungen in früheren Perioden.

Sie, Herr Präsident, haben davon gesprochen, daß es jetzt gilt, eine neue Politik für die neunziger Jahre zu entwerfen. Lassen Sie uns dies gemeinsam tun – als große Zukunftsaufgabe der Atlantischen Allianz. Wir – das westliche Bündnis – haben uns nie an den Status quo geklammert. Ein solches Denken verträgt sich nicht mit der Idee der Freiheit, die zugleich Dynamik und Offenheit für die Zukunft verheißt.

Wir sind bereit, den Reformprozeß in Staaten des Warschauer Pakts durch eine zukunftsgewandte Politik des Dialogs und der Zusammenarbeit abzustützen. Das Gesamtkonzept, das die Staats- und Regierungschefs des Bündnisses verabschiedet haben, enthält Grundlinien einer politischen Strategie, die wir gemeinsam in den kommenden Jahren verfolgen wollen. Damit haben wir erneut deutlich gemacht: Die NATO ist mehr als ein militärisches, sie ist in erster Linie ein politisches Bündnis – verpflichtet den »Grundsätzen der Demokratie, der Freiheit der Person und der Herrschaft des Rechts«, wie es in der Präambel des NATO-Vertrags heißt.

Die Erfolge der letzten Jahre in den West-Ost-Beziehungen und in der Abrüstungspolitik gehen vor allem auf Initiativen der Allianz zurück. Unsere beharrlichen Bemühungen haben sich ausgezahlt: Auf der Grundlage gesicherter Verteidigungsfähigkeit konnten wir Fortschritte bei Abrüstung und Rüstungskontrolle erzielen.

Grundlage und Voraussetzung jeder gemeinsamen Ostpolitik sind deshalb auch in Zukunft:

- ein starkes westliches Bündnis;
- das immer engere Zusammenwachsen der Europäischen Gemeinschaft, die politische Einigung Europas sowie
- der zielstrebige Ausbau der europäisch-amerikanischen Partnerschaft.

Empfang zu Ehren des Präsidenten der USA anläßlich seines Besuchs in der Bundesrepublik Deutschland (30.–31. Mai 1989). Im Bild: Bundeskanzler Dr. Helmut Kohl bei seiner Rede in der Mainzer Rheingoldhalle. Neben ihm (v.l.n.r.) Carl-Ludwig Wagner, der seinerzeitige Ministerpräsident von Rheinland-Pfalz, Barbara Bush und der amerikanische Präsident George H. W. Bush.

[. . .]

Vor allem in den letzten Jahren ist es gelungen, der wirtschaftlichen und politischen Integration Europas neue und kräftige Impulse zu verleihen. Der europäische Binnenmarkt, den wir bis Ende 1992 vollenden wollen, wird eine bis dahin nicht gekannte Bewegungsfreiheit für Menschen, Waren, Dienstleistungen und Kapital nach sich ziehen. Er wird einen wirtschaftlichen Impuls bewirken, wie es ihn seit den Tagen des Marshall-Plans in Europa nicht mehr gegeben hat. Nicht zuletzt wird er Europa auch politisch entscheidend voranbringen.

Für uns Deutsche – und ich sage das bewußt kurz vor den Wahlen zum Europäischen Parlament – ist die Politische Union keine ferne Vision. Ich wünsche mir sehr, daß wir ihre Verwirklichung noch vor der Jahrhundertwende erleben werden.

Ich weiß natürlich um die Sorgen, die in Ihrem Land vor allem der gemeinsame Binnenmarkt hervorruft. Tatsächlich wird der Binnenmarkt für die Vereinigten Staaten von Amerika - wie für andere Welthandelspartner auch - eine neue Qualität im internationalen Wettbewerb mit sich bringen. Ein solcher Wirtschaftsraum ohne Binnengrenzen - mit über 320 Millionen Menschen - bietet jedoch zugleich eine große Chance für unsere Partner; denn das damit entstehende neue Wachstumspotential wird seine Wirkung auch über die Grenzen der EG hinaus entfalten. Gerade auch die USA werden davon profitieren. Ich bin überzeugt, daß die Vollendung des Binnenmarkts das handelspolitische Klima in der Welt nicht verschlechtern wird. Wir wollen ein offenes Europa - und keine »Festung Europa«.

Die Bundesrepublik Deutschland wird aus Überzeugung und Tradition stets auf der Seite derjenigen stehen, die für ein freies und offenes Handelssystem eintreten. Dies liegt in unserem eigenen Interesse.

Wir brauchen eine starke Partnerschaft zwischen Europa und Amerika, übrigens nicht nur in Fragen der Sicherheits- und Handelspolitik. Auch die globalen Zukunftsaufgaben, die uns immer mehr bedrängen, können wir nur gemeinsam bewältigen. Ich nenne hier zum Beispiel den Schutz der Meere, der tropischen Regenwälder und der Ozonschicht - aber auch den Kampf gegen den weltweit operierenden Terrorismus und den internationalen Drogenhandel.

Herr Präsident, mehr als vierzig Jahre nach dem Ende des Zweiten Weltkriegs ist Europa immer noch ein geteilter Kontinent und unser deutsches Vaterland immer noch ein geteiltes Land.

Aber jetzt zeichnen sich neue Chancen ab, ein Europa der Freiheit zu verwirklichen. Die Europäische Union, die wir anstreben, soll Modell einer dauerhaften und gerechten Friedensordnung sein, in der alle Europäer in gemeinsamer Freiheit vereint sind. Nur ein solches Europa wird auch die Chance bieten, die Einheit und Freiheit des deutschen Volkes zu vollenden - wie es die Präambel unseres Grundgesetzes gebietet. Wir wissen, daß wir uns in dieser Frage auf die Unterstützung der Vereinigten Staaten von Amerika verlassen können.

So, wie ein vereinigtes Europa nur in Freiheit entstehen kann, so ist es auch nur vorstellbar als enger Freund und Partner der Vereinigten Staaten von Amerika.

[. . .]

4 »Politik in der Perspektive des Jahres 2000«

Zum Ausbau der deutsch-sowjetischen Beziehungen

[...]

Sehr verehrter Herr Generalsekretär, bei unseren Gesprächen in Moskau haben wir uns ein ehrgeiziges Programm vorgenommen, unsere Beziehungen zu entwickeln und einen Zustand guter Nachbarschaft zwischen unseren beiden Ländern dauerhaft zu begründen. Ich bin überzeugt, daß wir in der Bilanz Ihres Besuchs feststellen werden: Vieles von dem, was damals noch Planung war, ist fertig oder auf gutem Wege. Nach guter Saat im Herbst können wir jetzt die Ernte einbringen.

[...]

Wir begrüßen in Ihnen den Politiker, der entschlossen und zielbewußt sein Land in einen tiefgreifenden Prozeß politischer, wirtschaftlicher und gesellschaftlicher Umgestaltung führt. Damit geben Sie anderen Ländern Mittel- und Osteuropas ein Beispiel. Zugleich weisen Sie der sowjetischen Außen- und Sicherheitspolitik neue Wege.

Bei uns und unseren Verbündeten findet Ihre Politik Zustimmung und Ermutigung - mehr noch: Wir wünschen Ihnen Erfolg und sind bereit, dazu nach unseren Möglichkeiten beizutragen. Die Staats- und Regierungschefs des Nordatlantischen Bündnisses haben in ihrer Brüsseler Gipfelerklärung einmütig die historischen Veränderungen in Ihrem Lande und in anderen Ländern Mittel- und Osteuropas gewürdigt. Sie haben bekräftigt, was seit über zwei Jahrzehnten feste Politik unseres Bündnisses ist: Auf der Grundlage gesicherter Verteidigungsfähigkeit das Angebot von Dialog und Zusammenarbeit zu realisieren. Die Nordatlantische Allianz bekennt sich im Bündnisvertrag zu den Grundsätzen der Demokratie, der Freiheit der Person und der Herrschaft des Rechts.

Tischrede vom 12. Juni 1989, gehalten anläßlich des Staatsbesuchs des Generalsekretärs des Zentralkomitees der KPdSU und Vorsitzenden des Obersten Sowjets der UdSSR, Michail Sergejewitsch Gorbatschow, in der Bundesrepublik Deutschland (12.–15. Juni 1989).
Bulletin des Presse- und Informationsamts der Bundesregierung Nr. 61 (15. Juni 1989).

Als Mitglied dieses Bündnisses begrüßen wir besonders, daß Ihr Land sich im Innern und nach außen öffnet: Hin zu mehr Pluralismus und Rechtssicherheit, hin zu mehr Menschen- und Bürgerrechten, hin zu mehr Verständigung über bisher trennende Grenzen und Gräben hinweg.

Jedes Mehr an Öffnung ist eine gute Chance der Zusammenarbeit mit uns. Dies hat sich in den vergangenen Jahren insbesondere auf dem Gebiet der Abrüstung und Rüstungskontrolle erwiesen. Auf diesen soliden Grundlagen wollen wir jetzt weiterbauen. Unser Bündnis hat dazu mit seinem Gesamtkonzept der Abrüstung und Rüstungskontrolle den Kurs abgesteckt:

- Wir begrüßen die baldige Wiederaufnahme der Verhandlungen zwischen den USA und der Sowjetunion über die Halbierung ihrer strategischen Nuklearpotentiale. Wir wünschen ihnen raschen Erfolg.
- Wir wirken nach besten Kräften mit, daß am Genfer Verhandlungstisch die längst überfällige Konvention zur weltweiten Ächtung chemischer Waffen bald zustande kommt.
- Kernproblem der europäischen Sicherheit bleibt die starke konventionelle Überlegenheit der Streitkräfte des Warschauer Pakts. Auch dafür muß eine Lösung durch Abbau der Rüstungen auf ein stabiles Gleichgewicht und durch zusätzliche Maßnahmen der Vertrauensbildung gefunden werden.

Dies ist das Programm der Wiener Verhandlungen. Ihnen hat Präsident Bush mit seiner Brüsseler Initiative zusätzliche Dynamik verliehen. Unser Bündnis hat seine Vorschläge inzwischen in Wien eingebracht. Wir wollen nicht zuletzt im Zusammenhang mit dem Prozeß konventioneller Abrüstung auch baldmöglichst Verhandlungen über die teilweise Verminderung der amerikanischen und sowjetischen Kurzstreckenraketen erreichen: Hier ist das Übergewicht auf seiten des Warschauer Pakts für uns besonders bedrückend. Um so dringender wiederhole ich deshalb meinen Appell, durch einseitigen Abbau die Voraussetzungen für derartige Verhandlungen zu erleichtern.

Wir müssen jeden Krieg - ob nuklear oder konventionell - zuverlässig verhindern. Dies nimmt uns in die Pflicht, den Weg der Abrüstung und Rüstungskontrolle energisch fortzusetzen. Wir erfüllen damit hohe Erwartungen unserer Völker, die wünschen, daß ihr natürlicher Reichtum, ihre Erfindungsgabe und ihre Arbeitskraft Werken des Friedens und der sozialen Gerechtigkeit zugute kommen. Wir erfüllen damit die Erwartungen der ärmeren Länder unserer Erde. Die Menschen dort können nur dann auf Besserung ihres Loses hoffen, wenn alle Länder des Nordens zur Überwindung von Armut, Hunger, Verschuldung und Übervölkerung in der Dritten Welt beitragen.

Solche Gedanken des Friedens bewegen unser Volk in diesem Jahr besonders: Vor 50 Jahren begann der Zweite Weltkrieg mit dem Überfall auf Polen, das kurz zuvor durch einen schändlichen Pakt zum vierten Mal geteilt wurde. Wir Deutschen sind uns bewußt, wieviel Tod und Vernichtung, wieviel Leid und Elend von Deutschen und in deutschem Namen begangen wurde und dieser Krieg einige Zeit später auch über die Völker der Sowjetunion gebracht hat.

Auch zahllose Deutsche kamen unschuldig ums Leben, und viele haben furchtbares Leid erdulden müssen. Weit über zehn Millionen Vertriebene und Flüchtlinge verloren ihre Heimat. Unser Vaterland und seine alte Hauptstadt Berlin wurden geteilt.

Das Zusammengehörigkeitsgefühl der Deutschen in West und Ost ist ungebrochen. Die fortdauernde Teilung empfinden wir als eine offene Wunde.

Vor wenigen Wochen haben wir auch den 40. Jahrestag der Gründung der Bundesrepublik Deutschland begangen. In diesem Gemeinwesen haben wir die Lehren unserer Geschichte beherzigt. Wir haben uns in Freiheit eine Verfassung gegeben, die alle staatliche Gewalt auf die unbedingte Achtung und den absoluten Schutz der Menschenwürde verpflichtet. Das deutsche Volk bekundet dort seinen Willen, in freier Selbstbestimmung die Einheit und Freiheit Deutschlands zu vollenden, und als gleichberechtigtes Glied in einem vereinten Europa dem Frieden der Welt zu dienen.

Aus der Entscheidung für Freiheit und Demokratie im Innern folgte die Entscheidung, uns in der NATO mit Staaten zu verbünden, die sich zu den gleichen Werten bekennen. Wir haben uns mit unseren westeuropäischen Nachbarn zu einer inzwischen aus zwölf Mitgliedsstaaten bestehenden Europäischen Gemeinschaft zusammengeschlossen, die [. . .] bis Ende 1992 die Grenzen untereinander beseitigen und den großen Binnenmarkt herstellen wird, – dem Ziel einer politischen Union verpflichtet. All diese Bindungen stehen für uns, für die Bundesrepublik Deutschland, nicht zur Disposition.

Zugleich vergessen wir nie, daß die Europäische Gemeinschaft nicht das ganze Europa ist. Deshalb engagieren wir uns in besonderem Maße für mehr Sicherheit und Zusammenarbeit in Europa. Unser Ziel ist eine dauerhafte, stabile und gerechte europäische Friedensordnung,

- in der Freiheit, Menschenrechte und Selbstbestimmung für alle Völker gewährleistet sind,
- in der künstliche Trennungen beseitigt und ihre abstoßenden Symbole, wie die Berliner Mauer, abgerissen werden und
- in der das ganze Europa in seiner großen geschichtlichen, kulturellen und menschlichen Einheit wiederersteht.

Das Abschlußdokument des Wiener Folgetreffens zeigt neue Wege auf, insbesondere zu Fortschritten bei der Achtung der Menschenrechte, zu Freizügigkeit, Religionsfreiheit und Schutz der Minderheiten. Zu diesem gesamteuropäischen Prozeß tragen wir auch durch gutnachbarliche Beziehungen mit unseren östlichen und südöstlichen Nachbarn bei.

Unsere Beziehungen zu Ihrem Land, Herr Generalsekretär, spielen dabei eine zentrale Rolle. Und gute deutsch-sowjetische Beziehungen sind von zentraler Bedeutung für das West-Ost-Verhältnis insgesamt.

Mit der Wiederaufnahme diplomatischer Beziehungen 1955/1956 und dem Moskauer Vertrag von 1970 mit allen Begleitdokumenten, den wir nach Buchstaben und Geist erfüllen, sind solide Fundamente gelegt. Auf ihnen wollen wir mit unserem Besuchsaustausch und mit dem Schwung, den er in die Beziehungen auf allen Gebieten bringt, zielstrebig weiterbauen. Wir wollen, wie wir es auch beide verabredet haben, den vertrauensvollen Dialog auf höchster Ebene regelmäßig fortsetzen. Wir ermutigen zu Konsultationen, Kontakten und Begegnungen auf allen Ebenen: der Regierungen, der Parlamente, der Kirchen und gesellschaftlichen Organisationen, der Städte und Gemeinden, der Bürger und insbesondere der Jugend.

Ein Austauschabkommen wird dies morgen bekräftigen. Berlin (West) wird in alle unsere Verträge in Übereinstimmung mit dem Viermächte-Abkommen einbezogen. Sie wissen, welche Bedeutung die volle Einbeziehung Berlins für die Entwicklung unserer Beziehungen in allen Bereichen hat.

Unsere Wirtschaftsbeziehungen haben sich bereits in schwieriger

Zeit als stabilisierendes Element der Gesamtbeziehungen bewährt. Angesichts der tiefgreifenden wirtschaftlichen und sozialen Umgestaltungen in der Sowjetunion ist sich die Bundesrepublik Deutschland als größter westlicher Wirtschaftspartner Ihres Landes ihrer besonderen Rolle bewußt. Wir sind bereit, auf Grund des gegenseitigen Nutzens unsere Zusammenarbeit weiterauszubauen, auch in neuen Formen der Kooperation und auf neuen Gebieten wie den Umwelttechnologien.

Die Abkommen über Aus- und Weiterbildung von Fach- und Führungskräften sowie über Schutz und Förderung von Investitionen, die wir morgen unterzeichnen werden, sind dabei von ausschlaggebender Bedeutung. Zentren für Handel und Industrie in beiden Ländern werden die Zusammenarbeit der Unternehmen weiter erleichtern.

Für engen, fruchtbaren Austausch in Kultur und Wissenschaft haben große Vorbilder aus unseren Völkern den Weg gewiesen: Alexander von Humboldt auf Forschungsreisen in den Ural und nach Zentralasien, Iwan Turgenjew in Baden-Baden, Wassilij Kandinskij als Mitbegründer des »Blauen Reiters« in München, als Lehrer am Bauhaus in Weimar und Dessau oder Boris Pasternak als genialer »Faust«-Übersetzer.

Sie alle haben der kulturellen und menschlichen Begegnung und der wechselseitigen Wertschätzung unserer Völker Türen geöffnet. Auf ihrem Weg wollen wir weitergehen: So vereinbaren wir morgen die längst überfällige Gründung von Kulturinstituten und unterzeichnen das Abkommen über den Austausch von Wissenschaftlern, Lehrern und Schülern.

Wir knüpfen damit an gute Traditionen unserer jahrhundertelangen Geschichte an.

Teil des geschichtlichen Erbes, das uns verbindet, sind auch die deutschen Landsleute, die vor rund 250 Jahren nach Rußland auszuwandern begannen und mit Fleiß und Zuverlässigkeit zum Aufbau ihrer neuen Heimat beigetragen haben. Nach Jahrzehnten des Unglücks, an denen diese Menschen keine Schuld tragen, sollten sie heute wieder Mittler zwischen beiden Völkern sein können. Für viele von ihnen haben Sie, Herr Generalsekretär, die Möglichkeit eröffnet, zu ihren Familien und Freunden bei uns auszureisen, und wir danken

Ihnen dafür! Denen, die in der Sowjetunion bleiben möchten, wünschen wir, daß sie ihre Identität wahren können. Wir wollen ihnen gerne helfen, ihre Religion, Sprache und Kultur zu pflegen.

Politik bleibt ein abstraktes Gedankengebäude, wenn sie die Herzen der Menschen nicht gewinnt; Bemühungen der Regierungen, die Beziehungen zu verbessern, finden ihre Grenzen, wenn die Völker sie nicht mittragen. Mitmenschliches Engagement ist im Verhältnis unserer Länder und Völker in erfreulichem Maß gegeben. [. . .] Auf diesen politischen und menschlichen Grundlagen wollen wir unsere Politik in der Perspektive des Jahres 2000 fortentwickeln.

Morgen werden wir dazu als Kursbestimmung eine Gemeinsame Erklärung verabschieden. Mit dieser Politik werden wir den tiefsten Wunsch der Völker erfüllen, mit Verständigung und Versöhnung die Wunden der Vergangenheit zu heilen und eine bessere Zukunft zu bauen.

[. . .]

5 ». . . um die Lage der Menschen zu erleichtern«

Der Zerfall der DDR als deutsches und europäisches Problem

SÜDDEUTSCHE ZEITUNG: Herr Bundeskanzler, wie hat Honecker auf Ihre Versuche reagiert, Kontakt aufzunehmen?

Wir haben einen ständigen Kontakt. Wir haben Briefe gewechselt. Gespräche werden geführt. Die Verbindung ist ständig intensiviert worden. Ich beurteile die Entwicklung als sehr schwierig. Deshalb werde ich wegen der Bedeutung der innerdeutschen Beziehungen jede nur denkbare Möglichkeit nutzen, das heißt, Gespräche auf allen Ebenen.

Welche Lösung ist denn für die DDR-Bürger in unseren Missionen vorstellbar?

Man muß bei der Beurteilung der Lage die tagespolitischen Ereignisse und Erfordernisse unterscheiden von den grundsätzlichen Fragen, die jetzt deutlich erkennbar sind. Was mich besonders bedrückt, ist die Lage in der Ständigen Vertretung in Ost-Berlin und in unserer Botschaft in Budapest. Ich stehe auch in direktem Kontakt mit der ungarischen Regierung. Wir werden alles, was an materieller Hilfe möglich ist, zur Verfügung stellen, um die Lage der Menschen aus der DDR in Budapest zu erleichtern.

Hilfe ist gut; was diese Leute aber dringender brauchen, ist ein Ausreisevisum aus Ungarn. Gibt es da irgendwelche Entwicklungen, die Hoffnung machen?

Diese Frage kann ehrlicherweise zur Stunde niemand beantworten. Wir versuchen das Menschenmögliche, um zu helfen, aber die Lage ist insgesamt sehr schwierig. Vor allem auch wegen der Konsequenzen und Erwartungen, die sich aus einer Lösung ergeben könnten.

Im Falle der Ausreise kommen weitere Tausende . . .

Interview mit SZ-Chefredakteur Dieter Schröder. Veröffentlicht u.d.T. »Kohl: ›Ich stehe in ständigem Kontakt mit Honecker. Um den ausreisewilligen DDR-Bürgern zu helfen, werden Gespräche auf allen Ebenen geführt‹«, in: SÜDDEUTSCHE ZEITUNG, 19. August 1989.

Das Problem liegt in der prinzipiellen Entwicklung im gesamten Warschauer Pakt. Für unsere Landsleute in der DDR ist es schwer erträglich, wenn sie täglich die Bilder aus der Sowjetunion und aus Polen sehen, daß viele in der Freizeit persönliche Erfahrungen in Ungarn sammeln und all dies mit den Zuständen zu Hause vergleichen. Nach den mir vorliegenden Zahlen haben weit über eine Million Menschen aus der DDR ihren Urlaub in Ungarn verbracht; gegenwärtig sind etwa 200 000 dort im Urlaub.

Diese Menschen sehen nun, wie Ungarn dabei ist, »Perestrojka« in praktische Politik umzusetzen. In Ungarn zeigt sich ihnen eine sozialistische Republik, die dabei ist, ihren Bürgern viel mehr Freiheiten zu gewähren.

Das alles ereignet sich in ähnlicher Form in Polen. Die DDR-Bürger sehen und hören die Reden von Generalsekretär Gorbatschow; sie konnten die jüngste Tagung des Obersten Sowjet verfolgen. Es ist die natürlichste Sache der Welt, daß man sich in diesem Augenblick in Dresden, in Leipzig, Dessau und Potsdam die Frage stellt, was geschieht bei uns in der DDR.

In dem Maße, in dem »Perestrojka« auch in der DDR möglich ist oder vorankommt, werden sich auch die unübersehbaren Spannungen relativieren, die jetzt dort zu beobachten sind. Unser Interesse, mein Interesse ist es, möglichst viel Miteinander, möglichst viele Begegnungsmöglichkeiten für die Menschen in Deutschland zu erreichen.

Wir haben beachtliche Fortschritte erreicht. Die Zahl der Ausreisegenehmigungen und der Besuchsreisen hat alle Erwartungen übertroffen. Ich lege Wert auf die Feststellung, daß auch die DDR, was die Reisemöglichkeiten betrifft, ihre Zusagen eingehalten hat. Aber die jetzige Entwicklung geht von einem politischen Gesamtklima im Warschauer Pakt aus, das vor wenigen Jahren, ja Monaten, so nicht für denkbar gehalten wurde. Ich rate allen, mit sehr viel Behutsamkeit und vor allem aus der Verantwortung für die Menschen heraus zu handeln.

In einem Zeitungsbericht hieß es, Sie hätten Vorschläge für die Sitzung des SED-Politbüros übermittelt. Stimmt das?

Nein. Ich habe in meiner Korrespondenz mit dem Staatsratsvorsitzenden Honecker auf unsere früheren Gespräche verwiesen und auf die Notwendigkeit, die jetzt unerträglich werdende Situation so schnell wie möglich zu verbessern. Ich denke nicht daran, Ratschläge an das Politbüro zu geben.

Die ungarische Regierung sagt, die Ausreisewünsche von DDR-Bewohnern seien Sache der beiden deutschen Regierungen. Der Schlüssel für das Budapester Problem liegt wahrscheinlich auch in Ost-Berlin?

Ja.

Und die Gespräche mit Honecker müßten eigentlich nicht nur um die Menschen in der Ständigen Vertretung, sondern auch um die in der Botschaft in Budapest gehen.

Nicht direkt, aber indirekt sicher ja.

Haben Sie mit dem Brief an Honecker nicht die Verantwortung für die 115 Zufluchtsuchenden in der Vertretung übernommen?

Das ist eine Frage, die ich mir so eng nicht stellen kann. Ich habe selbstverständlich Verantwortung für Deutsche. Ich kann mir das nicht aussuchen. Ich muß das tun, was meine Pflicht ist.

Es ist jetzt wieder die Rede davon, daß man – Sie selber haben die SED zu Reformen aufgefordert – Veränderungen in der DDR wirtschaftlich unterstützen sollte. Haben Sie selber irgendwelche Vorstellungen dazu?

Wir haben ja der DDR wirtschaftlich geholfen. Jetzt zeigt sich, wie richtig die Genehmigung des Milliardenkredits war. Bei der Gelegenheit möchte ich noch einmal sagen, weil das immer wieder falsch verstanden wird, daß wir hier nur einen Bankenkredit verbürgt haben. Für diesen Kredit ist bisher keine Mark aus der Staatskasse angefallen.

Wir haben aber auf anderen Gebieten ganz erhebliche direkte und indirekte Unterstützung gegeben. Denken Sie nur an so wichtige Bereiche wie den Umweltschutz oder den Straßenbau. Und was meistens nicht erwähnt wird: Dank der Beharrlichkeit der Bundesrepublik Deutschland hat die DDR erhebliche Vorteile im Verhältnis zu den EG-Staaten; auch das gehört ja in dieses Bild.

Ist da nicht ein Widerspruch in unserer Politik? Einerseits unterstützen wir das SED-Regime dort mit erheblichen Mitteln, andererseits fordern wir es zur Reform auf. Aber solange wir der Regierung auf diese Weise das Überleben ermöglichen, erschweren wir auch die Reform.

Das ist eine berechtigte, aber kleinlich akademische Frage. Meine Pflicht ist es, an die Menschen in der DDR zu denken. Und für die Menschen der DDR ist es eine qualitative Veränderung ihrer Lebensbedingungen, daß wir nun, wie ich schätze, für die Jahre 1986 bis 1990 bei uns wahrscheinlich bis 20 Millionen Besuche aus der DDR haben. Es gibt heute kein Dorf, keine Stadt, keine Region in der DDR, in der nicht Menschen leben, die ein-, zwei- oder sogar dreimal in diesen Jahren in der Bundesrepublik Deutschland zu Besuch waren. Das heißt, die menschlichen Beziehungen sind sehr viel intensiver geworden. Die gemeinsame Überzeugung »Wir sind Deutsche« ist gewachsen. Dresdener Bürger riefen mir das vor einem Jahr immer wieder zu, als ich privat drüben war.

Diejenigen, die in einer solchen Situation eine Politik des Alles-oder-nichts verlangen, können zwar sehr einfach Stimmung bei uns erzeugen, aber den Menschen helfen sie damit nicht. Den Willen zur Einheit der Nation im Sinne der Präambel des Grundgesetzes wachzuhalten, heißt, jede nur denkbare vernünftige Möglichkeit auszuschöpfen, um die Menschen in Deutschland zueinanderzubringen und ihr Auseinanderleben zu verhindern.

Nun hat der Erfolg der deutsch-deutschen Politik, der ja im wesentlichen auch Ihr Erfolg ist, uns trotzdem eine neue Krise beschert. Trotz der hohen Zahlen von Ausreisemöglichkeiten wächst auch die Zahl derer, die ständig ausreisen und hier bleiben wollen. Was können wir tun, um dieses Problem zu bewältigen?

Ich war mir über das Dilemma, vor dem wir stehen, immer im klaren: Die Überwindung der Teilung ist ein Auftrag an alle Deutschen. Ich habe immer etwas gegen eine politische Überzeugung gehabt, die sozusagen der anderen Seite, unseren Landsleuten in der DDR, die Last der Geschichte aufbürdet – während wir uns vor allem um mehr Freizeit und die Gestaltung des Urlaubs kümmern.

Die Lage ist so, wie sie durch den Zweiten Weltkrieg entstand, dessen Beginns vor 50 Jahren wir in zwei Wochen gedenken: daß unser Land geteilt ist, daß wir die Teilung aber überwinden wollen, daß wir an der Einheit der Nation festhalten. Ich habe nicht den geringsten Zweifel, daß die Geschichte für uns und nicht gegen uns arbeitet. Die entscheidende Frage lautet: Warten wir einfach ab oder nutzen wir die Zeit zu einer Verbesserung der Beziehungen zum Wohle der Menschen in Deutschland? Das zweite ist die einzig denkbare Politik. Eine Politik der Verweigerung bringt nichts. Und eine Politik, die darauf hinarbeitet, etwa zu einer Destabilisierung drüben beizutragen, führt auch zu nichts.

Nun sagt die DDR-Regierung, daß die Reisemöglichkeiten für ihre Bürger noch erheblich verbessert werden könnten, wenn wir die DDR-Staatsbürgerschaft anerkennen und die Leute, die ohne Genehmigung hierbleiben wollen, zurückschicken würden. Ist diese Frage jetzt nicht ein für allemal erledigt, nachdem sich zeigt, wie sehr sich die Menschen drüben als Deutsche empfinden?

Ich habe im Gegensatz zu vielen deutschen Sozialdemokraten, die ja immer wieder auf die jeweiligen Forderungen der DDR – denken Sie nur an die »Geraer Forderungen« Honeckers – in der Regel eine bejahende Antwort gaben, stets gesagt: Ich gebe keine prinzipielle Position auf. Ich denke nicht daran, eine Entscheidung zu treffen, die Deutsche aus dem anderen Teil Deutschlands ausgrenzt. Keine Bundesregierung unter meiner Führung wird dies tun.

Würden Sie es für nützlich halten, die jetzt so langsam wieder beginnende Wiedervereinigungsdebatte nun ernsthaft zu führen?

Ich habe sie immer geführt, aber ich kann keinen Sinn darin erkennen, in dieser Situation dieses Thema hochzuziehen. Meine These ist und bleibt: Die Zeit arbeitet nicht gegen uns, sondern für uns.

Sind Sie überzeugt, daß in den nächsten Jahren, in jedem Fall noch zu Ihren Lebzeiten, die Berliner Mauer verschwindet?

Das halte ich für mehr als wahrscheinlich. Wer die öffentliche Diskussion auch bei uns in der Bundesrepublik Deutschland zu diesem wichtigen Thema »Einheit der Nation – Beziehung zur DDR«, überhaupt die Veränderungen im Warschauer Pakt, vor dem geistigen Auge Revue passieren läßt, der kann sich nur wundern über das Maß an Resignation, den Mangel an Zukunftsperspektiven, ja besser gesagt – wenn es vielleicht auch pathetisch klingt – über den mangelnden Glauben an die Zukunft bei vielen hierzulande.

Wenn Sie einmal die wirtschaftliche Entwicklung im Bereich des Warschauer Pakts betrachten, dann kann man nur lapidar sagen: Karl Marx ist »out« und Ludwig Erhard ist »in«. Während bei uns auf den Straßen und Plätzen immer noch Steinzeit-Sozialisten umherziehen und ihre törichten Gesellschaftsideen absondern, reden viele in Moskau wie selbstverständlich über die Soziale Marktwirtschaft. Sie haben begriffen, daß die Soziale Marktwirtschaft die Gesellschaftsordnung ist, die den Menschen angemessen ist. Die Menschen wollen teilhaben an der staatlichen und wirtschaftlichen Entwicklung in jeder nur denkbaren Weise.

Unter dem Strich: Ich bin mir absolut sicher, daß wir auf dem richtigen Weg sind. Aber es muß jeder Schritt klug bedacht werden. Das ist keine Gelegenheit, alte Reminiszenzen an den Kalten Krieg aufzuwärmen. Das wäre genauso falsch, wie wenn wir jetzt etwa in der Frage der Staatsbürgerschaft unsere Prinzipien aufgeben für vage Hoffnungen.

Die Bewohner der DDR würden sich – das ist für mich zweifelsfrei –, wenn sie am Sonntag darüber abstimmen könnten, ob sie die gemeinsame Staatsbürgerschaft als Deutsche behalten wollen oder nicht, mit überwältigender Mehrheit dafür aussprechen.

Wenn man das so optimistisch sieht wie Sie – die DDR-Bürger sind vielleicht im Moment nicht so optimistisch –, wäre es bei der Überlegung, was können wir tun, nicht auch mal ratsam zu sagen: Wartet ab! Bleibt!

Ich bin realistisch. Ich lasse mich in meinen Überlegungen sehr stark von geschichtlichen Beobachtungen leiten. Wenn wir dieses Interview vor fünf Jahren geführt hätten, hätte keiner von uns vorhersehen können, was in diesen fünf Jahren für Veränderungen kommen würden. Was mich außerordentlich stört, ja sogar bedrückt, ist der Kleinmut, der bei uns herrscht, oder dieser törichte resignative Grundton. Die Zeichen der Zeit stehen doch auf Freiheit.

Sie sprechen jetzt auch für die Menschen in der DDR?

Ja. Die Zeichen der Zeit stehen auch für die Einigung Europas. Die Einheit der Deutschen ist nach meiner festen Überzeugung nur »unter einem europäischen Dach« – ich zitiere bewußt hier Franz Josef Strauß – zu denken. Das dauert natürlich alles seine Zeit.

Aber die weltweiten Veränderungen, die wir jetzt erleben – der Abrüstungsprozeß, der voll in Gang gekommen ist; die Art und Weise, wie man jetzt in der Sowjetunion laut darüber nachdenkt, was man den Minderheiten schuldig ist; die Diskussion, was man tun kann, um den Deutschen, die dort leben, ein eigenes Territorium mit entsprechenden Rechten zu verschaffen; die Diskussion über den Hitler-Stalin-Pakt, daß man in den unmittelbar betroffenen Staaten Litauen, Estland, Lettland öffentlich eine Annullierung der damaligen Abmachung zwischen Hitler und Stalin fordert – das sind dramatische Veränderungen der Welt.

Und wir, die Deutschen, wir sitzen geopolitisch mitten im Herzen Europas. Ob uns das paßt oder nicht, wir sind nicht Zuschauer in der Proszeniumsloge der Staatsoper, sondern wir sind Akteure auf der Bühne. Viele haben es noch gar nicht gemerkt, daß wir auf der Weltbühne eine wichtigere Rolle spielen. Einige meiner Vorgänger haben von dieser Rolle viel mehr geträumt als ich. Aber die Rolle ist jetzt da.

Der amerikanische Präsident George Bush hat in Mainz davon gesprochen, daß gerade auch die Bundesrepublik Deutschland in dieser Lage zu einer Führerschaft mitberufen ist, als »Partner in der Führung«. Die Entwicklung in der EG, die ganze Entwicklung in der Welt zeigt das. Deswegen ist es wichtig, daß wir die Rolle akzeptieren, aber nicht widerwillig, auch nicht gierig, sondern mit der notwendigen Bescheidenheit und der notwendigen Sachlichkeit und Nüchternheit, die den Deutschen elf Jahre vor dem Ende dieses Jahrhunderts, in dem so viel Schreckliches in unserem Namen geschehen ist, wohl ansteht. Das ist schlicht und einfach meine Philosophie.

Wenn Sie nach Polen, nach Ungarn, in die Sowjetunion schauen und feststellen, wie viele Hoffnungen auf eine vernünftige Rolle der Bundesrepublik Deutschland gegründet sind, dann empfinde ich das als eine zusätzliche Ermutigung. Und für die Deutschen in der DDR ist doch offenkundig, daß sie an dem Prozeß der Öffnung und der besseren Achtung der Menschenrechte teilnehmen wollen. Sie haben dazu doch jedes Recht und, von uns aus gesehen, auch jede Sympathie verdient.

Sie haben jetzt zurückgeblickt auf die erstaunliche Entwicklung der letzten fünf Jahre. Wenn wir den Blick auf die nächsten fünf Jahre richten, könnten Sie sich vorstellen – diese Ideen sind ja im Gespräch –, daß sich im Verhältnis zur DDR Wesentliches ändert? Schon ist von einer Konföderation die Rede. Gorbatschow spricht vom »europäischen Haus«. Ist das, wenn Sie in die nächsten fünf Jahre schauen, etwas, was eine konkrete Gestalt annehmen kann?

[...] Ich bin dafür, daß wir sehr genau beobachten, wo sich Chancen ergeben, und diese sofort nutzen. Aber es gibt noch ein weiteres Argument in den Beziehungen zwischen der DDR und der Bundesrepublik Deutschland, zwischen den Warschauer-Pakt-Staaten und der Bundesrepublik Deutschland. Das dramatischste Ereignis in den nächsten Jahren ist der Dezember 1992, die Vollendung des Europäischen

Binnenmarkts. Er ist die erste wichtige Stufe auf dem Weg zur politischen Einigung Europas. Natürlich weiß ich, daß die zwölf in der EG heute nicht Europa sind, daß die DDR, Leipzig und Dresden, Warschau und Krakau, Wien und Zürich, Helsinki und Stockholm - daß das alles auch Europa ist. Aber ein Kernstück Europas formiert sich. Und wenn Sie genau hinschauen, sehen Sie, daß trotz aller Schwierigkeiten, die wir noch haben, dieser europäische Integrationsprozeß wie ein starker Magnet auf alle wirkt. Ob sie es wollen oder nicht.

Daß hier in Österreich jetzt die Diskussion nach langem Hin und Her dazu geführt hat, daß man einen Aufnahmeantrag gestellt hat; daß in dem benachbarten Ungarn offen darüber diskutiert wird, wo der Platz Ungarns in Europa sein wird; daß polnische Stimmen laut werden, die jetzt die Sanierung der polnischen Wirtschaft möglichst umfassend mit der EG erreichen wollen - das ist eine Summe von De-facto-Anerkennungen dieses Prozesses der europäischen Einigung.

Und wenn Generalsekretär Gorbatschow - wobei ein altes Bild von Konrad Adenauer auflebt - jetzt vom »europäischen Haus« spricht, einem »Haus mit offenen Fenstern, offenen Türen«, wo niemand kontrolliert, wer aus- und eingeht; einem Haus, in dem, wie Gorbatschow sagt, auch die Amerikaner ihren Platz haben, dann ist dies eine elementare Veränderung. Wenn es gelingt, auf diesem Weg - von mir aus mit vielen kleinen Schritten - voranzukommen, dann würde ich die Prognose allerdings schon wagen, daß diese Region der Welt in weiteren fünf Jahren nicht wiederzuerkennen ist. Das ist mein Optimismus - und ich setze auf die Kraft des Faktischen: auf einen Markt von 320 Millionen Einwohnern, auf das Gefühl der Menschen überall, daß Leistung sich lohnen muß.

Jetzt zu Polen, Herr Bundeskanzler. Wie stehen die Gespräche über den Reisetermin und die zu unterschreibenden Abmachungen. Im Augenblick gibt es ja keine richtige Regierung in Polen, mit der man darüber reden könnte.

[. . .] Ich will jetzt, und zwar sobald die Verhältnisse es zulassen, zu einem Abschluß der Abmachungen kommen. Wir sind in den Verhandlungen sehr, sehr weit, und mit gutem Willen auf beiden Seiten ist ein Abschluß relativ rasch möglich. Meine Grundüberzeugung ist, daß die Zeit für eine Verständigung reif ist. Wir gedenken demnächst des Kriegsausbruchs vor 50 Jahren, und es sind zwei Jahrzehnte seit dem Abschluß des Warschauer Vertrags vergangen - doch die deutsch-polnischen Beziehungen sind immer noch nicht hinreichend entwikkelt. Deswegen will ich ja beispielsweise ein deutsch-polnisches Jugendwerk, wie wir ein deutsch-französisches haben. Deswegen möchte ich, daß die wirtschaftliche, die kulturelle Zusammenarbeit möglichst rasch vorankommt.

Wir können Polen Hilfe zur Selbsthilfe bieten, aber nicht mehr. Die Polen müssen ihren eigenen Weg finden.

Das heißt, die Finanzhilfe wird relativ gering sein.

Ich habe immer vor übertriebenen Erwartungen gewarnt, aber ich habe mich auf den Standpunkt gestellt: Das beste, was wir tun können zur Verbesserung der wirtschaftlichen Lage in Polen, ist, daß wir - wie wir es woanders ja auch tun - möglichst viele Joint-ventures unterstützen. Das heißt, daß deutsche Firmen, große und kleine, mit polnischen Betrieben zusammenarbeiten und Projekte entwickeln und wir in großzügiger Weise über Bürgschaften helfen. Viele Polen sagen mir, Hilfe zur Selbsthilfe sei der richtige Weg, während ungebundene Finanzkredite, bei denen wir lediglich Geld geben, ohne daß man absieht, was damit geschieht, auch von vielen Polen abgelehnt werden. Solche Stimmen kommen vor allem auch aus der »Solidarität«.

Haben Sie inzwischen einen Termin für die Reise in Aussicht?

Für mich wäre es in jeder Weise wünschenswert, wenn ich noch in diesem Jahr die Reise machen könnte. Ich trete aber die Reise nicht an, bevor nicht die Abmachungen komplett sind. Ich halte nichts von einer Verhandlung vor Ort in diesem Fall. Der Termin hängt im Moment auch davon ab, wie sich die innenpolitische Situation in Warschau entwickelt. Es hat nur einen Sinn, sich mit einer wirklich handlungsfähigen und von einer breiten parlamentarischen Mehrheit unterstützten Regierung zusammenzusetzen. [. . .]

6 Der verpflichtende Anspruch der Geschichte

Wir gedenken heute in Deutschland, in Europa und weltweit des Beginns des Zweiten Weltkriegs vor 50 Jahren. Als frei gewählte Vertreter des deutschen Volkes sind wir hier besonders in der Pflicht. Wir stellen uns diesem Auftrag – mit jenem Ernst, den dieser Tag von uns verlangt.

Trauer bewegt uns an diesem Tag – und das Bewußtsein für die Verantwortung, die wir in Erinnerung an den Zweiten Weltkrieg empfinden. Besondere Verantwortung erwächst uns aus der Tatsache, daß der Zweite Weltkrieg durch jenes verbrecherische Regime entfesselt wurde, das damals die Staats- und Regierungsgewalt in Deutschland innehatte. [. . .] Dieser Krieg war nach dem Willen seiner Urheber ein gnadenloser Rassen- und Vernichtungskrieg. [. . .]

Die Erinnerung daran wachzuhalten, schulden wir den unschuldigen Opfern, allen voran jenen der Shoah, des beispiellosen Völkermords an den europäischen Juden; den Polen, denen Hitler den totalen Versklavungs- und Ausrottungskrieg erklärt hatte; den Sinti und Roma; den vielen anderen Opfern der nationalsozialistischen Gewaltherrschaft.

Wir trauern um die Opfer von Entrechtung und Unterdrückung, die Hitlers Diktatur zunächst über Deutschland und dann über die Welt gebracht hat; um die unschuldigen Opfer an den Fronten des Kriegs und der Heimat; um die Opfer der Vertreibungen.

Wir schließen in unser Gedenken auch die Millionen von Soldaten aus so vielen Nationen ein, die in Kriegsgefangenschaft ums Leben kamen oder als Kriegsversehrte in die Heimat zurückkehrten.

Wer könnte die Frauen vergessen, die vergeblich auf ihre Männer, und die Mütter, die vergeblich auf ihre Söhne gewartet haben! Wie viele Kinder haben Vater oder Mutter verloren!

Erklärung der Bundesregierung zum 50. Jahrestag des Beginns des Zweiten Weltkriegs. Deutscher Bundestag. Plenarprotokoll 11/154, 1. September 1989.

Sich der unschuldigen Opfer zu erinnern, heißt: das Grauen im Gedächtnis zu bewahren, es sich – im ursprünglichen Wortsinne – zu vergegenwärtigen. Es muß uns immer Mahnung sein und darf nicht durch falsche Vergleiche verharmlost werden. Hüten wir uns davor, gedankenlos oder gar in polemischer Absicht Worte wie »Faschismus« oder »Widerstand« ohne weiteres auf aktuelle Sachverhalte anzuwenden!

Es gibt nicht nur die Versuchung, Vergangenes zu verharmlosen. Gedanken- und gefühllos sind auch jene, die vor dem Leid in unserer Zeit die Augen verschließen. Wir sollten in diesem Augenblick auch an jene Menschen und Völker denken, denen noch immer ein Leben in Würde und Freiheit versagt ist.

Nach diesem Weltkrieg und der Vernichtungswut der Jahre 1939 bis 1945, nach Auschwitz und Babi Jar, nach Oradour und Lidice konnte unsere Welt nie wieder so sein wie davor. Deshalb müssen sich Traditionen und scheinbare Selbstverständlichkeiten immer wieder einer kritischen Prüfung unterziehen lassen. Kontinuität ist nur verantwortbar als bewußtes Anknüpfen an das Gute, das sich eben nicht zerstören läßt. Dazu gehören die freiheitlichen Traditionen in der Geschichte unseres Volkes. Sie sind die sittliche Substanz, aus der wir, vor allem die Gründungsväter und -mütter unserer Demokratie, die Bundesrepublik Deutschland formten – das freiheitlichste Gemeinwesen, das es je auf deutschem Boden gab.

Gewiß: Auch nach 1945 meldeten sich noch manche Unbelehrbare und Unverbesserliche zu Wort. Doch wurden sie – und dafür sind wir dankbar – von den allermeisten Überlebenden entschieden verurteilt und ein für allemal zurückgewiesen. Denn diese hatten die Wirkung der alten Unheilslehren am eigenen Leibe erfahren. Sie wußten nur zu genau um deren verheerende Wirkung.

Das Böse in der Geschichte hat auf Dauer keinen Bestand. Das gibt uns Hoffnung. Mit seiner Wahnvorstellung vom Rassenstaat widersetzte sich Hitler jeder historischen Erfahrung. Die Geschichte ging über ihn hinweg. Nach zwölf Jahren versank das von ihm so genannte »Tausendjährige Reich« in Schutt und Asche.

Es ist wahr: Allzu viele Menschen in Deutschland, auch manche im Ausland, hatten sich vom Tyrannen blenden und irreleiten lassen. Das Urteil über die NS-Diktatur hängt indes allein von ihren Untaten ab, ihrem Vernichtungsfeldzug und dem Völkermord.

Die Wunden, die der Zweite Weltkrieg geschlagen hat, sind, wie wir wissen, bis heute nicht verheilt. Sie haben sich ins Gedächtnis der Völker eingebrannt, und sie haben die Menschen auch persönlich gezeichnet – jeden einzelnen, der diese Zeit des Schreckens erlebt hat, und sei es als Kind.

Mich selbst lassen bis heute die Bilder nicht los, die sich mir 1939 – ich war damals neun Jahre alt – und in den Kriegsjahren danach eingeprägt haben. Ich erinnere mich noch heute an die Schrecken der Bombennächte in meiner Heimatstadt, an die vielen Toten auf den Straßen und in zerstörten Häusern.

Andere haben noch heute die Viehwaggons der Todeszüge vor Augen, vollgepreßt mit Menschen auf dem Weg in die Vernichtungslager; die Schlachtfelder des Kriegs, wo Millionen von Soldaten Angst, Not und Tod erlitten; die endlos scheinenden Kolonnen ausgemergelter Kinder, Frauen und alter Menschen auf der Flucht und bei der Vertreibung und die Flüchtlingszüge, in denen sich Mütter an ihre erfrorenen Kinder klammerten.

Jene, die damals unschuldig ihr Leben verloren, und jene, die die Schrecken überlebten – sie alle mahnen, nicht zu vergessen, daß die unveräußerliche Würde des Menschen immer und überall Maßstab unseres Handelns bleiben muß. Prüfstein ist dabei immer die Würde des Schwächsten.

Gerade bei uns in Deutschland darf die Erinnerung an das Vergangene nicht verlorengehen. Sie ist uns Deutschen eine schwere Last. Aber sie hat uns auch geholfen, unser Gemeinwesen, unsere Republik verantwortungsbewußt zu gestalten. Sie bleibt Voraussetzung dafür, daß uns das auch in Zukunft gelingt. Anders als nach dem Ersten Weltkrieg gab es nach 1945 keine Diskussion über die Kriegsschuld. Hitler hat den Krieg gewollt, geplant und entfesselt. Daran gibt es nichts zu deuteln. Wir müssen entschieden allen Versuchen entgegentreten, dieses Urteil abzuschwächen. Das ist ein Gebot der Wahrhaftigkeit und des politisch-moralischen Anstands.

Es ist auch Gebot eines recht verstandenen Patriotismus. Denn Hitlers Vernichtungswille hatte sich zuletzt auch gegen unser eigenes Volk gerichtet. Im Angesicht der totalen Niederlage wollte er es mit sich in den Abgrund reißen. Er hatte von »Volksgemeinschaft« gesprochen. Doch in Wahrheit wollte er viele Gruppen unseres Volkes ausgrenzen, nicht integrieren. Er war von der Wahnidee der Rasse beherrscht. Ihr ordnete er alles unter, auch die Idee der Nation. Er hatte von »göttlicher Vorsehung« gesprochen. Doch in Wahrheit ging es ihm um die Zerstörung religiöser Bindungen, um die Zerstörung christlich geprägter Moralität. Die sittliche Kultur unseres Landes, die sittliche Kultur Europas bedeutete ihm nichts, die eigene Willkür alles.

Wir dürfen am heutigen Tag dankbar feststellen, daß sich unsere Bundesrepublik Deutschland, unser freiheitliches Gemeinwesen, fundamental von allem unterscheidet, was die nationalsozialistischen Gewaltherrscher anstrebten. Wir haben in über 40 Jahren durch gemeinsame Anstrengung eine Republik aufgebaut, die der Freiheit und dem Frieden verpflichtet ist und hohe Achtung in der Welt genießt. Unsere Bundesrepublik Deutschland ist fest gegründet auf genau jene Werte, die Hitler zutiefst verhaßt waren und die er fanatisch bekämpfte.

Die Männer und Frauen, die im Parlamentarischen Rat über das Grundgesetz berieten, waren sich dieses Gegensatzes voll bewußt. Sie handelten aus persönlicher Erfahrung heraus. Sie hatten den Aufstieg des Nationalsozialismus erlebt. Doch die wenigsten von ihnen hatten sich damals vorstellen können, wohin die Hitler-Diktatur einmal führen würde. »Wehret den Anfängen!« – das war deshalb ihr Leitgedanke. Denn das Unheil nahm nicht erst 1939, sondern schon Jahre davor, schon vor 1933, seinen Lauf: Was zu Beginn noch aufhaltsam gewesen wäre, ließ sich im Lauf der Zeit immer schwerer anhalten oder gar rückgängig machen. Die Vorgeschichte des Zweiten Weltkrieges lehrt zudem, daß Macht, zu welchem Zweck auch immer verliehen, nur durch Gegenmacht zu kontrollieren ist.

Die Schuld der nationalsozialistischen Machthaber wird um kein Jota verkleinert, wenn wir heute feststellen: Im Innern versagten Teile der gesellschaftlichen und politischen Eliten. Der Demokratie von Weimar hatten zu viele die Loyalität verweigert. Und später gaben sich nicht wenige – teilweise bis zum Schluß – der Illusion hin, der Fanatismus der nationalsozialistischen Machthaber lasse sich durch Kompromisse und Zusammenarbeit zähmen.

Es stimmt auch, daß europäische Mächte ungewollt eine Entwicklung förderten, die Hitlers Pläne objektiv begünstigte. Sie hatten ihn auch falsch eingeschätzt. Die verbreitete Sehnsucht nach »Frieden in unserer Zeit« – wie Neville Chamberlain es 1938 nach München ausdrückte – war gewiß verständlich. Aber sie war ein schlechter Ratgeber. Damals kam es darauf an, die Pläne des Diktators mit wachem Blick zu durchschauen.

Nur eine umfassende Balance der Kräfte vermag einen dauerhaften Frieden verläßlich zu garantieren. Wahrer Friede setzt jedoch mehr voraus. Deshalb bekennen wir uns in unserem Grundgesetz ohne jeden Vorbehalt »zu unverletzlichen und unveräußerlichen Menschenrechten als Grundlage jeder menschlichen Gemeinschaft, des Friedens und der Gerechtigkeit in der Welt«. Aus den Erfahrungen der Zwischenkriegszeit ist der Schluß zu ziehen, daß ein fairer Ausgleich nicht gelingen kann, wenn guter Wille nur auf einer Seite besteht.

Die Vorgeschichte des Zweiten Weltkriegs hat die Gemeinschaft freier Völker gelehrt, wie wichtig es ist, wachsam zu sein. Diese Lehre gilt nach wie vor – mögen wir jetzt auch im Verhältnis zu unseren Nachbarn im Osten und Südosten Europas Zeugen eines grundlegenden Wandels sein. Wir alle wünschen uns, daß die ermutigenden Entwicklungen unserer Zeit Bestand haben, ja, daß sie sich fortsetzen mögen. Was in unserer Kraft steht, wollen wir dazu beitragen. Denn gerade wir Deutschen sind dazu besonders verpflichtet.

Das folgt nicht zuletzt aus dem Hitler-Stalin-Pakt von 1939. Wir Deutsche begreifen die besondere Verantwortung, die uns daraus erwächst, daß Hitler nach Abschluß dieses von vielen so genannten Teufelspaktes Polen mit Krieg überzog. Damit wurde dieses Land das erste Opfer des nationalsozialistischen Rassen- und Vernichtungskriegs. Die damaligen Vereinbarungen bedeuteten eine schändliche Mißachtung der Unabhängigkeit und territorialen Integrität Polens, der baltischen Staaten, Finnlands und Rumäniens. Dieser Anschlag auf das Völkerrecht, nicht zuletzt auf das Selbstbestimmungsrecht, war durch nichts, aber auch gar nichts zu rechtfertigen. Wir verurteilen ihn und die nachfolgenden Gewalttaten ohne jede Einschränkung.

Die Bundesregierung hat mehrfach zum Ausdruck gebracht, daß die Vereinbarungen von 1939 für die Bundesrepublik Deutschland nicht rechtsgültig sind. Das bedeutet auch, daß wir aus dem Pakt selbst und aus seinen Zusatzvereinbarungen keinerlei Rechtfertigung für nachfolgende Völkerrechtsverstöße des Deutschen Reiches und der

Sowjetunion herleiten. Der Hitler-Stalin-Pakt war das Produkt eines zynischen Zusammenspiels zweier Diktaturen. Die eine der beiden ist in dem von ihr selbst entfachten Inferno ein für allemal untergegangen. Die Sowjetunion steht - 36 Jahre nach Stalins Tod - mitten in einem schmerzhaften Prozeß der kritischen Selbstprüfung im Zeichen »neuen Denkens«.

Im Zweiten Weltkrieg nahm eine Entwicklung ihren Anfang, die sich nach dessen Ende gewaltsam vollzog. Unser Vaterland wurde geteilt. Für die Deutschen in der DDR und für viele Völker in Mittel-, Ost- und Südosteuropa wurde das Kriegsende zum Ausgangspunkt für die Ablösung der einen Diktatur durch eine andere. Die Spaltung Deutschlands und Europas läßt sich durch den Zweiten Weltkrieg zum Teil erklären, jedoch in keiner Weise rechtfertigen.

Deshalb sind Äußerungen wie jene von Generalsekretär Gorbatschow hier in Bonn im Juni dieses Jahres, wonach die Nachkriegsperiode zu Ende gehe, ein Signal der Hoffnung für alle Menschen und Völker, die unter der Teilung Europas und Deutschlands ganz unmittelbar zu leiden haben und die sich wünschen, daß der gegenwärtige Zustand endlich friedlich überwunden wird.

Über viele Generationen hinweg hat das einst geteilte Polen unverzagt an der Idee seiner nationalen Zusammengehörigkeit festgehalten. Gerade die Erinnerung an das Schicksal Polens kann uns Deutschen helfen, die Last der Teilung zu tragen, solange wir nicht »in freier Selbstbestimmung die Einheit und Freiheit Deutschlands« vollendet haben.

Im gemeinsamen Wunsch nach nationaler Selbstbestimmung fühlen wir uns in besonderer Weise mit dem polnischen Volk verbunden. Der Friedenspreisträger des Deutschen Buchhandels Wladyslaw Bartoszewski, der unter der nationalsozialistischen Gewaltherrschaft Schreckliches am eigenen Leib erdulden mußte, hat hierzu vor einiger Zeit erklärt: *»Die Überwindung der deutschen Teilung liegt auch im Interesse Polens. Wir wollen westwärts von uns eine Demokratie.«* Professor Bartoszewski hat als Freund der Deutschen die Gemeinsame Erklärung polnischer und deutscher Katholiken zum 1. September 1989 unter dem Titel »Für Freiheit, Gerechtigkeit und Frieden in Europa« unterzeichnet.

Auch der neue polnische Ministerpräsident Tadeusz Mazowiecki gehört zu den Unterzeichnern. Ich will gern hier und heute die Gelegenheit nutzen, dem polnischen Ministerpräsidenten von Herzen unsere guten Wünsche für sein schwieriges Amt zu übermitteln.

(Beifall bei der CDU/CSU, der FDP und der SPD sowie bei Abgeordneten der GRÜNEN)

Wir wollen, daß er Erfolg hat. Wir wollen ihn nach Kräften dabei unterstützen; das will ich hier auch für mich persönlich bekennen.

Es gibt keinen Zweifel: Der gegenwärtige politische und gesellschaftliche Wandel in den Staaten des Warschauer Pakts eröffnet die historische Chance zur Verwirklichung der Menschenrechte für all jene Europäer, denen sie in den vergangenen Jahrzehnten verweigert wurden - und damit auch für alle Deutschen. Die Bundesregierung ist fest entschlossen, diese Chance zu nutzen. Unser Ziel bleibt - so hat es Konrad Adenauer beim Deutschlandtreffen der Schlesier am 11. Juni 1961 ausgedrückt -, *»daß Europa einmal ein großes, gemeinsames Haus für alle Europäer wird, ein Haus der Freiheit«.*

Im Europa der Zukunft muß es vor allem um Selbstbestimmung und Menschenrechte gehen, um Volkssouveränität und nicht so sehr um Grenzen oder um Hoheitsgebiete. Denn nicht souveräne Staaten, sondern souveräne Völker werden den Bau Europas dereinst vollenden. Nie wieder darf Europa den verhängnisvollen Weg von der Humanität über die Nationalität zur Bestialität gehen, wie ihn Grillparzer im vergangenen Jahrhundert vorausgesagt hatte.

Im deutschen Namen, von Deutschen, ist dem polnischen Volk Furchtbares angetan worden. Wer weiß hierzulande eigentlich noch, daß die Konzentrationslager auf polnischem Boden auch dazu bestimmt waren, die Eliten dieses Volkes auszulöschen? Aussöhnung ist nur möglich, wenn wir die ganze Wahrheit aussprechen.

Wahrheit ist auch, daß über zwei Millionen Deutsche - unschuldige Menschen - auf Flucht und Vertreibung ihr Leben verloren. Der Verlust der Heimat hat bei vielen Millionen unserer Landsleute tiefe Wunden geschlagen. Diese bitteren Erfahrungen dürfen nicht verdrängt werden. Aber wir wollen daraus lernen. Denn welchen Sinn soll es haben, wenn Deutsche und Polen gegeneinander aufrechnen, wie dies einige hüben und drüben leider immer noch tun? Spätere Generationen werden uns danach beurteilen, was wir heute dafür tun, daß sie in Frieden und in gemeinsamer Freiheit leben können.

Das Beispiel der deutsch-französischen Aussöhnung und Freundschaft beweist, daß Gräben, die jahrzehnte- oder gar jahrhundertelang bestanden haben, sich überwinden lassen. Und das Beispiel unseres Verhältnisses zum Staat Israel und zu Juden in aller Welt zeigt, daß bei gutem Willen auf allen Seiten selbst über tiefe Abgründe Brücken geschlagen werden können.

Wir wollen Verständigung zwischen dem deutschen und dem polnischen Volk. Das ist unsere Pflicht, und es entspricht auch der Sehnsucht beider Völker. Diesem von uns allen empfundenen Wunsch hat auch der Herr Bundespräsident zu Beginn dieser Woche in seiner Botschaft an den polnischen Staatspräsidenten Ausdruck verliehen. Fünfzig Jahre nach Beginn des Zweiten Weltkriegs ist die Zeit gekommen für eine dauerhafte Aussöhnung.

Wir wissen um die Bitterkeit, die im Krieg gegen Deutschland entstand - in Polen, in Frankreich und später in der Sowjetunion, die über 20 Millionen Kriegsopfer zu beklagen hatte. Die allermeisten Völker Europas erfuhren schweres Leid von den Deutschen. Viele davon sind heute unsere Partner, ja Freunde.

Dankbar sind wir all jenen, die uns nach dem Ende von Krieg und Gewaltherrschaft die Hand zur Versöhnung reichten, allen voran dem amerikanischen Volk, das schon sehr früh mit großzügiger Nahrungsmittel- und Aufbauhilfe ein unvergessenes Zeichen tätiger Nächstenliebe und auch politischer Weitsicht setzte. Weise Staatsmänner wie Präsident Harry S. Truman und George Marshall und viele, viele Privatpersonen hatten Anteil an solchen Werken des Friedens.

Aus Frankreich nenne ich Joseph Rovan, der schon wenige Monate nach seiner Befreiung aus dem Konzentrationslager Dachau den Satz niederschrieb:

»Je mehr unsere Feinde die Züge des menschlichen Gesichts ausgelöscht haben, um so mehr müssen wir diese in ihnen selbst respektieren, ja sogar verschönern.«

Bei der Verständigung mit Polen hat es in den letzten Jahrzehnten schon wegweisende Schritte gegeben. Ich will hier besonders die vielfältigen Initiativen aus dem Bereich der Kirchen erwähnen.

Mit dem Warschauer Vertrag von 1970, den damals der Kollege Brandt unterzeichnete, gelang ein weiterer Schritt in diese Richtung. An Buchstaben und Geist dieses Vertrags werden wir uns weiterhin halten. Wir sollten darüber nicht weiter diskutieren. In der Präambel bekunden Polen und die Bundesrepublik Deutschland ihren Willen, der inzwischen herangewachsenen neuen, der jungen Generation eine friedliche Zukunft zu sichern und *»dauerhafte Grundlagen für ein friedliches Zusammenleben und die Entwicklung normaler und guter Beziehungen«* zu schaffen. Anfang der 80er Jahre, als Polen eine schwere Zeit durchmachte, brachte die Bevölkerung der Bundesrepublik Deutschland in einer Welle großer Hilfsbereitschaft ihre Solidarität mit dem polnischen Volk zum Ausdruck.

Ich bin überzeugt, daß sich die gesellschaftliche Öffnung in Polen günstig auf unsere Bemühungen auswirken wird. Die Möglichkeiten für eine Verständigung zwischen unseren Völkern werden um so besser, je weiter die Entwicklung zu mehr persönlicher Freiheit in Polen voranschreitet. Denn wahre Versöhnung ist nicht nur eine Frage menschlichen Wollens, sondern natürlich auch der politischen Gegebenheiten.

Vorurteile und Mißtrauen haben auf Dauer keine Chancen mehr, wo Grenzen überschritten werden dürfen, wo Informationen und Meinungen frei ausgetauscht werden und Menschen einander in Freiheit begegnen können.

So konnte die deutsch-französische Aussöhnung nicht zuletzt deshalb so gut gelingen, weil sie auf dem gemeinsamen Fundament von Demokratie und Rechtsstaatlichkeit aufbaute und weil in immer häufiger werdenden Begegnungen und Gesprächen zwischen Franzosen und Deutschen ein neues Verständnis füreinander wuchs.

[. . .]

Die Hitler-Diktatur und der Zweite Weltkrieg warnen uns immer wieder vor der Verführungskraft des Extremismus und des Totalitarismus. Die Gefahr des Extremismus ist stets gegenwärtig - auch in einer freiheitlichen, offenen Gesellschaft. Es ist für eine freiheitliche Demokratie daher unerläßlich, solchen Versuchungen so früh wie möglich entgegenzuwirken. Vor dem Hintergrund der Geschichte der nationalsozialistischen Diktatur heißt das, Menschen durch den Rechtsstaat davor zu bewahren, eines Tages den Verstrickungen des Totalitarismus ausgesetzt zu sein.

Die freiheitliche Demokratie ist kein abstraktes Prinzip. Sie betrifft jeden einzelnen ganz unmittelbar. Es geht um seine Freiheit. Es geht um sein persönliches Glück. Tragen wir gemeinsam dazu bei, daß dies allen bewußt bleibt.

Die Menschen sind vor jener Zweideutigkeit in einer totalitären Diktatur zu schützen, die sich aus Verführung und Gewalt, aus Recht und Unrecht, aus Anpassung und Zwang zusammensetzt. Das nationalsozialistische Regime verstrickte Menschen guten Willens in ein verwirrendes, in ein diabolisches Netz, dem zu entkommen immer schwieriger wurde. Die Grenzen zwischen Gut und Böse verschwammen mehr und mehr. Die Redlichkeit des einzelnen war immer weniger Gewähr für richtiges Verhalten. Mit dem Schwarz und Weiß eines Holzschnitts läßt sich daher ein gerechtes Bild der Generationen unserer Eltern und Großeltern nicht zeichnen.

Bis heute empfinden wir Deutschen in besonders schmerzlicher Weise den zwiespältigen Charakter menschlicher Existenz in dem von Hitler entfesselten Krieg. Es gehört zur Tragödie jener Zeit, daß die Loyalität und die Vaterlandsliebe von Millionen Menschen - an der Front wie in der Heimat - für verbrecherische Zwecke mißbraucht wurden. Es gehört zur Perfidie und Perversität totalitärer Systeme, daß sie Menschen gezielt in Situationen verstricken, in denen es zwischen Schuld und Selbstgefährdung kaum mehr eine Alternative gibt.

Auf der einen Seite stehen die Soldaten, die an den Fronten des Zweiten Weltkriegs kämpften und litten. Die meisten von ihnen waren ehrlich und aufrichtig überzeugt, ihrem Land treu zu dienen. Es gab zahlreiche Beispiele von Tapferkeit und menschlicher Größe, denen Hochachtung gebührt. Solche Einstellungen verdienen es nicht, herabgesetzt oder gar verhöhnt zu werden. Denn mit ihnen verbindet sich die Erfahrung von Tod, Schmerz und Angst - und bei vielen von quälenden Zweifeln des Gewissens.

Auf der anderen Seite stehen die Verbrechen der Nationalsozialisten. Sie lassen sich nicht aus dem Kriegsgeschehen ausblenden. An diesem Widerspruch mußten damals viele leiden. Wenn wir von den Trümmern sprechen, die der Nationalsozialismus hinterlassen hat, dann sollten wir uns stets auch der Verheerungen bewußt bleiben, die in den Herzen und in den Köpfen der Menschen angerichtet wurden. Sie lasten als seelische Hypothek nicht nur auf jenen, die in Verstrikkung gerieten. Sie belasten Enkel und Kinder, die sich selbst um ein gerechtes Urteil über die Generationen ihrer Eltern und Großeltern bemühen müssen - vielleicht mehr bemühen müssen, als man gelegentlich den Eindruck hat.

Wir müssen uns hüten, aus heutiger Zeit vorschnelle Urteile zu fällen. Wer von uns könnte guten Gewissens von sich behaupten, daß er im Angesicht des Bösen die Kraft zum Martyrium aufbrächte? Und wer von uns kann eigentlich ermessen, was es damals bedeutete, im Bewußtsein der Gefahr für die eigene Person auch das Wohl der eigenen Familie aufs Spiel zu setzen?

Die Menschen heute sind nicht besser und nicht schlechter als die Menschen damals. Aber sie stehen glücklicherweise nicht unter dem Zwang, sich unter den Bedingungen einer totalitären Diktatur entscheiden zu müssen.

Wir erinnern uns in Dankbarkeit daran, daß selbst in der dunkelsten Periode unserer Geschichte, im Zeichen von Krieg und Diktatur, der Geist der Humanität nicht zerstört werden konnte. Es gab viele bewegende Beispiele von Hilfsbereitschaft, von Großherzigkeit und von Menschlichkeit - auch über die Fronten hinweg. Es gab Männer und Frauen, die Widerstand leisteten. Unter ihnen waren nicht wenige, die zunächst dem Diktator gedient hatten, bis sie merkten, daß sie - wie wohl auch die Mehrzahl der Deutschen - verführt, verraten und ausgenutzt wurden. Sie hatten die Kraft umzukehren; viele haben dafür mit ihrem Leben bezahlt.

Allein die Demokratie verlangt den Menschen nicht ab, was in der Regel über ihre Kräfte geht. Sie bietet ihnen Schutz vor der furchtbaren Entscheidung, die die nationalsozialistische Diktatur ihnen zumutete: nämlich allzu leicht Komplize zu werden oder Heldenmut beweisen zu müssen.

Gerade in Erinnerung an die Hitler-Diktatur ist es daher wichtig, Bewegungen zu widerstehen, die eine umfassende Erlösung von allen Übeln dieser Welt als Programm verkünden. Wer - unter welchen Vorzeichen auch immer - das vollkommene Heil verheißt, der begibt sich mit Sicherheit auf den Weg zu neuem Unheil. Er hat nichts dazugelernt.

Die Abgründe unserer jüngsten Geschichte lehren, daß es zwischen Demokratie und Diktatur keinen Mittelweg, keine Gemeinsamkeit der Werte und keinen moralischen Kompromiß geben kann. Freiheit und Unfreiheit verhalten sich nun einmal so unverträglich zueinander wie Feuer und Wasser. Die Diktatur mag Menschen täuschen und blenden können; allein die Demokratie gewährt ihnen Selbstbestimmung, sie überzeugt durch Sinn für das menschliche Maß, durch Solidität und Berechenbarkeit. In dieser Nüchternheit liegt ihre Größe - und zugleich ein Grund dafür, daß sie manchem so wenig glanzvoll erscheint.

Die Demokratie ist eben nicht geschaffen für den Zustand des nicht enden wollenden Rausches, sondern für die Normalität des Alltags. Sie setzt nicht auf das Heroische und auf das Außergewöhnliche, sondern auf das Humane und - im besten Sinne des Wortes - auf das Normale.

Ausdruck einer lebendigen Demokratie sind Parteien und das Recht auf Opposition. Eben deshalb wurden die Parteien von Hitler so erbittert und gnadenlos bekämpft. Denn er wußte sehr wohl: Waren die Parteien erst einmal beseitigt, dann war auch die Demokratie tot.

Wir sollten uns häufiger daran erinnern, daß führende Politiker der Nachkriegszeit wie der SPD-Vorsitzende Kurt Schumacher und der erste CDU-Vorsitzende Andreas Hermes die Gefängnisse und Konzentrationslager, ja die Todeszellen der NS-Diktatur erlebt hatten.

Unsere Schlußfolgerung aus den Erfahrungen der Zeit bis 1933 muß lauten: Extremismus auf der politischen Rechten oder Linken kann nur dann Erfolg haben und zur Macht gelangen, wenn sich die Bürger von den demokratischen Parteien abwenden oder abseits stehen.

Das Verhängnis ist kaum noch aufzuhalten, wenn zudem gesellschaftliche und politische Eliten sich die Hand reichen - womöglich in der Illusion, sie würden mit den Extremisten schon fertig werden. Wenn wir den Anfängen gemeinsam wehren, hat der Extremismus keine Chance. Wenn wir ihn dagegen als etwas Normales verharmlosen, kann er auch unsere Demokratie gefährden. Dagegen anzukämpfen, dafür ist es nie zu früh. Überfordern wir nicht unsere Demokratie - sie ist ein kostbares und auch durchaus zerbrechliches Gut! Lassen wir davon ab, sie als ein Allheilmittel für alle Nöte und Probleme dieser Welt mißzuverstehen. Verteidigen wir immer und überall unsere freiheitliche rechtsstaatliche Ordnung, denn sie allein garantiert den Bürgern Freiheit und Recht. Sie allein schützt den einzelnen vor den

Gefahren des Totalitären. Jeder von uns ist dazu aufgerufen, sie zu seiner persönlichen Angelegenheit zu machen.

Gerechtigkeit, Achtung des Rechts und Rechtssicherheit sind für die Existenz einer Demokratie so wichtig wie die Luft zum Atmen. Dies ist das wichtigste Vermächtnis des deutschen Widerstands. Wer heute konsequent den Rechtsstaat verteidigt, wird morgen nicht in die Lage kommen, Widerstand leisten zu müssen. Gerechtigkeit, Achtung des Rechts und Rechtssicherheit wiederherzustellen, war das zentrale Ziel des Widerstands. Das trifft zumindest auf die große Mehrheit aller zu, die sich tapfer gegen das nationalsozialistische Regime erhoben. Würdigen wir daher heute gleichermaßen den Tischlergesellen Johann Georg Elser, den Obersten Claus Graf Schenck von Stauffenberg, den Kreisauer Kreis um Helmuth Graf James von Moltke, die »Weiße Rose« um die Geschwister Scholl, standhafte Persönlichkeiten wie Julius Leber und Carl Goerdeler und die vielen, vielen anderen, die sich aus Gewissensgründen der Gewaltherrschaft mutig entgegenstellten.

(Frau Oesterle-Schwerin [GRÜNE]: Und die Lilo Herrmann!)

Es bedeutet nicht nur eine Herabsetzung des deutschen Widerstands, sondern es ist historisch falsch und gefährlich, den untrennbar auf die Diktatur bezogenen Widerstandsbegriff beliebig auf aktuelle Sachverhalte zu übertragen. Mit seinem Monopolanspruch bekämpfte der Nationalsozialismus alle anderen Weltanschauungen radikal. Als Feinde galten ihm gleichermaßen Christen und Sozialisten, Liberale und Gewerkschafter, Konservative und Kommunisten. Ohne das Zusammenwirken von Menschen ganz unterschiedlicher politischer Überzeugungen wäre uns Deutschen der Neuanfang nach 1945 so nicht gelungen.

Nicht Erfolg oder Mißerfolg entscheiden über die sittliche Größe des Widerstandes. Das Attentat auf Hitler mußte gewagt werden – um jeden Preis. Besonders eindrucksvolle Worte hat Oberst Henning von Tresckow gefunden, der Stauffenbergs Handeln und Denken seit 1943 wesentlich beeinflußte. Wenige Stunden, bevor er in den Tod ging, faßte er noch einmal zusammen, was der tiefste Beweggrund seines Handelns war:

»Ich halte Hitler nicht nur für den Erzfeind Deutschlands, sondern auch für den Erzfeind der Welt. Wenn ich in wenigen Stunden vor den

Richterstuhl Gottes treten werde, um Rechenschaft abzulegen über mein Tun und mein Unterlassen, so glaube ich mit gutem Gewissen das vertreten zu können, was ich im Kampf gegen Hitler getan habe. Wenn einst Gott Abraham verheißen hat, er werde Sodom nicht verderben, wenn auch nur zehn Gerechte darin seien, so hoffe ich, daß Gott auch Deutschland um unsertwillen nicht vernichten wird.«

Wir schulden den Männern und Frauen des deutschen Widerstands tiefen Dank. Hohen Respekt zollen wir auch jenen, die sich durch Emigration dem Unrechtsregime verweigerten oder vor ihm fliehen mußten. Darunter war auch mancher, der dann aus Liebe zu seinem Vaterland die Hitler-Diktatur von außen bekämpfte. Denken wir an die Beispiele der Schriftsteller, die den Versuch unternahmen, mit der Macht ihres Wortes die Welt aufzurütteln und aufmerksam zu machen auf das, was in Deutschland geschah.

Die allermeisten Emigranten haben nicht leichten Herzens ihr Vaterland verlassen, und manchem von ihnen ist es später auch schwergefallen zurückzukehren. Um so dankbarer sind wir jenen, die mithalfen, unsere Bundesrepublik Deutschland aufzubauen. Denn bis heute fördert gerade diese Mitwirkung ganz wesentlich die Versöhnungs- und Friedensarbeit unserer Zeit.

Ich möchte hier auch an einen Mann erinnern, der für mich zu den großen Helden des 20. Jahrhunderts zählt, an Raoul Wallenberg. Er setzte 1944, im Alter von 32 Jahren, sein Leben ein, um in Budapest hunderttausend von Ermordung bedrohten Juden das Leben zu retten. 1945 wurde er in die Sowjetunion verschleppt. Er ist seitdem verschollen.

In meinen Gesprächen habe ich Generalsekretär Gorbatschow auf das ungeklärte Schicksal dieses großen, mutigen Mannes hingewiesen. Ich hoffe sehr, daß in dieser Epoche des Wandels, in der in Staaten des Warschauer Pakts auch über das bedrückende Erbe des Stalinismus frei gesprochen wird, das Schicksal Raoul Wallenbergs wirklich überzeugend geklärt werden kann. Ich begrüße es sehr, daß die sowjetischen Behörden kürzlich Angehörige von Raoul Wallenberg nach Moskau eingeladen haben.

An diesem 1. September wende ich mich besonders an die jungen Menschen in Deutschland. Sie tragen keinerlei Schuld für Diktatur und Weltkrieg – nicht kollektiv, weil es das nicht gibt, aber auch nicht individuell, weil ihr Lebensalter sie davor bewahrt. Dennoch tragen auch sie Verantwortung, weil die Vergangenheit gegenwärtig bleibt. Keiner von uns, kein Deutscher kann ihr entrinnen. Begreifen wir jedoch die Last der Geschichte auch als Chance: Wer die Geschichte dieses Jahrhunderts kennt, dessen Blick ist geschärft für die Gefahren und Verführungen unserer Zeit.

Widerstehen wir auch der Versuchung, die während der NS-Zeit in Verruf gebrachten Werte der Heimatliebe und des Patriotismus heute zu verachten, weil sie damals mißbraucht wurden. Patriotismus geringzuschätzen wäre unbewußt im Sinne Hitlers. Generaloberst Ludwig Beck, einer der Männer des 20. Juli 1944, hatte dies erkannt und schrieb einmal tief erschrocken nieder: *»Dieser Mensch hat ja gar kein Vaterland.«* Liebe zum Vaterland und Liebe zur Freiheit, Patriotismus und europäische Gesinnung dürfen allerdings nie wieder getrennte Wege gehen. Das ist die Konsequenz, die wir gemeinsam ziehen müssen.

Ebenso kommt es darauf an, Tugenden wie Tapferkeit, Loyalität und Opferbereitschaft untrennbar an fundamentale sittliche Normen zu knüpfen. So leisten die Soldaten unserer Bundeswehr keinen Treueeid auf eine bestimmte Person, sondern sie geloben, jene Werte zu verteidigen, die in unserer freiheitlichen Verfassung, dem vor 40 Jahren verkündeten Grundgesetz, verankert sind.

Die Generation der Gründer unserer Bundesrepublik Deutschland gestaltete die zweite deutsche Demokratie aus den Erfahrungen der Geschichte heraus. Sie führte unser Land auf den Weg jener freiheitlichen Traditionen zurück, die weder Krieg noch Gewaltherrschaft hatten zerstören können. Wir dürfen stolz sein auf unsere freiheitliche Verfassung, das Grundgesetz. Wir bekennen uns zum absoluten Vorrang der Würde des einzelnen Menschen in allen Bereichen seines Lebens; zur Absage an Krieg und Gewalt als Mittel der Politik und an jeden Revanchismus - eine Entscheidung, die gerade auch von den deutschen Heimatvertriebenen in der Stuttgarter Charta von 1950 mitgetragen wurde; zu dem Ziel eines freien und geeinten Deutschland in einem freien und geeinten Europa.

Es ist ein Zeugnis tiefer Menschlichkeit, daß die Väter und Mütter unseres Grundgesetzes politisch-religiös und rassisch Verfolgten einen Anspruch auf Asyl gewährten. Denn die Humanität eines Gemeinwesens erweist sich nicht nur in der Achtung von Freiheit und Menschenwürde der eigenen Bürger, sondern auch in der Aufgeschlossenheit für die Opfer von Unterdrückung und Gewalt in anderen Ländern.

All diese Entscheidungen haben die Grundlage dafür gelegt, daß unser Gemeinwesen als friedliebender, dem Recht und der Freiheit verpflichteter Partner in der Welt ein Maß an Anerkennung erlangte, das sich 1945, nach dem Ende von Krieg und Gewaltherrschaft, wohl niemand zu erträumen wagte. Dies 40 Jahre nach Gründung der Bundesrepublik Deutschland feststellen zu können erfüllt uns mit Genugtuung.

Heute sind wir Zeugen beim Aufbruch Europas in eine neue Epoche. Wir müssen bereit sein, diesen Aufbruch maßgeblich mitzugestalten. Ganz Europa steht ein umfassender Wandel bevor, eine tiefgreifende Veränderung in Wirtschaft und Gesellschaft. Zum erstenmal seit dem Ende des Zweiten Weltkriegs zeichnet sich die Chance ab, daß es uns gelingt, aus dem Schatten des Ost-West-Konflikts herauszutreten. Was sich auf unserem alten Kontinent entwikkelt, schlägt Menschen weltweit in den Bann.

Welches Volk könnte an diesem Vordringen der Freiheit stärkeres Interesse haben als das unsere? Das Zerbröckeln jahrzehntelanger Verkrustungen in Europa schafft neue Hoffnung auch für die Einheit unseres Vaterlands. Die Zeit arbeitet für, nicht gegen die Sache der Freiheit.

So richten wir an diesem Tag der Erinnerung unseren Blick auch nach vorn. Bei aller Trauer, die wir in Erinnerung an den 1. September 1939 empfinden, sind wir uns der Verantwortung für die nachwachsenden Generationen bewußt. Diese Generationen werden uns einmal danach beurteilen, ob wir aus der Erfahrung von Krieg und Diktatur die richtigen Lehren gezogen haben – ob wir der Aufgabe gewachsen waren, auf Dauer eine bessere, eine friedlichere Welt zu schaffen.

Wir haben die Vision einer Zukunft, in der die Völker der Welt in gemeinsamer Freiheit friedlich vereint sind, und wir werden und dürfen nicht nachlassen, dafür zu arbeiten. Im Gedenken an den 1. September 1939 wissen wir: Dies ist das wichtigste, das wertvollste Erbe, das wir den kommenden Generationen hinterlassen können.

(Anhaltender Beifall bei der CDU/CSU und der FDP sowie Beifall bei der SPD)

7 Dank an Ungarn für Menschlichkeit und Solidarität

Vor wenigen Minuten hat der ungarische Außenminister die Entscheidung seiner Regierung bekanntgegeben, daß ab heute nacht null Uhr Deutsche aus der DDR in ein Land ihrer Wahl von Ungarn aus ausreisen können. Wir wissen sowenig wie die ungarischen Behörden, wie groß die Zahl unserer Landsleute aus der DDR ist, die gegenwärtig in Ungarn sind und die Chance wahrnehmen, Ungarn verlassen zu können.

Das erste, was ich sagen darf, ist ein Wort des herzlichen Dankes an die ungarische Regierung und an die ungarischen Behörden. Wir sind uns nicht zuletzt auf Grund unserer Gespräche in den vergangenen Wochen sehr wohl bewußt, welche Entscheidung die ungarische Regierung getroffen hat. Es ist eine Entscheidung der Menschlichkeit, es ist eine Entscheidung der europäischen Solidarität. Und ich bin für diese Entscheidung sehr, sehr dankbar.

Ich will gleichzeitig die Gelegenheit wahrnehmen, allen in Ungarn, aber auch allen in Österreich – das gilt auch für die österreichische Regierung und für viele Bürgerinnen und Bürger im Burgenland –, sehr herzlich zu danken. Danken dafür, daß sie sich um die Deutschen aus der DDR, die jetzt in Ungarn sind oder, aus Ungarn kommend, in den letzten Wochen die Grenze überschritten haben und nach Österreich kamen, in einer besonderen Weise bemüht haben.

Wir werden auch dieses Zeugnis der Menschlichkeit nicht vergessen.

Wer in die Gesichter der Betroffenen schaut, wer erlebt hat, welche Spannung bis hin zur Verzweiflung in diesen Tagen und Wochen herrscht, kann ermessen, was es heißt, daß diese Entscheidung ab heute nacht null Uhr in Kraft tritt.

Erklärung vom Abend des 10. September 1989, unmittelbar nach Bekanntgabe der Entscheidung der ungarischen Regierung, die aus der DDR geflüchteten Deutschen aus Ungarn ausreisen zu lassen.
Bulletin des Presse- und Informationsamts der Bundesregierung Nr. 90 (12. September 1989).

Die Bundesregierung wird alles tun, um unsere Landsleute aus der DDR, die jetzt zu uns kommen, herzlich aufzunehmen, ihnen Startchancen zu verschaffen.

Meine Bitte geht an alle unsere Mitbürgerinnen und Mitbürger in der Bundesrepublik Deutschland, den Deutschen aus der DDR, die jetzt kommen, im Rahmen ihrer Möglichkeiten zu helfen: bei der Unterbringung, der Wohnungssuche und nicht zuletzt beim Finden von Arbeitsplätzen.

In diesen Tagen ist uns wieder ganz deutlich geworden - entgegen allen Reden und Prophezeiungen, die wir oft genug, auch hier in der Bundesrepublik Deutschland, gehört haben -, daß wir Deutsche zusammengehören und daß der Wille zur Einheit der Nation eben nicht irgendein Wille ist, sondern eine tiefe, auch moralisch bewegende Kraft.

8 Vierzig Jahre Arbeit für Deutschland

Die deutschen Heimatvertriebenen

Sehr gern feiere ich gemeinsam mit Ihnen den Tag der deutschen Heimatvertriebenen und das 40jährige Jubiläum der Arbeit für Vertriebene und von Vertriebenenverbänden. [. . .] Die Geschichte des Bundes der Vertriebenen ist ein Teil der Geschichte der Bundesrepublik Deutschland. [. . .] Unser Gemeinwesen verdankt den Vertriebenen und Flüchtlingen sehr viel. [. . .]

Der Zweite Weltkrieg hat unendlich viel Leid über die Menschen gebracht, zuerst und vor allem auch über das polnische Volk. Unter den Deutschen gehörten die Vertriebenen und Flüchtlinge zu den Hauptleidtragenden dieses von Hitler entfesselten Kriegs und der seit 1945 von Stalin betriebenen Expansionspolitik.

In meiner Regierungserklärung vom 1. September 1989 zum 50. Jahrestag des Beginns des Zweiten Weltkriegs habe ich vor dem Deutschen Bundestag das Leid dieser Millionen Menschen in Erinnerung gerufen. Ich erwähnte »die endlos scheinenden Kolonnen ausgemergelter Kinder, Frauen und alter Menschen auf der Flucht und bei der Vertreibung; die Flüchtlingszüge, in denen sich Mütter an ihre erfrorenen Kinder klammerten«. Wer von denen, die das alles erlebt und erlitten haben, könnte diese Bilder jemals vergessen?

Trotz aller Bitterkeit über den Verlust der Heimat haben unsere Vertriebenen und Flüchtlinge am Geist des Friedens und der Verständigung unbeirrt festgehalten. Was dies bedeutet, kann wohl keiner ermessen, dem eine solche Last nicht auferlegt war. [. . .]

Das sogenannte »Wirtschaftswunder« war in Tat und Wahrheit kein Wunder, sondern das Ergebnis des Fleißes und harter gemeinsamer Arbeit von unzähligen Menschen guten Willens. Es ist nicht denkbar ohne die dynamischen Antriebskräfte, die die Vertriebenen und Flüchtlinge in den freien Teil unseres Vaterlandes mitbrachten.

Rede anläßlich des »Tages der deutschen Heimatvertriebenen« am 21. Oktober 1989 in Bonn.
Bulletin des Presse- und Informationsamts der Bundesregierung Nr. 111 (24. Oktober 1989).

Manche tun sich heute schwer mit den Landsleuten, die in letzter Zeit zu Hunderttausenden hierhergekommen sind – Aussiedlern aus der Sowjetunion und anderen Staaten des Warschauer Pakts, Übersiedlern und Flüchtlingen aus der DDR. Wir sollten uns einmal bewußtmachen, was es unter den schwierigen Bedingungen von damals bedeutete, für Millionen von Landsleuten Arbeit, Brot und Obdach zu finden. Im Vergleich dazu wiegen die Probleme von heute bei weitem nicht so schwer. Die materiellen Voraussetzungen sind gut. Was uns oft fehlt, das ist der Optimismus und die Lebensbejahung der Gründergeneration unserer Republik – jener Generation, der wir entscheidend unser Leben in Frieden und Freiheit, in Wohlstand und einem hohen Maß an sozialer Gerechtigkeit verdanken.

Beim diesjährigen Rückblick auf vier Jahrzehnte Bundesrepublik Deutschland haben wir uns auch an die hervorragende Aufbauleistung der Flüchtlinge und Vertriebenen dankbar erinnert. Wir haben uns vergegenwärtigt, daß diese Menschen, die unschuldig Furchtbares erleiden mußten, in vorbildlicher Weise am moralischen Fundament unserer Republik mitgebaut haben:

Mit ihrer »Charta der deutschen Heimatvertriebenen«, verabschiedet am 5. August 1950 in Stuttgart, haben sie auf Rache und Vergeltung verzichtet und sich ausdrücklich zu einem geeinten Europa bekannt, »in dem die Völker ohne Furcht und Zwang leben können«. [. . .] Wir verpflichten uns, den Geist des Friedens und der Versöhnung, der aus der Charta spricht, den nachwachsenden Generationen zu vermitteln.

Insbesondere wollen wir erneut bekräftigen, daß Freiheit, Menschenrechte und Selbstbestimmung den Kern der deutschen Frage bilden. Diese großen Ideen brechen sich heute Bahn auch dort, wo sie gestern noch unterdrückt wurden. Gerade das begründet unsere Hoffnung auf eine europäische Friedensordnung, in der wir den Auftrag der Präambel unseres Grundgesetzes erfüllen können. Dort heißt es: »Das gesamte Deutsche Volk bleibt aufgefordert, in freier Selbstbestimmung die Einheit und Freiheit Deutschlands zu vollenden.«

Die Einheit der deutschen Nation konnte auch durch Jahrzehnte der staatlichen Teilung nicht zerstört werden. Deshalb bedeutet die Chance für Selbstbestimmung, für Freiheit und Achtung der Menschenrechte immer auch eine Chance für die Wiedervereinigung unseres Vaterlands. Diese Chancen zu nutzen, ist unser nationaler

Auftrag. Unser Ziel werden wir jedoch nur erreichen, wenn wir die Bindungen erhalten und ausbauen, die die Bundesrepublik Deutschland in 40 Jahren zu der Gemeinschaft freier Völker, zur westlichen Wertegemeinschaft entwickelt hat. Wir sind keine Wanderer zwischen Ost und West.

Wir sind der Verwirklichung unserer Vision einer gemeinsamen Freiheit aller Europäer schon nähergekommen, als manche es wahrhaben. [...] Wir sind Zeugen beim Aufbruch Europas in eine neue Epoche. *Ganz* Europa, Ost *und* West, steht ein umfassender Wandel bevor. Es eröffnen sich neue Horizonte einer gesamteuropäischen Friedensordnung. Zum ersten Mal seit dem Ende des Zweiten Weltkriegs zeichnet sich die Chance ab, daß es uns gelingt, aus dem Schatten des Ost-West-Konflikts herauszutreten. [...] In Mittel-, Ost- und Südosteuropa brechen jetzt die verkrusteten Strukturen jener geschichtswidrigen Ordnung auf, die Stalin den Menschen und Völkern nach 1945 aufgezwungen hatte: Wir erleben, daß die Außenminister Ungarns und Österreichs eigenhändig ein Stück jenes Eisernen Vorhangs zerschneiden, der Europa seit über vier Jahrzehnten teilt. In Polen wird ein engagierter Christ zum Ministerpräsidenten gewählt. Führende Vertreter des neuen Polens erklären, daß sie große Sympathie und Solidarität für das Verlangen ihrer deutschen Nachbarn nach Freiheit und Einheit empfinden. In der Sowjetunion selbst werden politische und gesellschaftliche Reformen eingeleitet. Es findet eine schonungslose Abrechnung mit der stalinistischen Vergangenheit statt. Generalsekretär Gorbatschow bekräftigt immer wieder das Recht aller Völker, ihr politisches und gesellschaftliches System selbst zu wählen.

Unsere Landsleute in Leipzig und anderen Städten der DDR, die in so großer Zahl für Reformen demonstrieren, stellen immer drängender die Frage: Warum ist das, was in Ungarn, Polen oder der Sowjetunion geschieht, nicht auch bei uns möglich? Wann dürfen auch wir endlich einbezogen sein in das Friedenswerk der europäischen Einigung?

Unsere Politik muß es sein, die Reformprozesse im östlichen Teil unseres Kontinents schöpferisch zu verknüpfen mit unserem nationalen Ziel – mit unserer Forderung nach Freiheit, Menschenrechten und Selbstbestimmung für alle Deutschen. In den Worten der »Gemeinsamen Erklärung«, die Generalsekretär Gorbatschow und ich am 13. Juni in Bonn unterzeichnet haben, geht es darum, »zur Überwindung der Trennung Europas beizutragen« und eine »künftige Architektur Europas« zu gestalten. »Bauelemente« - so heißt es dort weiter - eines solchen »Europas des Friedens und der Zusammenarbeit« müssen insbesondere sein: »Die uneingeschränkte Achtung der Integrität und Sicherheit jedes Staates. Jeder hat das Recht, das eigene politische und soziale System frei zu wählen. Die uneingeschränkte Achtung der Grundsätze und Normen des Völkerrechts, insbesondere Achtung des Selbstbestimmungsrechts der Völker.«

Selbstbestimmung für alle Deutschen, das heißt zunächst einmal: Unsere Landsleute in der DDR müssen endlich selbst frei zum Ausdruck bringen können, welchen Weg in die Zukunft sie gehen wollen. Es kommt also darauf an, eine demokratische Willensbildung in der DDR zu ermöglichen. Dazu gehören unbedingt: Meinungs- und Pressefreiheit, freie Bildung von Vereinen, Gewerkschaftsfreiheit, Parteienpluralismus und schließlich selbstverständlich freie, gleiche und geheime Wahlen.

Unsere Landsleute in der DDR brauchen keine Vormünder, ich bin sicher, daß wir ihrem Willen zur Freiheit und zur Einheit vertrauen können. Das Ergebnis einer solchen Willensbildung wird niemand in Ost und West ignorieren können, dem es mit der Forderung nach Selbstbestimmung wirklich ernst ist. Ich warne vor der Versuchung, diese Entwicklung gleichsam mit dem Terminkalender oder vom grünen Tisch aus planen zu wollen. Wir haben es hier mit geschichtlichen Entwicklungen zu tun, die sich nicht mechanisch steuern lassen und die nicht nach festen Fahrplänen ablaufen. Was wir in den letzten Monaten erlebt haben, zeigt das nur zu deutlich.

Entscheidend kommt es darauf an, daß wir unbeirrt unseren Prinzipien treu bleiben und daß wir zugleich konsequent Rahmenbedingungen schaffen, die Freiheit, Menschenrechte und Selbstbestimmung für alle Deutschen fördern.

Ich will hier die Elemente kurz umreißen, die unabdingbar zu einer solchen Politik gehören:

Erstens: Wir sind bereit, mit der DDR umfassend zusammenzuarbeiten - unter der Voraussetzung freilich, daß es dort endlich zu tiefgreifenden Reformen in Staat, Wirtschaft und Gesellschaft kommt. Mit einem bloßen Austausch von Führungspersonen ist es nicht getan. Der neue SED-Generalsekretär wird daran zu messen sein, ob er den Weg für tiefgreifende Reformen freimacht oder ob er nur die Verteidigung des Machtmonopols seiner Partei im Auge hat.

Es geht um den überfälligen Wandel in Richtung Freiheit und Demokratie, wie ihn Ungarn und Polen schon so eindrucksvoll demonstrieren. Es geht um einen Wandel, der von den Menschen selbst getragen wird. Sie wollen keine Untertanen mehr sein, sondern ihr Leben und ihre Lebensbedingungen eigenverantwortlich gestalten können.

Zweitens: Wir unterstützen den politischen, wirtschaftlichen und gesellschaftlichen Wandel in Staaten des Warschauer Pakts nicht zuletzt deshalb, weil diese Veränderungen sich natürlich auch auf die DDR auswirken. Machen wir uns keine Illusionen: Wenn die Reformen in Polen und Ungarn scheitern, dann schwinden auch die Chancen für einen Wandel in der DDR.

Drittens: Wir fördern weiterhin mit allem Nachdruck den Prozeß der europäischen Einigung im freien Teil unseres Kontinents. Dabei sind wir uns sehr wohl bewußt, daß die EG nicht das ganze Europa ist. Im Westen darf nicht die Erinnerung daran verblassen, daß Warschau, Budapest und Prag, daß Rostock, Leipzig und Dresden selbstverständlich dazugehören.

Aber die EG ist der Kristallisationspunkt eines immer weiter wachsenden Europas der Freiheit. Sie ist ein Anfang. Sie muß offen sein für andere freiheitliche Demokratien. Die EG ist keine »Festung Europa« – weder im wirtschaftlichen Bereich noch im Blick auf neue Mitglieder.

[. . .]

Im freien Teil unseres Kontinents bewegen wir uns mit großen Schritten auf die Europäische Union zu. Unser Fernziel sind die »Vereinigten Staaten von Europa« als europäischer Bundesstaat. Die Vollendung des europäischen Binnenmarktes bis Ende 1992 ist ein wichtiger Markstein auf diesem Weg. Ohne diese Entwicklungen im freien Teil unseres Kontinents wäre es nicht dazu gekommen, daß heute die verkrusteten Strukturen im Bereich des sogenannten »real existierenden Sozialismus« aufbrechen. Wir wären schlecht beraten, wenn wir ausgerechnet jetzt dem Prozeß der europäischen Einigung den Schwung nähmen. Damit erwiesen wir unserem geteilten Vaterland keinen Dienst!

Wenn wir nach vorn blicken, dann muß uns das *ganze* Europa vor Augen stehen. Natürlich wollen wir ein vielgestaltiges Europa, in dem die gewachsenen - auch regionalen - Besonderheiten ihren Platz haben. Wir wollen kein Europa, das regionale und nationale Eigenheiten gleichsam in einem Schmelztiegel verschwinden läßt.

Gerade wir Deutschen haben einen ausgeprägten Sinn für den harmonischen Dreiklang Heimat, Vaterland und Europa. Dies entspricht ganz allgemein der Sehnsucht der Menschen nach Geborgenheit und Vertrautheit, aber auch nach Partnerschaft und Offenheit für die Nachbarn. [. . .] Wir sind hier bereits auf einem guten Weg: Im abschließenden Dokument des Wiener KSZE-Folgetreffens stehen erstmals auch ausführliche Bestimmungen über den Schutz von Minderheiten. Auf Grundlage dieser Bestimmungen sind wir mit großem Nachdruck bestrebt, das Recht der deutschen Minderheit in der Sowjetunion und anderen Staaten des Warschauer Pakts zu sichern, ihre sprachliche und kulturelle Identität zu wahren und ihre Traditionen zu pflegen.

In den letzten Tagen haben uns Nachrichten aus Moskau erreicht, wonach die sowjetische Führung zur Zeit Überlegungen konkretisiert, für die Deutschen in der Sowjetunion wieder eine eigene Republik zu schaffen. Das entspräche genau dem von uns angestrebten Ziel. Denn unser Ziel kann nicht sein, daß möglichst viele von den Menschen, die dort oder in anderen Staaten des Warschauer Pakts leben, ihre Heimat verlassen. Wir wollen vielmehr, daß sie in ihrer Heimat unter menschenwürdigen Bedingungen bleiben können. Das ist praktische Politik zum Wohle der Menschen und im Interesse des Friedens.

Mit Ungarn sind uns bereits 1987 vorbildliche und richtungweisende Abmachungen gelungen. Im Rahmen der laufenden Verhandlungen mit Polen werden wir ebenfalls Regelungen erreichen, wie wir sie 40 Jahre lang vergeblich angestrebt haben. Jetzt soll die Diskriminierung unserer dort lebenden Landsleute endlich beendet werden. [. . .]

Mit dem Amtsantritt der neuen polnischen Regierung unter Ministerpräsident Mazowiecki haben sich die Voraussetzungen für eine durchgreifende Änderung der Lage unserer Landsleute dort entscheidend verbessert: Bereits in seiner Regierungserklärung hat Ministerpräsident Mazowiecki eine Abkehr vom jahrzehntealten Dogma vollzogen, in Polen gebe es keine nationalen Minderheiten; und im neuen

Parlament wurde ein Minderheiten-Ausschuß gegründet mit dem Ziel, ein Minderheitenstatut zu erarbeiten. Damit kommen wir einem Ziel entscheidend näher, das auch einer alten Forderung des Bundes der Vertriebenen entspricht.

Ich bin überzeugt, daß sich diese neue Linie in allen Bereichen der staatlichen Gewalt durchsetzt, insbesondere auch in der für die Registrierung von Vereinigungen zuständigen Gerichtsbarkeit.

Künftige Generationen in unseren östlichen Nachbarstaaten werden uns eines Tages danach fragen, was wir dafür getan haben, daß sie mit den anderen Europäern in gemeinsamer Freiheit zusammenleben können. Bei dieser Aufgabe kommt den deutsch-polnischen Beziehungen eine zentrale, ja eine Schlüsselrolle zu. Sind wir uns eigentlich genügend bewußt, welche wahrhaft historischen Chancen sich uns heute bieten?

Jan Josef Lipski, um nur einen herausragenden Vertreter des neuen Polens zu nennen, sagte am 1. September 1989, dem 50. Jahrestag des Beginns des Zweiten Weltkriegs, daß die Vertreibung der Deutschen ein großes Unrecht gewesen sei und daß die Polen dafür um Verzeihung bäten. Begreifen wir, was ein solcher Satz eigentlich bedeutet - aus dem Munde eines Polen, mit so viel Würde und Menschlichkeit ausgesprochen an einem solchen Tag? Und begreifen wir, was es bedeutet, daß dieser Satz öffentlich in Krakau gesprochen wurde? Erinnern wir uns daran, daß die Nationalsozialisten nach dem Angriff auf Polen die Eliten des polnischen Volkes ausrotten wollten - und zu den ersten, die in Konzentrationslager verschleppt oder sogleich umgebracht wurden, gehörten die Professoren der Krakauer Universität. Dies war der Auftakt zu einem beispiellosen Versklavungs- und Vernichtungsfeldzug gegen das polnische Volk.

Lipski selbst und viele seiner polnischen Freunde haben in den vergangenen Wochen und Monaten immer wieder betont, daß ein freies Polen ein freies Deutschland braucht. Deutsche und Polen sind natürliche Verbündete in Sachen Freiheit. Deutsche und Polen können nur gemeinsam die offene Wunde heilen, an der unser geteilter Kontinent immer noch leidet.

Es geht hier um einen Auftrag von europäischer Dimension, der sich nur noch mit der deutsch-französischen Aussöhnung vergleichen läßt: Ohne deutsch-französische Freundschaft hätte es den Einigungsprozeß im freien Teil unseres Kontinents nicht gegeben; und ohne deutsch-polnische Verständigung, ja Freundschaft, gibt es keine Aussicht auf ein Europa ohne Mauern und Stacheldraht, ohne Haß und Feindschaft.

[. . .]

Im Europa der Zukunft muß es vor allem um Selbstbestimmung und Menschenrechte gehen, um Volkssouveränität und nicht um Grenzen oder um Hoheitsgebiete - wie ich vor über vier Jahren vor dem Deutschen Bundestag erklärt habe. Denn - so fuhr ich damals fort - nicht souveräne Staaten, sondern souveräne Völker werden den Bau Europas dereinst vollenden.

Ganz in diesem Sinne heißt es in der Gemeinsamen Entschließung des Deutschen Bundestages vom 17. Mai 1972: »Mit der Forderung auf Verwirklichung des Selbstbestimmungsrechts erhebt die Bundesrepublik Deutschland keinen Gebiets- oder Grenzänderungsanspruch.«

Wir können und wir wollen keine Rechtspositionen verändern. Es bleibt bei den bekannten und unbestreitbaren staats- und völkerrechtlichen Grundlagen unserer Deutschland- und Ostpolitik. Dazu gehört selbstverständlich auch, daß wir festhalten an Buchstaben und Geist des Warschauer Vertrags in allen - ich betone in *allen* - seinen Teilen.

In diesem Vertrag »bekräftigen« die Bundesrepublik Deutschland und Polen »die Unverletzlichkeit ihrer bestehenden Grenzen jetzt und in der Zukunft und verpflichten sich gegenseitig zur uneingeschränkten Achtung ihrer territorialen Integrität. Sie erklären, daß sie gegeneinander keinerlei Gebietsansprüche haben und solche auch in Zukunft nicht erheben werden.«

Gleichzeitig stellen beide Seiten fest, dieser Vertrag berühre »nicht die von den Parteien früher geschlossenen oder sie betreffenden zweiseitigen oder mehrseitigen internationalen Vereinbarungen«. Jeder von uns weiß - und doch muß man es immer wieder öffentlich sagen, weil es sonst vergessen wird -, daß wir noch keinen Friedensvertrag haben. Das ist eine Tatsache, die wir weder verschweigen wollen noch verschweigen dürfen.

Unser Ziel ist eine europäische Friedensordnung, die nicht von einzelnen Mächten diktiert wird, sondern die von den Völkern Europas in freier Selbstbestimmung eigenhändig gestaltet wird. Das Recht aller Völker auf Selbstbestimmung ist in der Charta der Vereinten

Nationen anerkannt. Wer unsere Forderung nach Verwirklichung dieses Rechts auch für alle Deutschen als »Revanchismus« diffamiert, der stellt sich also in Wahrheit gegen das Grund-Gesetz der Völkergemeinschaft.

[...]

Ich bin mir mit Ministerpräsident Mazowiecki einig, in diesem Jahr einen Durchbruch zu erzielen. Die Zeit ist reif für eine Verständigung, nach Möglichkeit sogar für eine dauerhafte Aussöhnung zwischen unseren beiden Völkern. Ein solches Werk des Friedens schulden wir gerade den jungen Menschen, die in guter Nachbarschaft und Freundschaft miteinander leben wollen. Die Zusammenarbeit muß umfassend ausgebaut und intensiviert werden. [...]

Polen, das sich heute in besonderem Maße nach Westen öffnet, befindet sich in einer schwierigen Wirtschaftslage. Wir sind uns mit unseren Partnern einig, daß der Westen jetzt entschlossen helfen muß, damit die polnischen Reformen gelingen.

Die Bundesregierung ist bereit, ihren Beitrag zu leisten. Ich appelliere an Sie alle: Helfen Sie mit, den Wandel bei unseren polnischen Nachbarn im Geiste der Versöhnung zu fördern. Denn niemand hat größeres Interesse daran als unser deutsches Volk.

Die deutschen Vertriebenen und Flüchtlinge haben in der Vergangenheit mit ihrer Bereitschaft zur Integration, mit ihrer Aufbauleistung und mit ihrer klaren Absage an Haß und Gewalt ein weithin leuchtendes Beispiel gegeben. [...] In diesem Jahrhundert gab und gibt es ungezählte Flüchtlingsströme, und das Unrecht der Vertreibung erzeugte fast überall neues Unrecht, Haß und Gewalt. Die deutschen Heimatvertriebenen und Flüchtlinge jedoch haben gezeigt, daß dieser Teufelskreis durchbrochen werden kann. [...] Heute sind die Flüchtlinge und Vertriebenen aufgerufen, ein neues Beispiel zu geben: Sie können ihre Erfahrungen einbringen, wo es um die Integration der vielen Aus- und Übersiedler geht, die aus der Sowjetunion und anderen Staaten des Warschauer Pakts sowie aus der DDR zu uns kommen. Und vor allem: Sie können Brücken bauen in die Zukunft, Brücken zwischen dem deutschen und dem polnischen Volk.

Krieg und Vertreibung – sie gehören zu den bitteren Erfahrungen, die die Völker Europas, die gerade Polen und Deutsche lange, allzu lange, voneinander entfremdet haben. Aus der geschichtlichen Last kann und muß heute eine Chance für die Zukunft werden - die Chance der Versöhnung zum Wohle künftiger Generationen in Europa.

Auch heute ist wegweisend, was Sie, die deutschen Heimatvertriebenen, in Ihrer Stuttgarter Charta vor bald vierzig Jahren erklärt haben: »Wir rufen Völker und Menschen auf, die guten Willens sind, Hand anzulegen ans Werk, damit aus Schuld, Unglück, Leid, Armut und Elend für uns alle der Weg in eine bessere Zukunft gefunden wird.« Dies ist ein großartiges Wort. Und wenn wir es beherzigen, dann werden wir auch unser Ziel erreichen: »Einigkeit und Recht und Freiheit für das deutsche Vaterland.«

9 Dank und Anerkennung für den Friedensdienst der Bundeswehr

Gern bin ich heute hierhergekommen, um durch meine Anwesenheit vor allem auch für unsere Soldaten, für unsere Bundeswehr zu demonstrieren. [. . .] Alle Parteien, die in den vergangenen 40 Jahren unsere Republik aufgebaut und getragen haben, nahmen und nehmen ungeachtet aller parteipolitischen Gegensätze ihre besondere Verpflichtung gegenüber der Bundeswehr ernst und stehen für unsere Soldaten ein.

Dies ist eine gute Gelegenheit, dem Bundeswehrverband zu danken, der mit dem Thema »Staatsbürger in Uniform - Idee oder Wirklichkeit« jene Herausforderung beschrieben hat, die den Kern seiner Arbeit umreißt. Der Bundeswehrverband tritt seit vielen Jahren im besten Sinne des Wortes für die Interessen aller aktiven und ehemaligen Soldaten der Bundeswehr ein, für ihre Familienangehörigen, für ihre Hinterbliebenen. Der ständige Gedankenaustausch mit den politischen Parteien, mit den gesellschaftlichen Gruppen, mit der Bundesregierung - mit allen Verantwortlichen in Staat und Gesellschaft - ist überaus wichtig. Der Bundeswehrverband ist stets ein überzeugender Anwalt unserer Soldaten gewesen. Es ist mein herzlicher Wunsch, daß das auch für die Zukunft so bleibt. [. . .]

Sie vertreten die Interessen der Soldaten. Das ist legitim - aber darüber hinaus habe ich auch den Eindruck gewonnen, daß sich die Interessenvertretung des Bundeswehrverbandes wohltuend von der Tätigkeit manch anderer Verbände unterscheidet. Das hat sicher auch etwas mit soldatischen Tugenden und Ihrer Tradition zu tun. Sie achten darauf, daß bei der Wahrnehmung der Interessen der Soldaten und zivilen Mitarbeiter der Bundeswehr immer auch das Interesse der Allgemeinheit angemessen berücksichtigt wird. Ich wünschte mir, daß

Rede anläßlich der 13. Hauptversammlung des Deutschen Bundeswehrverbandes am 26. Oktober 1989 in Bonn.
Bulletin des Presse- und Informationsamts der Bundesregierung Nr. 119 (1. November 1989).

auch andere Verbände so verfahren und den eigenen Standpunkt vertreten, ohne darüber das Allgemeinwohl zu vergessen.

Unsere Soldaten leisten Friedensdienst. Sie leisten ihn für uns alle. Dieser Dienst ist schwierig - aber er ist für das Wohl unseres Landes so unverzichtbar wie eh und je. Unsere Bundeswehr ist nach wie vor Garant dafür, daß uns Frieden und Freiheit auch künftig erhalten bleiben. Gemeinsam mit ihren Kameraden in den Streitkräften unserer NATO-Partnerstaaten schützen unsere Soldaten Freiheit und äußere Sicherheit unseres Landes wie auch Freiheit und Sicherheit unserer Freunde und Partner.

Vergessen wir niemals: Es ist die Jugend unseres Landes, die in der Bundeswehr ihren Wehrdienst leistet - und aus der Sicht meiner Generation kann ich sagen: Es sind unsere Söhne. Als verantwortungsbewußte und engagierte Mitbürger verzichten sie auf viele Annehmlichkeiten, die in einer Freizeitgesellschaft wie der unseren so hoch geschätzt werden, und stellen sich statt dessen für uns alle einer besonderen Pflicht. Sie verdienen dafür die Anerkennung und die Unterstützung aller Bürger unseres Landes.

Für Teile unserer Gesellschaft ist das jedoch leider nicht mehr selbstverständlich. Manche versuchen, die Bundeswehr an den Rand unserer Gesellschaft zu drängen, sie psychologisch regelrecht auszugrenzen. Dafür hat es in der jüngsten Zeit einige schlimme Beispiele gegeben:

- Ich finde es empörend, wenn einige öffentlich zur massenhaften Wehrdienstverweigerung aufrufen - und dieses individuelle Grundrecht so zu einer politischen Kampagne gegen unsere Soldaten mißbrauchen.
- Es ist unerträglich, wenn unsere Soldaten als »potentielle Mörder« beschimpft werden. [. . .] Die Soldaten unserer Bundeswehr stehen im Dienst unseres Staates und aller Bürger. Wir können und dürfen nicht hinnehmen, daß unsere Soldaten mit Schwerverbrechern auf eine Stufe gestellt werden. Die Bundesregierung wird alles tun, um den Ehrenschutz unserer Soldaten wirksam zu gewährleisten.

  Ohne Schutz und Schirm der NATO und ohne die Verteidigungsbereitschaft, den Dienst und das persönliche Engagement unserer Soldaten wäre unsere freiheitliche Demokratie wohl kaum gegen Bedrohung von außen zu schützen gewesen.

13. Hauptversammlung des Deutschen Bundeswehrverbandes in der Stadthalle Bonn-Bad Godesberg. Bundeskanzler Dr. Helmut Kohl im Gespräch mit (v.r.n.l.) dem Bundesvorsitzenden des DBWV, Oberst Rolf Wenzel, dessen Stellvertreter, Oberstabsfeldwebel a. D. Manfred Grodzki, und Dr. Alfred Dregger, dem Vorsitzenden der CDU/CSU-Bundestagsfraktion.

- Schlimm ist auch, wenn die Piloten unserer Luftwaffe als »Lärmterroristen« verunglimpft werden. Ich wende mich mit aller Entschiedenheit gegen solche Ausfälle. Wer mit bestimmten Entscheidungen - beispielsweise zum Tiefflug - nicht einverstanden ist, soll sich an die politisch Verantwortlichen wenden: Man kann dann sachlich darüber diskutieren, was unter politischen und militärischen Gesichtspunkten notwendig und sinnvoll ist und wie man den Interessen der Betroffenen am besten dient. [. . .]

Ich fordere alle auf, die in der Bundesrepublik Deutschland Verantwortung tragen, unmißverständlich zur Bundeswehr und zu unseren Soldaten zu stehen. Das gilt auf Bundesebene genauso wie für Länder und Kommunen.

Wir konnten in diesem Jahr gemeinsam das vierzigjährige Jubiläum der Bundesrepublik Deutschland feiern - und wir konnten dabei auf vierzig Jahre in Frieden und Freiheit, in Wohlstand und einem hohen Maß sozialer Gerechtigkeit zurückblicken.

Daß wir insgesamt vierzig gute und friedliche Jahre erleben durften, verdanken wir nicht zuletzt den Soldaten unserer Bundeswehr. Sie haben - gemeinsam mit unseren Verbündeten - auch in unruhigen Zeiten zuverlässig den Frieden in Europa gesichert.

Jetzt zeichnet sich die Hoffnung ab, daß Europa aus dem Schatten des Ost-West-Konflikts heraustreten kann. Ganz Europa, Ost und West, steht ein umfassender Wandel bevor. Es eröffnen sich neue Horizonte einer die Nationen umspannenden Einheit auf unserem Kontinent. [...] Der Wille nach Freiheit und Menschenrechten bricht sich Bahn. [...] Die Chancen wachsen, daß es uns gelingt, die Teilung unseres Kontinents wie unseres Vaterlands zu überwinden. Seit Konrad Adenauer haben wir die Vision eines Europas der Freiheit, in dem Krieg ein für allemal ausgeschlossen ist. Wir wollen eine dauerhafte und gerechte europäische Friedensordnung - ein vereintes Europa, in dem die Menschen und Völker - auch das deutsche - in gemeinsamer Freiheit zusammenfinden. Wir sind dieser Vision bereits näher gekommen, als vielen bewußt ist.

Mit gutem Grund können wir auch sagen: Der Friede in Europa ist heute sicherer als jemals zuvor seit dem Ende des Zweiten Weltkriegs. Abrüstung ist Wirklichkeit geworden: Derzeit werden zum Beispiel weltweit alle amerikanischen und sowjetischen Mittelstreckenraketen vernichtet. Und dieser Prozeß der Abrüstung und Rüstungskontrolle wird fortgeführt. Der heutige Stand der Verhandlungen in Wien und Genf läßt die Hoffnung zu, daß wir 1990/91 weitere weitreichende Ergebnisse erzielen können:

- so zum Beispiel ein weltweites Verbot aller chemischen Waffen - ein überfälliges Ergebnis!
- die Halbierung aller strategischen Nuklearsysteme beider Weltmächte,
- eine drastische Reduzierung konventioneller Waffen in Europa und
- weitere Fortschritte bei den vertrauensbildenden Maßnahmen und Kontrollmöglichkeiten.

Bei aller Hoffnung auf einen solchen Durchbruch darf aber der Blick für wesentliche Bedingungen des Erfolgs nicht verlorengehen: Wenn wir jetzt in eine Entwicklung eingetreten sind, die zu mehr Freiheit und Menschlichkeit führt, die Vertrauen schafft und Abrüstung möglich macht, dann verdanken wir dies nicht zuletzt unserer Grundsatztreue, unserem Willen zur Verteidigung von Frieden und Freiheit und dem festen Zusammenhalt im westlichen Bündnis. Gefährden wir die Fortschritte nicht, indem wir jetzt deren Grundlagen in Frage stellen!

Abrüstung und Rüstungskontrolle sind kein Ersatz für gesicherte Verteidigungsfähigkeit. Vielmehr muß beides ineinandergreifen und demselben Ziel dienen: Frieden in gesicherter Freiheit. Wer heute für einseitige Vorleistungen des Westens bei der Abrüstung eintritt, unterläuft in Wirklichkeit nur die Verhandlungen und vermindert die Aussicht auf deren Erfolg. Wer an der Einheit des westlichen Bündnisses rüttelt und versucht, durch nationalistisch eingefärbte Parolen Zwietracht zwischen den Partnern zu säen, unterminiert die Stabilität des freien Europas in einem entscheidenden Augenblick der Geschichte.

Der Reformbewegung im Osten unseres Kontinents ist nicht damit gedient, daß wir Hoffnungen mit Realitäten verwechseln. Und schon gar nicht dürfen wir – wie manche das tun – aus einer Hochstimmung heraus vorschnell Entscheidungen treffen, die später einmal unsere Sicherheit und die Solidarität des westlichen Bündnisses aufs Spiel setzen könnten. Gefordert sind Offenheit, Behutsamkeit und Augenmaß. Wir müssen die Entwicklungen zu mehr Freiheit nach Kräften unterstützen – aber was unsere Sicherheit betrifft, müssen wir uns an dem orientieren, was nun einmal ist. Solange im Warschauer Pakt überlegene Militärpotentiale, solange deshalb sicherheitspolitische Risiken fortbestehen, können und dürfen wir unsere Verteidigungsfähigkeit und unsere Verteidigungsbereitschaft nicht vernachlässigen.

Es gilt, was die Staats- und Regierungschefs der NATO-Staaten im Rahmen der NATO-Gipfelkonferenz in Brüssel im Mai 1989 erklärt haben: »Frieden muß *geschaffen* werden, er ist nicht selbstverständlich.«

Auch wenn sich unsere Hoffnungen erfüllen und – hoffentlich bald – neue, weiterreichende Abrüstungsvereinbarungen getroffen werden, so bleibt der Auftrag der Bundeswehr bestehen. Sie ist nicht nur selbstverständlicher Ausdruck unserer nationalen Souveränität – sie stellt auch eine notwendige Rückversicherung für die Wechselfälle der Geschichte dar. Niemand kann garantieren, daß die Entwicklung in Europa auch wirklich nach den Hoffnungen und Wünschen der Menschen verläuft; Rückschläge sind nicht ausgeschlossen. Für diesen Fall brauchen wir einen verläßlichen Schutz für unsere Sicherheit und unsere Freiheit. Deshalb wird auch die Einbindung in die westliche Wertegemeinschaft weiterhin ein unverzichtbarer Teil unserer Staatsräson bleiben - und dementsprechend werden wir auch in Zukunft die notwendigen Verteidigungsanstrengungen auf uns nehmen müssen. Das wird natürlich - wie bisher auch - in einem gewissen Umfang Belastungen, Einschränkungen und Opfer mit sich bringen.

Angesichts der materiellen und insbesondere auch der immateriellen Lasten, die unser Land dabei zu tragen hat, wollen wir jedoch dafür sorgen, daß unsere Bürger nicht überfordert werden. Gemeinsam mit den Regierungen unserer Partnerstaaten sind wir dabei, die Belastung der Bevölkerung durch militärischen Übungsbetrieb zu verringern. Ich möchte in diesem Zusammenhang an verschiedene Maßnahmen erinnern, so vor allem an

- die Entscheidung, die Anzahl der Großmanöver und die Zahl der übenden Soldaten zu verringern;
- die Übereinkunft mit den britischen Streitkräften, die Übungstätigkeit im Soltau-Lüneburg-Gebiet zu reduzieren, und
- das Konzept zur Verringerung der Lärmbelastung durch militärischen Tiefflug, das Bundesverteidigungsminister Stoltenberg Ende September vorgestellt hat.

Auch in Zukunft gilt der Satz: Frieden und Freiheit gibt es nicht zum Nulltarif. In einem sich wandelnden Europa wird die Bundeswehr ihren Auftrag unter veränderten Bedingungen erfüllen müssen; mehr und mehr werden ihr auch neue Aufgaben zuwachsen. Gerade auch, wenn es um ein engeres internationales Zusammenwirken geht, können die Soldaten unserer Bundeswehr einen wichtigen Beitrag leisten.

Zum Beispiel wird die Bundeswehr mehr und mehr auch Aufgaben humanitärer Art übernehmen müssen - im Kampf gegen Naturkatastrophen und Hungersnöte zum Beispiel. Hier ist schon bisher Vorbildliches geleistet worden. [. . .] Die Bundeswehr ist eine Armee des Friedens. Und wer dies heute immer noch anzweifelt, sollte sich einmal die Bilder anschauen, die uns vor wenigen Tagen aus Leningrad erreichten: Erstmals war dort ein Verband unserer Bundesmarine zu Besuch - in einer Stadt, die während des Zweiten Weltkriegs von deutschen Truppen belagert worden war, die auf grausame Weise ausgehungert werden sollte und die schließlich eine Million Tote zu beklagen hatte. Es war bewegend, am Bildschirm mitzuerleben, wie herzlich jetzt unsere Soldaten dort aufgenommen wurden. Soldaten der Bundeswehr haben ihrerseits dazu beigetragen, Vertrauen zu festigen.

Wir können stolz sein auf diese Bundeswehr. Unsere Soldaten überzeugen nicht nur bei ihrem Auftreten im Ausland. Sie bewähren sich auch im eher unauffälligen Alltagsdienst in den Kasernen - ebenso wie bei großen Manövern. Ihre Einsatzbereitschaft und ihr hoher Ausbildungsstand finden internationale Anerkennung. Gleichzeitig ist die Bundeswehr fest in unserer Gesellschaft verankert. Denn allen Kritikern zum Trotz steht eine breite Mehrheit in unserer Bevölkerung zu unseren Soldaten und ihrem Verteidigungsauftrag. Sie dokumentiert damit, daß die Bundeswehr ein ebenso selbstverständlicher wie unverzichtbarer Bestandteil unserer Republik ist.

Grundlage und gleichzeitig sichtbarer Ausdruck dieser Tatsache ist die allgemeine Wehrpflicht. Theodor Heuss, unser erster Bundespräsident, hat die Wehrpflicht zu Recht als das legitime Kind der Demokratie bezeichnet. Sie garantiert die unauflösbare Einbindung der Armee in Staat und Gesellschaft, und sie gewährleistet einen dauerhaften, lebendigen Kontakt zwischen der Bevölkerung und ihren Streitkräften. Diese Bindungen zu erhalten und zu stärken, bleibt eine unserer wichtigsten Aufgaben. Sie stellt sich den Politikern, sie stellt sich allen, die in unserer Gesellschaft Verantwortung tragen - und natürlich auch der Bundeswehr.

Wir müssen uns dabei bewußt sein, daß das psychologische Umfeld für die Bundeswehr in vielerlei Beziehung schwieriger geworden ist. Vor allem für junge Menschen versteht sich die Notwendigkeit und die Wichtigkeit des Dienstes in Uniform nicht mehr ohne weiteres von selbst. Sie wollen Argumente hören, überzeugt werden - nicht zuletzt in der Bundeswehr selbst.

Was zum Beispiel die Wehrpflichtigen während ihres Dienstes erleben, beeinflußt nicht nur ihr späteres Verhalten als Reservisten, es bestimmt vor allem auch die Eindrücke, die sie noch jahrelang in ihrem Alltag - in der Familie, bei Freunden, im Betrieb - weitergeben. Es kommt deswegen nicht nur darauf an, diesen jungen Menschen technische Fertigkeiten zu vermitteln - etwa den Umgang mit der

Waffe, so wichtig dies ist. Es gilt ebenso, das Bewußtsein dafür zu wecken und zu schärfen, daß die Wehrdienstzeit eine sinnvolle, zum Wohl der Gemeinschaft verbrachte Zeit ist. Ich habe durchaus den Eindruck, daß in diesem Bereich noch manche Verbesserungen möglich sind und daß diese Frage eine wichtige Bewährungsprobe für die Bundeswehrführung ist.

Je schwieriger eine solche Aufgabe in unserer sich wandelnden Gesellschaft wird, um so wichtiger werden die Prinzipien der Inneren Führung.

Ihre Hauptversammlung steht unter dem Motto »Staatsbürger in Uniform - Idee oder Wirklichkeit«. Lassen Sie mich dazu nur soviel sagen: Über diese Idee besteht in unserer Gesellschaft ein breiter Konsens, aber es kommt eben darauf an, daß sie sich im Alltag immer wieder neu bewährt. Offiziere, Unteroffiziere oder Mannschaften - für sie alle gilt, was wir in unserer Gesellschaft allgemein immer wieder erfahren: daß das Gelingen eines Werks ganz wesentlich davon abhängt, wie man miteinander umgeht. Gegenseitiger Respekt und Kameradschaft müssen die prägenden Erfahrungen beim gemeinsamen Dienst sein. Ich weiß, daß dies in den meisten Einheiten der Bundeswehr selbstverständlich ist. Aber ich weiß auch - zum Beispiel aus der regelmäßigen Lektüre des Berichts des Wehrbeauftragten -, daß sich in der Bundeswehr manches noch verbessern läßt.

Nicht zuletzt gilt es, immer wieder deutlich zu machen, auf welchem ethischen Fundament unsere Bundeswehr ruht. Auch das gehört zur Inneren Führung. Tugenden wie Tapferkeit, Loyalität, Opferbereitschaft - von manchen angezweifelt - haben ihren Sinn auch heute keineswegs verloren, sie sind gerade für den Dienst des Soldaten nach wie vor unverzichtbar - aber es kommt eben darauf an, sie untrennbar an grundlegende Werte zu knüpfen, an die Werte der freiheitlichen Demokratie, allen voran die unveräußerliche Würde jedes einzelnen Menschen.

Deshalb leisten die Soldaten unserer Bundeswehr keinen Treue-Eid auf eine bestimmte Person, sondern sie geloben, »der Bundesrepublik Deutschland treu zu dienen und das Recht und die Freiheit des deutschen Volkes tapfer zu verteidigen«. Sie bekennen sich damit zu jenen Werten, die in unserem Grundgesetz verankert sind.

Es geht dabei immer auch um das Bild unserer Armee in der

Öffentlichkeit. Der Dienst in der Bundeswehr muß attraktiv bleiben. Entscheidend dafür ist vor allem die Art und Weise, wie der Dienst, wie auch das dienstliche Umfeld aus der Sicht des Soldaten selbst erlebt wird. Besondere Bedeutung hat hierbei nicht zuletzt die soziale Lage der Soldaten. Die Soldaten haben Anspruch darauf, daß ihre besonderen Belastungen auch finanziell angemessen anerkannt werden und daß sie am sozialen Fortschritt teilhaben.

Sie alle wissen um die problematische Entwicklung im Personalbereich: Bis Mitte der neunziger Jahre wird sich die Zahl der wehrdienstfähigen jungen Männer halbieren. Es ist das Ziel der von mir geführten Bundesregierung, die sozialen und materiellen Bedingungen für die Soldaten so zu verbessern, daß die Streitkräfte auch künftig für qualifizierte junge Männer attraktiv bleiben. Auf diesem Weg sind wir ein gutes Stück vorangekommen:

- Um die dienstliche Belastung der Soldaten abzubauen, hat die Bundesregierung eine Dienstzeitregelung eingeführt, die einen zeitlichen und finanziellen Ausgleich für Soldaten mit überlangen Dienstzeiten vorsieht. Zeitliche Mehrbelastung wird überwiegend durch Freistellung vom Dienst ausgeglichen. Erste Erkenntnisse zeigen, daß die dienstliche Belastung erheblich zurückgeführt werden konnte und daß die gefundene Regelung - abgesehen von einigen notwendigen Korrekturen - insgesamt den gewünschten Erfolg bringen wird.
- Die Bundesregierung hat entschieden, allen Soldaten künftig die Möglichkeit einzuräumen, Erziehungsurlaub in Anspruch zu nehmen. Noch in dieser Legislaturperiode wird die Bundesregierung das entsprechende Gesetz einbringen.
- Auf der bewährten Grundlage des Vertrauensmanns werden die Beteiligungsmöglichkeiten der Soldaten ausgebaut werden.

Darüber hinaus hat die Bundesregierung seit 1983 eine Vielzahl von Maßnahmen beschlossen, um die Bundeswehr attraktiver zu machen. Ich will nur einige wenige davon nennen:

- Wir haben zum Beispiel die Zahl der länger dienenden Soldaten kontinuierlich erhöht.
- Mit dem Gesetz zur Verbesserung der Personalstruktur konnte erreicht werden, daß die Überalterung des Personals in wichtigen Funktionen abgebaut und der Verwendungsstau verringert wurde.

- In diesem Jahr kommt ein 450-Millionen-DM-Paket für Grundwehrdienstleistende zum Tragen. Es enthält neben einer strukturellen Wehrsolderhöhung viele Verbesserungen und vor allem eine deutliche Erhöhung des Entlassungsgelds.

Das im Haushaltsentwurf 1990 enthaltene Attraktivitätsprogramm für Zeit- und Berufssoldaten, aber auch für Wehrpflichtige und Wehrübende mit einem Volumen von 400 Mill. DM setzt ein weiteres deutliches Zeichen in diese Richtung. Die zur Umsetzung erforderlichen gesetzlichen Regelungen sind zum Teil schon erlassen, zum Teil in die Wege geleitet. Ich freue mich, daß auch der Deutsche Bundeswehrverband das Attraktivitätsprogramm ausdrücklich begrüßt.

Wir alle wissen: Der Beruf »Soldat« wird nie ein Beruf sein können wie alle anderen. Er wird immer Belastungen und Einschränkungen mit sich bringen. Soldaten zählen - wie auch Polizeibeamte - zu der Gruppe derjenigen, die um der Allgemeinheit willen besonders schwere Lasten auf sich nehmen - und die dafür oft noch nicht einmal mit Lob rechnen können.

Wer Soldat wird, weiß um den Zusammenhang von Freiheit und Verantwortung, der in diesem Beruf deutlicher wird als in anderen. Wer Soldat wird, dient unserem Land und seinen Bürgern, er dient unserer Freiheit. Er wirkt mit, eine bessere, eine friedlichere Zukunft zu gestalten - eine Zukunft, in der die Völker Europas, in der auch unser deutsches Vaterland in Freiheit vereint sein werden.

10 Aufbruch zu Freiheit und Selbstbestimmung

Die Deutschland- und Europapolitik im Blick auf den Zerfall der Diktaturen des Ostblocks

Freie Selbstbestimmung für alle Deutschen, das war, ist und bleibt das Herzstück unserer Deutschlandpolitik. Freie Selbstbestimmung, das war, ist und bleibt auch der Wunsch, ja die Sehnsucht unserer Landsleute in der DDR.

(Beifall bei der CDU/CSU, der FDP und bei Abgeordneten der SPD)

Wer von uns ist nicht angerührt und bewegt angesichts der Bilder der vielen Hunderttausende von friedlich versammelten Menschen in Berlin, in Leipzig oder in Dresden, in Schwerin, in Plauen und in anderen Städten der DDR? Sie rufen: »Wir sind das Volk!«, und ich bin sicher, ihre Rufe werden nicht mehr verhallen.

Unsere Landsleute, die täglich für Freiheit und Demokratie auf die Straße gehen, legen Zeugnis ab von einem Freiheitswillen, der auch nach 40 Jahren Diktatur nicht erloschen ist. Sie schreiben damit vor den Augen der Welt ein neues Kapitel im Buch der Geschichte unseres Vaterlands, dessen freiheitliche Traditionen weder durch Krieg noch durch Gewalt und Diktatur zerstört werden konnten.

Wir alle stehen ebenso unter dem bewegenden Eindruck der Fluchtwelle aus der DDR, ein im Europa unserer Tage beispielloser, bedrückender Vorgang. Eigentlich sollten die Bilder, wie wir sie aus Ungarn, der ČSSR und Polen, aber auch bei der Ankunft der Menschen in der Bundesrepublik Deutschland gesehen haben und immer noch sehen, im Europa unserer Zeit der Vergangenheit angehören.

Die Flucht von Zehntausenden vor allem jüngerer Menschen aus der DDR in den freien Teil Deutschlands ist vor aller Welt eine »Abstimmung mit den Füßen«, ein unübersehbares Bekenntnis zu Freiheit und Demokratie, zur Rechtsstaatlichkeit, zu einer Wirtschafts- und Gesellschaftsordnung, die den Menschen einen gerechten Anteil an den Früchten ihrer Arbeit sichert. Sie ist zugleich eine eindeutige

Bericht zur Lage der Nation im geteilten Deutschland, 8. November 1989.
Deutscher Bundestag. Plenarprotokoll 11/173, 8. November 1989.

Absage an ein politisches System, das die grundlegenden Rechte des einzelnen, seine Freiheit und sein persönliches Wohlergehen mißachtet.

Diese Ereignisse führen der ganzen Welt vor Augen, daß die Teilung unseres Vaterlandes widernatürlich ist, daß Mauer und Stacheldraht auf Dauer keinen Bestand haben können.

(Beifall der CDU/CSU, der FDP, der SPD sowie bei Abgeordneten der GRÜNEN)

Diese Bilder haben deutlich gemacht, daß sich die deutsche Frage nicht erledigt hat, weil sich die Menschen in Deutschland mit dem bestehenden Zustand nicht abfinden werden.

Unsere Landsleute in der DDR verlangen die Achtung ihrer bürgerlichen und politischen Grundfreiheiten. Sie bestehen auf ihrem Recht auf Selbstbestimmung. Sie schweigen nicht länger zu dem Zwangssystem der Einparteiherrschaft.

Wir und mit uns alle in Europa sind Zeugen eines großen Umbruchs. Im Westen Europas bereiten sich die Staaten der Europäischen Gemeinschaft durch fortschreitende Integration auf die Herausforderungen des 21. Jahrhunderts vor. Durch den großen europäischen Binnenmarkt, den wir bis 31. Dezember 1992 vollenden wollen, wird Westeuropa mit über 320 Millionen Menschen zum größten Wirtschaftsraum der Welt. Aber er wird nicht nur der Wirtschaft, sondern – das hoffen und das wollen wir – vor allem der politischen Entwicklung und Einigung Europas neue Impulse geben.

(Beifall bei der CDU/CSU, der FDP und bei Abgeordneten der SPD)

Im Osten unseres Kontinents, in Mittel-, Ost- und Südosteuropa, vollzieht sich in mehreren Staaten ein grundlegender Wandel des politischen und wirtschaftlichen Systems. Mit der von Generalsekretär Gorbatschow eingeleiteten Politik der Umgestaltung verbindet sich erstmals seit dem Ende des Zweiten Weltkriegs eine begründete Hoffnung auf die Überwindung des Ost-West-Konflikts. Auch wenn wir erst am Anfang einer solchen Entwicklung stehen und niemand von uns die Risiken eines Scheiterns und der sich daraus ergebenden Gefahren übersehen oder unterschätzen darf: es gibt jetzt eine Perspektive für einen wirklichen Wandel in ganz Europa, eine wirkliche Chance für eine europäische Friedensordnung, für ein Europa der Freiheit und der Selbstbestimmung.

Wir erleben alle mit großer Sympathie und Anteilnahme, wie Ungarn wieder zur Republik geworden ist, wie es dort in Kürze, in wenigen Monaten, erstmals nach vielen Jahrzehnten freie Wahlen geben wird,

(Beifall bei allen Fraktionen)

wie in Polen ein nichtkommunistischer Ministerpräsident gewählt werden konnte, der jetzt vor der schweren Aufgabe steht, sein Land in eine neue, in eine bessere Zukunft zu führen.

Morgen werde ich nach Polen reisen, um zusammen mit Ministerpräsident Mazowiecki die Fundamente für eine gemeinsame Zukunft des deutschen und polnischen Volkes auszubauen. Wir sind beide entschlossen, die neuen Chancen für einen Durchbruch in den deutsch-polnischen Beziehungen beherzt zu ergreifen. Die Zeit ist reif für eine Verständigung, ja, für eine dauerhafte Aussöhnung zwischen unseren beiden Völkern. Wir schulden ein solches Werk des Friedens gerade den jungen Menschen, die in guter Nachbarschaft und Freundschaft miteinander leben wollen. Ich fühle mich dieser Aufgabe ganz persönlich verpflichtet. Wir wollen alles tun, um gemeinsam auf diesem Weg voranzukommen.

(Beifall bei der CDU/CSU, der FDP und bei Abgeordneten der SPD)

Dazu gehört auch, daß wir auf beiden Seiten ehrlich mit den dunklen Kapiteln unserer Geschichte umgehen. Wir wollen nichts von alledem verschweigen, verdrängen oder vergessen,

(Frau Dr. Vollmer [GRÜNE]: Was sagen Sie denn zu den Zwangsarbeitern?)

aber es kommt darauf an, für die Gestaltung einer friedlichen Zukunft die richtigen Lehren aus der Vergangenheit zu ziehen.

(Zurufe von der SPD: Eben! – Das unterstreichen Sie einmal ganz dick!)

Was Frieden und Ausgleich betrifft, was unseren Friedenswillen und unsere Erkenntnis, daß wir aus der Geschichte lernen müssen, betrifft,

(Frau Dr. Vollmer [GRÜNE]: Ich sage nur: Annaberg!)

brauchen wir, meine politischen Freunde und ich, von niemandem Nachhilfeunterricht, auch von Ihnen nicht.

(Beifall bei der CDU/CSU und der FDP – Jahn [Marburg] [SPD]: Na, na!)

Aus dieser Überzeugung gehen wir auch gemeinsam nach Kreisau. Dieser Ort war eines der Zentren des Widerstandes gegen Hitler.

(Frau Dr. Vollmer [GRÜNE]: Gehen Sie auch nach Auschwitz?)

Er stand und steht für jenes andere, bessere Deutschland, dessen unverlierbares Erbe die Bundesrepublik Deutschland hüten und an künftige Generationen weitergeben will.

Ich bin sicher, daß die Chancen für das Gelingen einer Aussöhnung zwischen beiden Völkern infolge der großen politischen Veränderungen in Polen heute besser sind als jemals zuvor in den letzten Jahrzehnten.

Die Grundlagen der Politik der Bundesregierung sind klar: Im Europa der Zukunft muß es vor allem um Selbstbestimmung und um Menschenrechte gehen, um Volkssouveränität, nicht um Grenzen oder um Hoheitsgebiete, wie ich schon vor über vier Jahren vor dem Deutschen Bundestag gesagt habe. Denn, so habe ich damals erklärt, nicht souveräne Staaten, sondern souveräne Völker werden den Bau Europas dereinst vollenden.

Ganz in diesem Sinne heißt es in der gemeinsamen Entschließung des Deutschen Bundestages vom 17. Mai 1972:

»Mit der Forderung auf Verwirklichung des Selbstbestimmungsrechts erhebt die Bundesrepublik Deutschland keinen Gebiets- oder Grenzänderungsanspruch.«

Wir können und wir wollen keine Rechtspositionen verändern. Es bleibt bei den bekannten staats- und völkerrechtlichen Grundlagen unserer Deutschland- und Ostpolitik, und dazu gehört selbstverständlich auch, daß wir an Buchstaben und Geist des Warschauer Vertrags in allen seinen Teilen festhalten. In diesem Vertrag bekräftigen die Bundesrepublik Deutschland und Polen unter anderem *»die Unverletzlichkeit ihrer bestehenden Grenzen jetzt und in der Zukunft und verpflichten sich gegenseitig zur uneingeschränkten Achtung ihrer territorialen Integrität. Sie erklären, daß sie gegeneinander keinerlei Gebietsansprüche haben und solche auch in Zukunft nicht erheben werden«.*

Gleichzeitig stellen in diesem Vertrag beide Seiten fest, dieser Vertrag berühre *»nicht die von den Parteien früher geschlossenen oder sie betreffenden zweiseitigen oder mehrseitigen internationalen Vereinbarungen«.* Jeder von uns weiß, was dies bedeutet, weiß, daß wir noch keinen Friedensvertrag haben.

(Beifall der CDU/CSU und der FDP – Frau Dr. Vollmer [GRÜNE]: Machen Sie doch einen, wenn das Ihre einzige Ausrede ist!)

Unser Ziel ist eine europäische Friedensordnung, die nicht von einzelnen Mächten diktiert, sondern von den Völkern Europas in freier Selbstbestimmung eigenhändig gestaltet wird. Dies war schon die Vision Konrad Adenauers. Das Recht aller Völker auf Selbstbestimmung ist in der Charta der Vereinten Nationen anerkannt. Wer unsere Forderung nach Verwirklichung dieses Rechts auch für alle Deutschen als »Revanchismus« diffamiert, stellt sich also in Wahrheit gegen dieses Grund-Gesetz der Völkergemeinschaft.

(Beifall bei der CDU/CSU und der FDP – Dr. Lippelt [Hannover] [GRÜNE]: Das ist ein mentaler Vorbehalt!)

Gerade weil wir geltendes Recht nicht als »Formelkram« abtun – wir haben allen Grund dazu, dem Recht verpflichtet zu bleiben –, wissen wir um unsere Verantwortung für den Frieden Europas und für das Wohl seiner Menschen sowie um unsere Pflicht, jede Chance der Aussöhnung beherzt zu ergreifen. In diesem Sinne habe ich schon 1985 in meinem Bericht zur Lage der Nation im geteilten Deutschland hier erklärt:

»In den Gebieten jenseits der polnischen Westgrenze leben heute polnische Familien, denen diese Landschaften in zwei Generationen zur Heimat geworden sind. Wir werden dies achten und nicht in Frage stellen.«

(Beifall bei der CDU/CSU und der FDP)

Wir wollen den Teufelskreis von Haß und Gewalt, von Unrecht und Vertreibung durchbrechen und neue Brücken der Verständigung und Aussöhnung, der guten Nachbarschaft und der Zusammenarbeit zwischen Deutschen und Polen bauen. Das kann nur gelingen, wenn die Rechte der dort lebenden Deutschen auf Wahrung ihrer sprachlichen und kulturellen Identität gewährleistet werden. Was wir auf diesem Gebiet jetzt mit Polen vereinbart haben, ist ein entscheidender Schritt zur Beendigung der Diskriminierung unserer dort lebenden Landsleute.

(Beifall bei CDU/CSU und der FDP)

Wir wollen und wir werden alle Chancen nutzen, um unseren Beitrag für ein Gelingen der Reformprozesse im östlichen Teil Europas zu leisten. Diese Reformprozesse sind unmittelbar mit unserem nationalen Anliegen verknüpft: mit unserer Forderung nach Freiheit, Menschenrechten und Selbstbestimmung für alle Deutschen.

In unserer Gemeinsamen Erklärung vom 13. Juni dieses Jahres haben Generalsekretär Gorbatschow und ich wesentliche Bauelemente eines Europas des Friedens und der Zusammenarbeit beim Namen genannt.

»Die uneingeschränkte Achtung der Integrität und der Sicherheit jedes Staates. Jeder hat das Recht, das eigene politische und soziale System frei zu wählen. Die uneingeschränkte Achtung der Grundsätze und Normen des Völkerrechts, insbesondere Achtung des Selbstbestimmungsrechts der Völker.«

Das darf nicht ein bloßes Bekenntnis bleiben. Das Recht aller Völker, ihr politisches und gesellschaftliches System selbst zu wählen, muß für alle Menschen und Völker in Mittel-, Ost- und Südosteuropa gelten, selbstverständlich auch für die Deutschen in der DDR.

(Beifall bei der CDU/CSU, der FDP und bei Abgeordneten der SPD)

Die Ausstrahlungskraft der Freiheit, die Anziehungskraft der rechtsstaatlichen Demokratie und der elementare Wunsch der Völker nach Selbstbestimmung erzeugen eine historisch zu nennende Dynamik, die sich heute in ganz Europa Bahn bricht. Die Zeit arbeitet für – und nicht gegen – die Sache der Freiheit.

Wir haben allen Grund, an unseren freiheitlichen Zielen in der Deutschlandpolitik festzuhalten. Weniger denn je haben wir Grund zur Resignation, und weniger denn je haben wir Grund, uns auf Dauer mit der Zweistaatlichkeit Deutschlands abzufinden.

(Beifall bei der CDU/CSU und der FDP)

Gerade die Ereignisse der letzten Tage und Wochen haben insbesondere unsere klare und feste Haltung in der Frage der einheitlichen deutschen Staatsangehörigkeit für jedermann erkennbar bestätigt.

(Sehr richtig! bei der CDU/CSU)

Die Deutschen in der DDR sind und bleiben unsere Landsleute, die wir auf gar keinen Fall als Ausländer behandeln wollen und als Ausländer behandeln dürfen.

(Beifall bei der CDU/CSU, der FDP und bei Abgeordneten der SPD – Frau Dr. Vollmer [GRÜNE]: Und wie behandeln Sie die Ausländer?)

Alle Empfehlungen, den politischen Status quo als endgültig anzuerkennen, haben sich als kurzlebig, als kurzsichtig erwiesen.

(Beifall bei der CDU/CSU und der FDP)

Denn sie haben ein Grundgesetz menschlicher Existenz, das Streben des Menschen nach Freiheit, ignoriert.

Freiheit und Selbstbestimmung sind auch tragende Elemente der KSZE-Beschlüsse, die zum Maßstab für die West-Ost-Beziehungen wurden. Der KSZE-Prozeß zeigt die Richtung, in der Veränderungen notwendig sind. Was in der Sowjetunion geschehen ist und weiter geschieht, besonders aber was die zum Teil dramatischen Veränderungen in Ungarn und Polen betrifft, kann und wird nicht ohne Auswirkungen in den anderen Staaten des Warschauer Pakts bleiben.

Diese Veränderungen haben auch Konsequenzen für die DDR. Die Menschen dort fragen jetzt offen und immer drängender, warum nicht auch bei ihnen endlich politische, wirtschaftliche und gesellschaftliche Reformen eingeleitet werden. Sie sind es leid, gegängelt zu werden. Sie wollen nicht länger von politischer Mitbestimmung und Mitverantwortung ausgeschlossen sein. Sie wollen nicht unter persönlichen und wirtschaftlichen Bedingungen leben müssen, die ein von ihnen nicht gewolltes politisches System ihnen auferlegt, ein System, das ihnen sowohl persönliche Freiheit als auch einen gerechten Lohn ihrer täglichen Arbeit vorenthält.

Unsere Landsleute in der DDR wollen endlich selbst frei entscheiden können. Sie wollen Selbstbestimmung, und das heißt zunächst einmal: endlich frei selbst zum Ausdruck bringen können, welchen Weg sie in die Zukunft gehen wollen. Es kommt darauf an, eine demokratische Willensbildung in der DDR zu ermöglichen. Dazu gehören unbedingt Meinungs- und Pressefreiheit, freie Bildung von Vereinen, Gewerkschaftsfreiheit, Parteienpluralismus und schließlich und selbstverständlich freie, gleiche und geheime Wahlen.

(Beifall bei der CDU/CSU, der FDP und der SPD sowie der Abg. Frau Garbe [GRÜNE])

Die Fluchtbewegung aus der DDR, die uns alle aufrüttelt und die Aufmerksamkeit der Welt findet, ist ein Symptom für das Grundproblem der DDR: Die politische Führung dort ist nicht frei gewählt, und deshalb können sich viele unserer Landsleute mit diesem Staat nicht identifizieren.

Das Politbüro der SED kann sich in seinen Entscheidungen nicht auf eine in freier Wahl zustande gekommene Zustimmung der Bürger berufen. Nach allem, was wir jetzt jeden Tag erleben, ist deutlich: Die

Menschen in der DDR werden sich mit dem Machtmonopol der SED nicht abfinden, und sie werden sich auch mit dem bloßen Austausch von Führungspersonen und dem Rücktritt einiger im Führungskader nicht begnügen. Der neue SED-Generalsekretär wird sich daran messen lassen müssen, ob er das Tor zu tiefgreifenden Reformen in Staat, Gesellschaft und Wirtschaft wirklich öffnet. Dafür ist es höchste Zeit!

Die Bilder und die Äußerungen der Flüchtlinge, die in großer Zahl zu uns kommen, haben mehr als alles andere deutlich gemacht, um was es geht: um Freiheit. Diese überwiegend jungen Leute sind ja nicht ahnungs- und willenlose Menschen, die verderblichen Sirenengesängen des Kapitalismus gefolgt wären. Es sind selbstbewußte, tüchtige Leute, die oft genug schweren Herzens ihre Heimat, ihre Freunde und Familien verlassen haben, um im freien Teil Deutschlands in einer freiheitlichen Demokratie ein neues Leben zu beginnen. Sie wissen: Nur wo Freiheit herrscht, ist auch sozialer Fortschritt möglich.

In diesem Jahr haben bisher über 200 000 – das sind die neuesten Zahlen – Übersiedler die DDR verlassen. Wir nehmen sie in unserer Mitte als Deutsche unter Deutschen auf. Und ich bin sicher, daß die Bereitschaft zu helfen, die die Bürger der Bundesrepublik Deutschland bisher in so eindrucksvoller Weise gezeigt haben, auch andauern wird, bis diese Landsleute bei uns ihren Platz gefunden haben.

(Beifall bei der CDU/CSU, der FDP und der SPD)

Dies muß selbstverständlich genauso auch für die Aussiedler gelten, die aus der Sowjetunion und anderen Staaten des Warschauer Pakts zu uns kommen.

Ich weiß auch, daß sich manche bei uns schwertun mit den Neuankommenden. Es ist ja auch nicht zu leugnen, daß der Zustrom so vieler in einigen Bereichen Probleme schafft oder verschärft, wie beispielsweise die Diskussion über die Versorgung mit Wohnraum zeigt. Andererseits sollten wir uns immer wieder bewußt machen, daß es unter den sehr viel schwierigeren Bedingungen der späten 40er und frühen 50er Jahre möglich war, viel, viel mehr Flüchtlingen und Vertriebenen, die damals kamen, Brot, Obdach und Arbeit zu geben.

Der Vergleich mit der damaligen Zeit, der Vergleich der Schwierigkeiten unserer Republik damals und heute zeigt, daß wir das Problem lösen können, wenn wir das gemeinsam wollen.

(Beifall bei der CDU/CSU und der FDP sowie des Abg. Opel [SPD])

Die materiellen Voraussetzungen heute sind viel besser. Was uns oft fehlt, das sind der Optimismus und die Lebensbejahung der Gründergeneration unserer Republik –

(Frau Dr. Vollmer [GRÜNE]: Ja, da sind Sie unschlagbar!)

jener Generation, der wir ein Leben in Frieden und Freiheit, in Wohlstand und einem hohen Maß an sozialer Gerechtigkeit ganz entscheidend verdanken.

Nicht die materiellen Fragen stehen heute im Vordergrund. Sie sind nach meiner festen Überzeugung prinzipiell lösbar – wenn auch nicht über Nacht. Entscheidend ist die Bereitschaft des einzelnen, im Bewußtsein seiner Verantwortung für den Nächsten und für das Ganze mitzudenken und mitzutun.

Es geht hier um eine Aufgabe von nationalem Rang, über die es eigentlich keinen Streit geben sollte. Ich darf von dieser Stelle aus an alle appellieren, die in Bund, Ländern und Gemeinden, in allen Bereichen unserer Gesellschaft, unseres Staates Verantwortung tragen: Vereinigen wir unsere Kräfte zum Wohl unserer Landsleute!

(Beifall bei der CDU/CSU und der FDP – Zuruf des Abg. Hüser [GRÜNE])

[. . .]

Ich will all jenen danken, die in dieser Zeit spontane Hilfsbereitschaft, auch als ein Zeichen der Ermutigung, gezeigt haben.

Ich will an dieser Stelle auch den besonderen Dank der Bundesregierung für die Haltung der ungarischen Regierung zum Ausdruck bringen,

(Lebhafter Beifall bei der CDU/CSU, der FDP und der SPD)

die den Flüchtlingen aus der DDR durch ihre an den Grundsätzen der Menschlichkeit und des Völkerrechts ausgerichteten Entscheidungen geholfen hat. Ich schließe in diesen Dank ausdrücklich die österreichische Regierung und die österreichischen Behörden ein, die ohne viel Aufhebens wirklich alles getan haben, um unseren Landsleuten zu helfen.

(Lebhafter Beifall bei der CDU/CSU, der FDP und der SPD)

Wir sollten in diesen Dank – neben den offiziellen Stellen – die vielen, vielen einschließen, die in Ungarn, in Österreich, in Polen, in der Tschechoslowakei unseren Landsleuten in schwierigsten Situationen selbstlos geholfen haben.

(Beifall bei der CDU/CSU, der FDP und der SPD sowie des Abg. Dr. Lippelt [Hannover] [GRÜNE])

Wir alle wissen, daß ein Massenexodus aus der DDR weder im Interesse der Menschen in Deutschland liegt, noch das Ziel einer vernünftigen Deutschlandpolitik sein kann. Unsere besondere Achtung und Sympathie gehören genauso jenen, die in der DDR bleiben und darauf hoffen, daß sich die Verhältnisse jetzt auch dort zum Besseren verändern. Ich möchte in diesem Zusammenhang auch eindringlich davor warnen, sich hier bei uns als Richter über jene aufspielen zu wollen, die sich dafür entschieden haben, aus der DDR zu uns zu kommen, oder über jene, die sich entschieden haben, dort zu bleiben.

(Beifall bei der CDU/CSU, der FDP und der SPD)

In beiden Fällen verdienen sie unsere Sympathie und auch unser Verständnis. Ziel unserer Politik muß es sein, zu einer Entwicklung in der DDR beizutragen, die den Wünschen der Menschen dort entspricht,

(Zuruf von der SPD: Richtig!)

d.h., ihnen zu Freiheit und Selbstbestimmung zu verhelfen.

(Beifall bei der CDU/CSU, der FDP und der SPD)

[. . .] Wir können und wollen dabei keine Patentrezepte anbieten.

(Sehr gut! bei der SPD)

Unsere Landsleute in der DDR wissen, was sie wollen. Sie wollen aus eigener Verantwortung handeln. Sie zeigen ein neues, ein kraftvolles Selbstbewußtsein. Sie sprechen in einer offenen und klaren Sprache über ihre Wünsche, über ihre Befindlichkeit und über ihre Forderungen. Es stimmt nicht, daß sie sich am liebsten in private Nischen zurückziehen und von Politik nichts wissen wollen. Sie brauchen überhaupt keinen Vormund. Sie wollen selber entscheiden.

(Beifall bei der CDU/CSU, der SPD, der FDP und bei Abgeordneten der GRÜNEN)

Was wir tun können, ist vor allem, daß wir sie ermutigen und in der Hoffnung bestärken, daß sich auch in der DDR ein Prozeß demokratischer Veränderungen in absehbarer Zeit vollziehen wird. Wir sollten und müssen einen solchen Prozeß, wenn er beginnt, aktiv fördern. Dazu sind wir, wenn nötig, auch mit eigenen Anstrengungen bereit. Die Bundesregierung wird alles in ihren Kräften Stehende tun, um den Prozeß einer Öffnung in der DDR zum Wohle unserer Landsleute zu unterstützen. Sie bleibt deshalb entschlossen, in ihrer bisherigen Politik der praktischen Zusammenarbeit mit der DDR im Interesse der Menschen auf beiden Seiten fortzufahren. Bei der wirtschaftlichen Zusammenarbeit bemühen wir uns um dauerhafte und weitreichende Verbesserungen für die Menschen in der DDR.

Der Umweltschutz ist hierfür ein gutes Beispiel. Er hat für die Menschen in beiden Staaten in Deutschland große Bedeutung. Es geht dabei gleichermaßen um die Verbesserung der Lebensbedingungen von heute und um das Wohl künftiger Generationen. Wir haben bereits in diesem Jahr mit der DDR konkrete Projekte zur Luft- und Gewässerreinhaltung vereinbart.

(Frau Dr. Vollmer [GRÜNE]: Lassen Sie doch Schöneberg schließen! Das wird da drüben sehr gewünscht!)

Die finanziellen Beiträge der Bundesregierung fließen eben nicht an die DDR, sondern ausschließlich an Unternehmen im Bundesgebiet, die dorthin Anlagen zur Durchführung von Pilotprojekten liefern. Das Geld kommt also auch unserer Wirtschaft zugute, und zugleich helfen wir damit bei der Lösung massiver Umweltprobleme in der DDR. So wird z. B. die für Hamburg und die Nordsee schwerwiegende Quecksilberbelastung der Elbe um etwa ein Drittel reduziert.

Verhandlungen über Maßnahmen zur Verminderung der Luftschadstoffe und Maßnahmen auf dem Gebiete des Naturschutzes sind angelaufen. Gespräche über den Strahlenschutz haben erfreuliche Fortschritte in der praktischen Zusammenarbeit erbracht. Nach jahrelangen Schwierigkeiten zeigt sich die DDR jetzt auch zur Zusammenarbeit bei der Bekämpfung des Drogenmißbrauchs bereit.

Wir werden auch die Chancen, die das Kulturabkommen von 1986 eröffnet hat, zielstrebig nutzen. Wechselseitige Ausstellungen, Konzerte, Theatergastspiele und Begegnungen von Wissenschaftlern wekken große Aufmerksamkeit und Interesse für den jeweils anderen Teil Deutschlands. Sie tragen zu dem Bewußtsein auch der kulturellen Verbundenheit und der gemeinsamen Geschichte bei und geben vielfältige Anstöße zur Auseinandersetzung mit den Fragen unserer Zeit. Die bisherige Bilanz ist positiv. Besonders erfreulich in den innerdeutschen Kulturbeziehungen ist die in diesem Sommer erfolgreich abgeschlossene Rückführung kriegsbedingt verlagerter Kulturgüter. Zahlreiche Städte und Museen diesseits und jenseits der innerdeutschen

Grenze verfügen jetzt wieder über ihr angestammtes Archivgut, ihre Gemälde, ihre wissenschaftlichen Sammlungen und Bibliotheken. Das Beispiel zeigt: Mit gutem Willen und sachbezogener Arbeit ist ein Interessenausgleich möglich, auch und gerade in einer Zeit der Veränderungen, wie sie sich jetzt in der DDR abzeichnen.

Von ganz großer Bedeutung ist auch die Verbesserung der Kontakte zwischen den Hochschulen. Es sollte und müßte gelingen, die Zahl der Hochschulpartnerschaften und wissenschaftlichen Einzelkontakte auszubauen, besonders aber die wechselseitigen Arbeitsaufenthalte von jungen Wissenschaftlern zu steigern.

Natürlich gibt es im Kulturbereich nach wie vor Defizite. Das gilt vor allem für die Volks- und Laienkunst und für die Begegnung von Auszubildenden und Schülern. Wir werden auch weiterhin alles versuchen, daß die Führung der DDR in diesem Bereich ihre spürbare Zurückhaltung aufgibt.

Dies gilt in gleicher Weise für den Breiten- und Jugendsport. Die DDR verschließt sich nach wie vor den vielfältigen Möglichkeiten, die es hier gibt. Die Bundesregierung wird sich weiterhin darum bemühen, den innerdeutschen Sportkalender über die Daten des reinen Spitzensports hinaus zu erweitern.

Ein zentrales Anliegen unserer Politik für den Zusammenhalt der Nation bleiben die menschlichen Begegnungen. Dazu dient vor allem der Reiseverkehr, bei dem es 1989 eine weiterhin positive Entwicklung gegeben hat. Jeder sechste Erwachsene unterhalb des Rentenalters in der DDR konnte im vergangenen Jahr zu uns reisen.

Dieser Verbesserung der Kontakte dienen auch die Städtepartnerschaften. Zwischen Städten in der Bundesrepublik Deutschland und der DDR sind bereits mehr als 60 solcher Partnerschaften vereinbart oder angebahnt worden. Sie eröffnen vielfältige Möglichkeiten, Menschen zueinanderzubringen und persönliche Kontakte zu knüpfen.

Ganz wichtig ist schließlich der Jugendaustausch, der sich trotz mancher Schwierigkeiten langsam weiterentwickelt.

Vergessen wir nicht: Mehr als die Hälfte der Deutschen in Ost und West ist nach dem Krieg geboren und kennt den jeweils anderen Teil Deutschlands nicht aus eigener Anschauung. Überdies ist in der DDR seit dem Bau der Mauer eine ganze Generation herangewachsen, die auf Grund der einschneidenden Reisebestimmungen der DDR bisher kaum Gelegenheit hatte, die Bundesrepublik Deutschland zu besuchen, Land und Leute hier kennenzulernen. Es ist ein unbestreitbarer Erfolg unserer Deutschlandpolitik, daß inzwischen ein nennenswerter Teil - auch jüngerer - Menschen aus der DDR zu uns zu Besuch kommen, die Lebenswirklichkeit der beiden Staaten miteinander vergleichen und nicht zuletzt auch die Informationen der DDR-Medien einer kritischen Prüfung unterziehen konnte. Das alles dient dem Zusammenhalt unserer Nation.

(Beifall bei der CDU/CSU und der FDP)

Die neue DDR-Führung ist jetzt entschlossen, eine neue Reiseregelung zu erlassen, die auf die bisher noch bestehenden Beschränkungen weitgehend verzichtet. Sie will damit allem Anschein nach der Tatsache Rechnung tragen, daß die fehlende Freizügigkeit ein ganz wesentlicher Anlaß zur Unzufriedenheit der Menschen und in vielen Fällen auch ein wichtiger Grund für den Wunsch war, die DDR ganz zu verlassen.

Für eine abschließende Bewertung der Neuregelung, deren Entwurf soeben veröffentlicht wurde und jetzt zur Diskussion steht, ist es noch zu früh. Prüfstein wird auch hier die Praxis, die Verwirklichung sein. Vor allem wird es darauf ankommen, ob die Neuregelung und deren Handhabung den Wünschen und den Erwartungen unserer Landsleute tatsächlich entsprechen. Wenn sie zu wirklicher Reisefreiheit führt, werden auch diejenigen zu uns kommen können, die bisher nicht kommen konnten, weil sie hier keine Verwandten oder Bekannten haben. Wir würden damit eine neue Dimension des Reiseverkehrs erhalten, die auch uns in der Bundesrepublik Deutschland vor neue Aufgaben stellt.

Wir können nicht alle Lasten übernehmen, aber wir müssen und werden uns bemühen, denen, die zu uns kommen, gute Gastgeber zu sein.

(Beifall bei der CDU/CSU und der FDP – Dr. Lippelt [Hannover] [GRÜNE]: Warum nicht alle Lasten?)

[. . .] Für eine Übergangszeit wird die Bundesregierung im Zusammenwirken mit Kirchen und karitativen Einrichtungen versuchen, Unterbringungsmöglichkeiten für solche Besucher zur Verfügung zu stellen, die keine privaten Unterkünfte finden. Zur finanziellen Seite werden Überlegungen angestellt werden müssen. Über dieses Thema ist natürlich auch noch mit der Regierung der DDR zu sprechen.

Dabei muß jedoch berücksichtigt werden, daß die DDR ihrerseits aus dem innerdeutschen Reiseverkehr, insbesondere durch den Mindestumtausch, erhebliche Deviseneinnahmen erzielt. Kein anderer Staat des Warschauer Pakts verfügt laufend über derartige Deviseneinnahmen. Es wäre deshalb nicht mehr als recht und billig,

(Frau Dr. Vollmer [GRÜNE]: Den Zwangsumtausch ganz abzuschaffen!)

wenn die Führung der DDR einen erheblichen Teil dieser Einnahmen unmittelbar zum Nutzen unserer Landsleute aufwenden und sie auch mit angemessenen Reisedevisen ausstatten würde.

(Beifall bei der CDU/CSU, der FDP und bei Abgeordneten der SPD - Frau Dr. Vollmer [GRÜNE]: Abschaffen!)

Langfristig wird die DDR auf jeden Fall dafür sorgen müssen, daß die Menschen mit eigenem Geld reisen können. Das wird nur bei einer erheblichen Verstärkung der wirtschaftlichen Leistungskraft der DDR möglich sein. Wir sind bereit, durch Zusammenarbeit dabei zu helfen.

Aber die DDR muß selber durch Reformen die Voraussetzungen dafür schaffen, daß diese Zusammenarbeit auch tatsächlich Früchte tragen kann. Dazu gehören insbesondere ein Abbau zahlreicher Maßnahmen, die den innerdeutschen Handel behindern und erschweren, eine Erweiterung der wirtschaftlichen Kooperation auf allen Ebenen, die Zulassung von Direktkontakten zwischen Betrieben beider Seiten und vor allem die Schaffung einer fortschrittlichen Joint-venture-Gesetzgebung.

Im innerdeutschen Handel scheint der Abwärtstrend der letzten Jahre erfreulicherweise gebrochen zu sein. Für 1989 dürfte wieder ein Gesamtumsatz von 15 Milliarden Verrechnungseinheiten erreicht werden. Es muß jedoch das Bestreben beider Seiten sein, diesen Handel nach Struktur und Niveau in einer Weise zu entwickeln, wie es zwischen zwei hochindustrialisierten Partnern angemessen wäre.

Gerade angesichts der dringend notwendigen Reformen in der DDR auch im wirtschaftlichen Bereich sehe ich auf den innerdeutschen Handel neue Aufgaben und neue Entwicklungen zukommen. Im Zusammenhang mit einer breit angelegten wirtschaftlichen Zusammenarbeit können von hier wesentliche Anstöße für eine weitere Entwicklung unserer Beziehungen ausgehen.

Die Bundesregierung hält an ihrem Kurs in der Deutschlandpolitik fest. Sie geht dabei unverändert von den bekannten staats- und völkerrechtlichen Grundlagen aus. Insbesondere hält sie an dem in der Präambel unseres Grundgesetzes verankerten Ziel fest, »in freier Selbstbestimmung die Einheit und Freiheit Deutschlands zu vollenden«.

(Beifall bei der CDU/CSU und der FDP)

Dabei ist uns die Reihenfolge der Ziele unserer Politik durch das Grundgesetz vorgegeben. Voraussetzung für die Wiedervereinigung in Freiheit ist die freie Ausübung des Selbstbestimmungsrechts durch alle Deutschen.

Unsere Landsleute haben keine Belehrungen nötig, von welcher Seite auch immer. Sie wissen selbst am besten, was sie wollen. Und ich bin sicher: Wenn sie die Chance erhalten, werden sie sich für Freiheit und Einheit entscheiden.

(Beifall bei der CDU/CSU und der FDP – Zuruf von den GRÜNEN: Und für Sozialismus!)

Für uns in der Bundesrepublik Deutschland ist es eine selbstverständliche nationale Pflicht, bei unseren Nachbarn und Partnern in der Welt für das Recht aller Deutschen auf Selbstbestimmung zu werben. Denn ein Votum aller Deutschen für die Einheit ihres Vaterlandes wird niemand in Ost und West ignorieren können. Wir alle schulden Staatspräsident Mitterrand großen Dank dafür, daß er sich am vergangenen Freitag genau in diesem Sinne zum Selbstbestimmungsrecht aller Deutschen bekannt hat.

(Beifall bei der CDU/CSU, der FDP und bei Abgeordneten der SPD)

Wir haben in vielen Bereichen – gerade in den letzten Jahren – beachtliche Fortschritte erzielt. Aber wir sind uns auch bewußt, daß es sich dabei nur um Schritte zu weitergesteckten Zielen handeln kann. In nahezu allen Bereichen der innerdeutschen Beziehungen sind die Möglichkeiten für die von den Menschen dringend gewünschten Verbesserungen noch lange nicht ausgeschöpft. Es gibt ein breites Feld der Zusammenarbeit, der Öffnung und der gemeinsamen Anstrengungen, das bislang brachlag.

Wenn die Beziehungen zwischen den beiden Staaten in Deutschland wirklich eine neue Qualität bekommen sollen, dann müssen jetzt dafür die notwendigen Voraussetzungen in der DDR selbst geschaffen werden. Es geht um einen wirklich offenen Austausch von Informationen und Meinungen, um einen raschen und umfassenden Abbau der Beschränkungen im Reiseverkehr, um die Abschaffung jeglicher Zensur und um mehr Austausch und Zusammenarbeit im Bereich der Wissenschaft, der Hochschulen und der beruflichen Bildung. Es geht um effektive und weitreichende gemeinsame Anstrengungen in allen Bereichen des Umweltschutzes, der von den Menschen in beiden Staaten in Deutschland als eine der wichtigsten Aufgaben für die Erhaltung einer lebenswerten Zukunft angesehen wird.

Bei all diesen Aufgaben gilt die Feststellung: So wie die gegenwärtigen Probleme ihre Ursachen allein in der DDR haben, so können auch nur dort die Voraussetzungen für ihre Lösung geschaffen werden. In dieser Situation können deshalb weder globale wirtschaftliche Hilfen noch gar Sanktionen von unserer Seite weiterhelfen. Es liegt letztlich an der Führung der DDR, den Menschen dort eine lebenswerte Perspektive zu bieten. Nur so können auch jene, die jetzt noch mit dem Schritt der Übersiedlung ringen, zum Bleiben in ihrer Heimat bewogen werden.

Es darf dabei nicht nur an Symptomen kuriert werden. Es müssen sich sichtbare und spürbare Reformen vollziehen, die den Menschen politische Mitbestimmung, Achtung der Menschenrechte und vor allem eine konkrete Hoffnung auf bessere materielle Lebensbedingungen bringen. Ein Wandel ist überfällig. Das sagen uns die Ereignisse der letzten Tage und Wochen. Sie widerlegen all jene Stimmen, die uns in der Vergangenheit einreden wollten, daß nicht eine Veränderung hin zu mehr Freiheit zu mehr Stabilität führe, sondern die Zementierung der bestehenden Verhältnisse. Diese Auffassung hat sich eindeutig als falsch erwiesen.

(Beifall bei der CDU/CSU und der FDP)

Wir erleben jetzt, daß nur rasche und umfassende Reformen weiterhelfen können. Wir in der Bundesrepublik Deutschland können nur versuchen, diese Entwicklung zu fördern. Das erfordert den Dialog mit allen politischen Kräften in der DDR, auch jenen, die jetzt dort politische Verantwortung tragen. Ich erkläre gegenüber der neuen DDR-Führung meine Bereitschaft, einen Weg des Wandels zu stützen, wenn sie zu Reformen bereit ist. Kosmetische Korrekturen genügen nicht.

(Beifall bei der CDU/CSU und der FDP – Dr. Dregger [CDU/CSU]: Echte politische Reformen!)

Wir wollen nicht unhaltbar gewordene Zustände stabilisieren. Aber wir sind zu umfassender Hilfe bereit, wenn eine grundlegende Reform der politischen und wirtschaftlichen Verhältnisse in der DDR verbindlich festgelegt wird. Die SED muß auf ihr Machtmonopol verzichten, muß unabhängige Parteien zulassen und freie Wahlen verbindlich zusichern. Unter dieser Voraussetzung bin ich auch bereit, über eine völlig neue Dimension unserer wirtschaftlichen Hilfe zu sprechen.

(Beifall bei der CDU/CSU, der FDP und bei Abgeordneten der SPD)

Dabei ist auch klar, daß ohne große grundlegende Reform des Wirtschaftssystems, ohne den Abbau bürokratischer Planwirtschaft und den Aufbau einer marktwirtschaftlichen Ordnung wirtschaftliche Hilfe letztlich vergeblich sein wird.

(Frau Dr. Vollmer [GRÜNE]: Das heißt: Hilfe zu Ihren Bedingungen!)

Einen grundlegenden politischen und wirtschaftlichen Wandel in der DDR zu fördern ist unsere nationale Aufgabe.

Darüber hinaus haben alle freien Staaten des Westens ein Interesse daran, daß der Prozeß des politischen, wirtschaftlichen und gesellschaftlichen Wandels in Mittel-, Ost- und Südosteuropa voranschreitet. Deshalb sind auch alle in der westlichen Staatengemeinschaft – namentlich die Mitglieder der Europäischen Gemeinschaft und unsere Partner in der Atlantischen Allianz – aufgerufen, diesen Prozeß durch Kooperationsbereitschaft zu fördern.

Reisefreiheit, Freizügigkeit und Zusammenarbeit werden – davon bin ich überzeugt – dazu führen, daß die Teilung Europas überwunden wird. Damit wären auch die Tage der Mauer in Berlin gezählt. Dieser Inbegriff der Unmenschlichkeit muß verschwinden.

(Beifall bei der CDU/CSU, der FDP und bei Abgeordneten der SPD)

Das freie Berlin bleibt in jedem Fall ein Prüfstein für die Verständigungsbereitschaft und den guten Willen der DDR – ebenso wie der Sowjetunion und ihrer anderen Bündnispartner. Die Bindungen dieser Stadt zur Bundesrepublik Deutschland, ihre Außenvertretung durch die Bundesrepublik Deutschland, und die volle Einbeziehung Berlins in alle Entwicklungen und Vereinbarungen im West-Ost-Verhältnis muß ohne Wenn und Aber gewährleistet sein. Bis in die allerjüngste Vergangenheit mußte immer wieder viel Energie aufgewendet werden, um mit Berlin zusammenhängende Probleme zu lösen. Diese Energie ließe sich viel konstruktiver für eine Zusammenarbeit zum Wohle der Menschen in Deutschland und in Europa nutzen.

Für die Bundesregierung wird es keine Deutschlandpolitik ohne Berlin oder um Berlin herum geben.

(Beifall bei der CDU/CSU, der FDP und bei Abgeordneten der SPD)

Freiheit und Lebensfähigkeit des westlichen Teils der Stadt zu wahren und seine Anziehungs- und Ausstrahlungskraft zu fördern, bleibt eine unserer wesentlichen Aufgaben.

Hierzu trägt das Engagement der drei westlichen Schutzmächte ebenso bei wie eine dynamische Entwicklung der Bindungen zwischen Berlin und dem Bund. Im Interesse der Stadt müssen diese Bindungen auch bei allen Kontakten des Senats mit der DDR beachtet werden.

(Frau Dr. Vollmer [GRÜNE]: Bei allen Kontakten zu den Amerikanern sollte man nicht um den Bürgermeister herum verhandeln!)

Nur sie gewährleisten, daß die Stadt an der Entwicklung des freien Teils Deutschlands wie in den vergangenen Jahren voll teilhat.

(Beifall bei der CDU/CSU und der FDP)

Die Bundesregierung hat die jüngsten Verbesserungen im Berliner Reise- und Besucherverkehr nachdrücklich begrüßt; sie standen seit langem auf der »Wunschliste« von Bundesregierung und Senat. Nicht nur für die Berliner, sondern generell bei Reisen in die DDR gibt es freilich noch erheblichen Nachholbedarf. Vor allem der Mindestumtausch und die Einreiseverweigerungen für bestimmte Personengruppen passen nicht in diese Entwicklung.

(Beifall bei der CDU/CSU und der FDP – Dr. Lippelt [Hannover] [GRÜNE]: Genausowenig wie die 50-DM-Pauschale!)

Die Entwicklungen in der DDR bedeuten auch für Berlin neue Herausforderungen. Der Westteil Berlins wird durch einen freieren Reiseverkehr verstärkt Anziehungspunkt und Anlaufstelle für viele Besucher, auch für viele Hilfesuchende aus der DDR und dem Ostteil der Stadt werden. In gewisser Hinsicht wird dies auch für die grenznahen Regionen in der Bundesrepublik Deutschland gelten, deren Förderung immer ein besonderes Anliegen der Bundesregierung war – und auch bleiben wird. Berlin wird dadurch aber wegen seiner besonderen Lage und

Probleme möglicherweise vor Aufgaben gestellt sein, bei denen es unsere besondere Unterstützung braucht. Wir sind dazu bereit.

(Beifall bei der CDU/CSU, der FDP und bei Abgeordneten der SPD)

Die deutsche Frage ist eine Frage von Freiheit und Selbstbestimmung. Bewahren wir, so schwer uns - und vor allem auch unseren Landsleuten in der DDR - dies fallen mag, die beharrliche Geduld, auf den Weg evolutionärer Veränderung zu setzen, an dessen Ende die volle Achtung der Menschenrechte und die freie Selbstbestimmung für alle Deutschen stehen müssen.

Vergessen wir auch nicht, daß die Lösung der deutschen Frage nicht die Deutschen allein angeht. Übersehen wir nicht, daß sich ein Scheitern der Reformen in Polen und Ungarn auch auf die Chancen für einen Wandel in der DDR auswirken würde.

Hüten wir uns vor der Annahme, eine Lösung der deutschen Frage mit einem Drehbuch und einem Terminkalender in der Hand vorherbestimmen zu können. Die Geschichte – das zeigen gerade die letzten zwölf Monate - hält sich nicht an Kursbücher. Historische Entwicklungen laufen nicht nach Fahrplänen ab. Die enormen Veränderungen im östlichen Teil unseres Kontinents belegen dies einmal mehr auf eindrucksvolle Weise.

Es kommt deshalb jetzt entscheidend darauf an, daß wir unseren Prinzipien treu bleiben.

Freiheit und Demokratie, Rechtsstaat und soziale Marktwirtschaft bleiben die Grundpfeiler unserer politischen und gesellschaftlichen Ordnung.

Die feste und dauerhafte Verankerung der Bundesrepublik Deutschland im Atlantischen Bündnis und in der Wertegemeinschaft der freien Völker des Westens ist unwiderruflich. Sie folgt aus den bitteren Lehren unserer Geschichte und entspricht den Entscheidungen für Freiheit, Demokratie und Rechtsstaat im Innern.

Nur auf dieser Basis können wir ein verläßlicher Partner sein und erwarten, daß wir Fortschritte bei der Lösung der deutschen Frage und damit im Interesse der Menschen in Deutschland erreichen. Wir sind keine Wanderer zwischen Ost und West,

(Frau Dr. Vollmer [GRÜNE]: Schade! Sehr schade!)

und wir haben aus der Geschichte dieses Jahrhunderts gelernt. Wiedervereinigung und Westintegration, Deutschlandpolitik und Europapolitik sind wie zwei Seiten derselben Medaille. Sie bedingen einander. Ohne die Dynamik des westeuropäischen Einigungsprozesses würden heute die verkrusteten Strukturen in Mittel-, Ost- und Südosteuropa nicht aufbrechen.

(Beifall bei der CDU/CSU und der FDP – Frau Dr. Vollmer [GRÜNE]: Schlimme Arroganz ist das!)

Und ohne die feste Verankerung in der Wertegemeinschaft der freien Völker hätten wir nicht das Vertrauen unserer westlichen Partnerländer, die uns in unseren deutschlandpolitischen Bemühungen stets unterstützt haben. Ich danke hier stellvertretend vor allem dem französischen Staatspräsidenten François Mitterrand und Präsident George Bush, die dies in den letzten Tagen wieder deutlich ausgesprochen haben.

(Beifall bei der CDU/CSU und der FDP)

Die aktive Beteiligung der Bundesrepublik Deutschland am Prozeß der europäischen Einigung bleibt ein tragendes Element unserer Politik. Heimat, Vaterland und Europa: dieser Dreiklang entspricht der Sehnsucht der Menschen nach Vertrautheit und Geborgenheit, nach Offenheit, nach Gemeinschaft und Freundschaft, auch im Verhältnis zu den Nachbarn. Die Zukunft Deutschlands liegt in einer übergreifenden Friedensordnung, die die Menschen und Völker unseres Kontinents in gemeinsamer Freiheit zusammenführt. Die europäische Dimension der deutschen Frage bedeutet für uns: nationale Einheit und europäische Einigung. Aus gutem Grund verpflichtet uns das Grundgesetz, unsere Verfassung, auf beides.

Dabei sind wir uns sehr wohl bewußt, daß die Europäische Gemeinschaft nur ein Anfang und nicht das ganze Europa ist. Bei uns darf niemals die Erinnerung daran verblassen, daß Warschau und Budapest, daß Prag, daß Rostock, Leipzig und Dresden selbstverständlich zu diesem gemeinsamen Europa gehören.

(Beifall bei der CDU/CSU, der FDP und der SPD)

Wir streben an – und das bleibt Ziel unserer Politik, wie Konrad Adenauer es einmal formuliert hat –: »In einem freien und geeinten Europa ein freies und geeintes Deutschland«.

(Langanhaltender lebhafter Beifall bei der CDU/CSU und der FDP)

11 Ein historischer Tag für Berlin und Deutschland

Im Bewußtsein nationaler Verantwortung

Auf diesem Platz vor dem Schöneberger Rathaus sind seit über 40 Jahren Berlinerinnen und Berliner zusammengekommen, um für den Frieden und für die Freiheit dieser Stadt zu demonstrieren. Sie sind gekommen, um immer wieder die Botschaft des Friedens, die Botschaft des guten Willens, die Botschaft der Bereitschaft zum Miteinander deutlich werden zu lassen.

Heute ist ein großer Tag in der Geschichte dieser Stadt, und heute ist ein großer Tag in der deutschen Geschichte. Wir alle haben für diesen Tag gearbeitet. Wir haben ihn herbeigesehnt. Wir sehen die Bilder vom Brandenburger Tor – Bilder von überall, wo in diesen Stunden Menschen aus der DDR zu uns kommen können und die Bürger dieser Stadt und die Bürger unserer Bundesrepublik Deutschland in den anderen Teil Deutschlands gehen können: ohne Kontrolle, ohne staatliche Gewalt, ihrem freien Willen entsprechend.

Wir sollten auch in dieser Stunde auf diesem Platz an die vielen denken, die ihr Leben an der Mauer ließen. Wir sollten dies tun in einem Augenblick, in dem diese Mauer endlich fällt.

Liebe Berlinerinnen und Berliner, wir alle stehen jetzt vor einer großen Bewährungsprobe. Wir haben in diesen Tagen von unseren Landsleuten drüben in der DDR, in Ost-Berlin, in Leipzig und Dresden und in vielen Städten immer wieder eine Botschaft der Besonnenheit erfahren – eine Botschaft, die sagt, daß es in dieser glücklichen, aber auch schwierigen Stunde in der Geschichte unseres Volks wichtig ist, besonnen zu bleiben und klug zu handeln. Klug handeln heißt, radikalen Parolen und Stimmen nicht zu folgen. Klug handeln heißt jetzt, die ganze Dimension der weltpolitischen, der europäischen und der deutschen Entwicklung zu sehen.

Rede auf einer Großkundgebung vor dem Schöneberger Rathaus in Berlin am 10. November 1989.
Bulletin des Presse- und Informationsamts der Bundesregierung Nr. 125 (13. November 1989).

Wer wie wir, die wir gerade aus Warschau hierhergekommen sind, erleben konnte, was der Reformprozeß in Ungarn und in Polen möglich gemacht hat, der weiß, daß es jetzt gilt, mit Bedachtsamkeit, Schritt für Schritt, den Weg in die gemeinsame Zukunft zu finden. Denn es geht um unsere *gemeinsame* Zukunft, es geht um die Freiheit vor allem für unsere Landsleute in der DDR in allen Bereichen ihres Lebens.

Die Menschen in der DDR haben ein Recht auf freie Meinungsäußerung, auf eine wirklich freie Presse, auf freie Bildung von Gewerkschaften, auf freie Gründung von Parteien und ganz selbstverständlich, wie es der Charta der Vereinten Nationen und den Menschenrechten entspricht, auf freie, gleiche und geheime Wahlen. Unsere Landsleute sind dabei, sich diese Freiheiten selbst zu erkämpfen, und sie haben dabei unsere volle Unterstützung.

Ich appelliere auch von dieser Stelle - wie am Mittwoch im Deutschen Bundestag - an die Verantwortlichen in der DDR. Verzichten Sie jetzt auf Ihr Machtmonopol! Reihen Sie sich ein in jenen Reformgeist, der heute in Ungarn, in Polen die Zukunft dieser Völker sichert! Geben Sie den Weg frei für die Herrschaft *des* Volkes *durch* das Volk und *für* das Volk!

Ich bekenne hier erneut für die Bundesrepublik Deutschland, daß wir bereit sind, im Rahmen des uns Möglichen diesen Prozeß zu unterstützen. Eine DDR, die voranschreitet in den Reformen mit dem Ziel der Freiheit, der konkreten Hilfe für die Menschen in allen Bereichen der Gesellschaft, unterstützen wir ganz selbstverständlich aus unserer moralischen Verpflichtung für die Einheit unserer deutschen Nation heraus.

Wenn diese Reformen eintreten und wenn die DDR auf diesem Weg weitergeht, dann werden auch unsere Landsleute dort, die sich jetzt mit dem Gedanken tragen, die DDR zu verlassen, in ihrer angestammten Heimat bleiben. Sie wollen zu Hause ihr Glück finden. Und viele von denen, die in diesen Tagen den Weg zu uns fanden, werden bereit sein, bei der Neugestaltung ihrer eigentlichen Heimat mitzuhelfen.

Wir, die Bürgerinnen und Bürger in der Bundesrepublik Deutschland, wollen sie dabei von Herzen unterstützen. Niemand darf dabei abseits stehen. Die Bilder dieser Wochen und Tage zeigen uns unsere

Pflicht. Und so will ich allen in der DDR zurufen: Ihr steht nicht allein! Wir stehen an Eurer Seite! Wir sind und bleiben eine Nation, und wir gehören zusammen!

Wir sind dankbar, daß uns auf diesem Weg unsere Freunde und Partner in der Welt helfen, daß sie uns unterstützen, daß sie mit uns solidarisch sind. Wir danken unseren amerikanischen, britischen und französischen Freunden für ihre Unterstützung und Solidarität, die für die Freiheit des freien Teils Berlins in den letzten Jahrzehnten existentiell waren. Ohne ihre Standfestigkeit hätten wir diesen Tag heute so nicht erlebt. Unser Respekt gehört Generalsekretär Michail Gorbatschow, der sich mit uns gemeinsam in der Bonner Erklärung vom 13. Juni ausdrücklich zum Selbstbestimmungsrecht der Völker bekannt hat.

Berlinerinnen und Berliner, der Geist der Freiheit erfaßt heute ganz Europa: Polen, Ungarn und jetzt die DDR. Das Recht auf Selbstbestimmung ist ein Grundrecht des Menschen und der Völker. Wir fordern dieses Recht für alle in Europa. Wir fordern es für alle Deutschen.

Ich appelliere in dieser Stunde an alle unsere Landsleute, daß wir jetzt im Herzen eins sein wollen, miteinander solidarisch die Zukunft gestalten, jetzt zusammenstehen und gemeinsam die Hilfe denen gewähren, die Hilfe brauchen. Wir wollen diesen Weg gehen mit heißem Herzen und mit kühlem Verstand.

Es geht um Deutschland, es geht um Einigkeit und Recht und Freiheit. Es lebe ein freies deutsches Vaterland! Es lebe ein freies, einiges Europa!

12 »Heute blickt ganz Europa auf das polnische Volk«

Verträge zur deutsch-polnischen Zusammenarbeit

In diesen Tagen wollen wir die Fundamente für eine gemeinsame Zukunft unserer Völker ausbauen - eine Zukunft der Freiheit, der Solidarität und des Friedens.

Deutsche und Polen - Nachbarvölker im Herzen Europas - haben den größten Teil ihrer Geschichte in Frieden miteinander verbracht. Das ist viel zu wenig bekannt. Wahr ist aber auch, daß sie sich gegenseitig - vor allem in der Neuzeit - tiefe Wunden zugefügt haben. Das schrecklichste Kapitel in unserer gemeinsamen Geschichte wurde 1939 aufgeschlagen. Es trägt die Handschrift der nationalsozialistischen Gewaltherrscher, die damals in Deutschland die Staats- und Regierungsgewalt innehatten.

Am 1. September habe ich in einer Regierungserklärung vor dem Deutschen Bundestag an das unermeßlich große Leid erinnert, das der von Hitler entfesselte Zweite Weltkrieg über Polen gebracht hat. Die Nationalsozialisten eröffneten einen beispiellosen Versklavungs- und Ausrottungsfeldzug gegen das polnische Volk. Von den Deutschen ist dem polnischen Volk Furchtbares angetan worden.

Wahrheit ist auch, daß über zwei Millionen Deutsche - unschuldige Menschen - auf der Flucht und bei der Vertreibung ihr Leben verloren. Millionen meiner Landsleute empfinden Schmerz über den Verlust ihrer Heimat. Aber auch sie wissen, wie wichtig es ist, aus den Erfahrungen der Geschichte zu lernen und im Geist des Friedens und der gegenseitigen Achtung zu handeln. Bereits 1950 - wenige Jahre nach dem Krieg - haben sich die deutschen Heimatvertriebenen und Flüchtlinge in ihrer »Stuttgarter Charta« ausdrücklich zu einem vereinten Europa bekannt, »in dem die Völker ohne Furcht und Zwang leben können«. Sie müssen und wollen auch heute in das Werk der Versöhnung einbezogen werden.

Ansprache anläßlich eines Empfangs durch den Ministerpräsidenten der Volksrepublik Polen, Tadeusz Mazowiecki, im Palais des Ministerrats in Warschau am 9. November 1989. Bulletin des Presse- und Informationsamts der Bundesregierung Nr. 128 (16. November 1989).

Es waren die katholischen Bischöfe Polens, die 1965 ein bewegendes Versöhnungsschreiben an den deutschen Episkopat richteten: *»Im allerchristlichen und zugleich sehr menschlichen Geist«*, so hieß es, *»strecken wir unsere Hände zu Ihnen hin ... gewähren Vergebung und bitten um Vergebung.«* Und die deutschen katholischen Bischöfe antworteten: *»Eine Aufrechnung von Schuld und Unrecht ... kann uns freilich nicht weiterhelfen ... wir bitten zu verzeihen.«* Die gemeinsame Erklärung deutscher und polnischer Katholiken zum 50. Jahrestag des Beginns des Zweiten Weltkriegs – die auch Ihre Unterschrift trägt, Herr Ministerpräsident, – spricht von einer *»Zukunft der Gerechtigkeit des Friedens und der Freiheit in Europa«*. Und auch die Evangelische Kirche in Deutschland hat durch ihre Tätigkeit und durch solche Dokumente der Versöhnung in diesem Geist gewirkt und gesprochen.

Uns leitet der feste Wille, die Gräben der Vergangenheit zuzuschütten und tragfähige Brücken zu bauen für ein gemeinsames Werk der Verständigung und des Friedens im Geist der Menschenrechte. In diesem Geist empfand es Konrad Adenauer als eine der vornehmsten moralischen Verpflichtungen der Bundesrepublik Deutschland, die Aussöhnung mit den ehemaligen Kriegsgegnern, namentlich mit Frankreich und Polen, zu suchen und die Verständigung mit dem Staate Israel und den Juden in aller Welt anzustreben.

Auf der gemeinsamen Grundlage von Freiheit, von Demokratie und Rechtsstaatlichkeit konnten sich die Beziehungen zu Frankreich und zum Staate Israel in einer Weise entwickeln, wie es sich nach dem Ende von Krieg und Gewalt wohl niemand erträumt hätte. Wo Menschen einander in Freiheit begegnen können, haben Vorurteile auf Dauer keine Chance. Freiheit ist die Voraussetzung jenes wirklichen Friedens, der in den Herzen der Menschen beginnt.

In Ihrer Regierungserklärung haben Sie, Herr Ministerpräsident, zu Recht festgestellt, daß bei der Aussöhnung die Völker weiter fortgeschritten sind als die Regierungen. Mit Ihrer Amtsübernahme und Ihrer Regierungsbildung haben Sie eine neue Epoche der polnischen, ja der europäischen Nachkriegsgeschichte eingeleitet.

Jetzt gehen Sie mit Ihrem Land den Weg in Richtung Freiheit und Pluralismus. Sie führen heute tiefgreifende Reformen durch. Sie öffnen Ihr Land für die Zusammenarbeit mit neuen Partnern. Deshalb ist mein Besuch auch ein Zeichen der Solidarität. Wir wollen Sie ermutigen auf Ihrem Weg. Denn Europa braucht ein freies, ein stabiles Polen. Beides gehört zusammen: Ohne Freiheit kann es auf Dauer keine Stabilität geben, und ohne sie ist auch kein sozialer Fortschritt möglich. Freiheit ist das Schlüsselwort unserer Zeit – der Schlüssel zu einer friedlichen Zukunft. In seinem Buch über »Mensch und Staat« schreibt Jacques Maritain, den Sie so schätzen, das Verlangen nach Gemeinschaft über Grenzen hinweg beruhe nicht auf der Furcht vor äußerer Bedrohung, sondern auf dem Wunsch, alle schöpferischen Kräfte im Dienst an einem gemeinsamen Ziel zu vereinen. Und dieses Ziel sei »die Gewinnung der Freiheit«.

Heute blickt ganz Europa auf das polnische Volk, das – nicht zum erstenmal in seiner Geschichte – die wertvollsten Traditionen unseres Kontinents zu neuem Leben erweckt.

Der gemeinsame Wunsch nach Freiheit und Selbstbestimmung – dies war auch das Kennzeichen einer der Blütezeiten in der Geschichte unserer beiden Völker: Während des polnischen Freiheitskampfs 1830/31 und in den Jahren danach war Deutschland von einer Welle der Sympathie und Begeisterung für Ihr Volk erfaßt. Den Höhepunkt bildete das Hambacher Fest im Mai 1832, bei dem die weiß-rote neben der schwarz-rot-goldenen Fahne wehte, während deutsche, französische und polnische Studenten Verfassungen und Bürgerrechte für alle Europäer forderten und die Freiheit in ihren Liedern besangen. In den Reden von damals hieß es: *»Ohne Polens Freiheit keine deutsche Freiheit, ohne Polens Freiheit kein dauernder Friede, kein Heil für die europäischen Völker. Darum auf zum Kampfe für Polens Wiederherstellung!«*

Und die »Brüderlichkeit«, von der in diesem Jahr in Erinnerung an die französische Revolution so viel gesprochen wurde – ist das nicht ein alter Name für das, was wir heute »Solidarität« nennen? Die Verbundenheit ist geblieben, und auch Krieg und Gewaltherrschaft haben sie nicht zerstören können.

Hierfür ist Kreisau ein bewegendes Symbol. Dieser Ort war eines der geistigen Zentren des deutschen Widerstandes gegen Hitler. Er steht für jenes andere, bessere Deutschland. Die Bundesrepublik Deutschland hütet dieses unverlierbare Erbe, und wir wollen es – wie ich hoffe: gemeinsam – an künftige Generationen weitergeben können. Sie selbst, Herr Ministerpräsident, haben sich in eindrucksvoller Weise mit Leben und Werk Dietrich Bonhoeffers auseinandergesetzt. Und Ihre eigene

Biographie legt Zeugnis davon ab, daß man im Kampf für Freiheit, Menschenrechte und Selbstbestimmung niemals resignieren darf: Die Zeit arbeitet für – und nicht gegen – die Sache der Freiheit.

In der Folge des Zweiten Weltkriegs wurden Deutschland und seine Hauptstadt geteilt. Millionen meiner Landsleute wurde ein Regime aufgezwungen, das sie bis auf den heutigen Tag nicht akzeptiert haben. Viele Hunderttausende haben in den vergangenen Tagen und Wochen friedlich ihren entschiedenen Willen demonstriert, sich mit diesem Zustand nicht abzufinden.

Das Grundgesetz, die Verfassung der Bundesrepublik Deutschland, bekennt sich »zu unverletzlichen und unveräußerlichen Menschenrechten als Grundlage jeder menschlichen Gemeinschaft, des Friedens und der Gerechtigkeit in der Welt«. Es erteilt Krieg und Gewalt als Mitteln der Politik – und damit auch jedem Revanchismus – eine unwiderrufliche Absage. Es will das vereinte Europa, und es fordert das deutsche Volk auf, »in freier Selbstbestimmung die Einheit und Freiheit Deutschlands zu vollenden«.

Unsere Entscheidung für das Bündnis mit den freiheitlichen Demokratien des Westens und für den immer engeren Zusammenschluß mit unseren europäischen Partnern ist unumstößlich. Sie bedeutet die Absage an deutsche Sonderwege oder nationalistische Alleingänge. Wir wollen zur europäischen Stabilität beitragen.

Ich bin mir bewußt, welche Bedeutung die feste Einbindung unserer Republik in den Westen gerade auch aus polnischer Sicht hat. Und wenn ich »Westen« sage, dann meine ich damit eine Wertegemeinschaft freier Völker, für die die Menschenwürde aller staatlichen Gewalt übergeordnet ist. An diesen ethischen, kulturellen und politischen Traditionen hat auch das polnische Volk mit seiner Geschichte einen wesentlichen Anteil. Im Europa der Zukunft muß es vor allem um Selbstbestimmung und Menschenrechte gehen, um Volkssouveränität und nicht um Grenzen oder um Hoheitsgebiete. [. . .] Ganz in diesem Sinne heißt es in der Gemeinsamen Entschließung des Deutschen Bundestages vom 17. Mai 1972: *»Mit der Forderung auf Verwirklichung des Selbstbestimmungsrechts erhebt die Bundesrepublik Deutschland keinen Gebiets- oder Grenzänderungsanspruch.«* Das Recht aller Völker auf Selbstbestimmung ist in der Charta der Vereinten Nationen anerkannt.

12.–15. Juni 1989: Michail Gorbatschow, der Generalsekretär des Zentralkomitees der KPdSU und Vorsitzende des Obersten Sowjets der UdSSR, stattet der Bundesrepublik Deutschland einen Staatsbesuch ab. Die von ihm und Bundeskanzler Helmut Kohl unterzeichnete Gemeinsame Erklärung (13. August 1989) dient der Verbesserung der deutsch-sowjetischen Beziehungen. Sie ebnet, wie sich bald zeigt, den Weg zur Herstellung der deutschen Einheit.

2

3

en Abbildungen 2 bis 4)
mber–Oktober 1989: Die Deutschen haften in Prag und Budapest werden zu tburgen. Nur noch in Zelten sind die zahlreichen Deutschen dort zu beherbergen, die auf diesem Weg aus der DDR in die Freiheit der Bundesrepublik Deutschland gelangen wollen.

5

6

(zu den Abbildungen 5 bis 8)
November–Dezember 1989: Mit der Öffnung der Berliner Mauer stürzt das Regime der DDR endgültig.

NO
DONT

9

10

Vom 9. bis 14. November 1989 stattet Bundeskanzler Helmut Kohl der Volksrepublik Polen einen offiziellen Besuch ab. Die Gespräche mit dem polnischen Ministerpräsidenten Tadeusz Mazowiecki führen zur Unterzeichnung einer die deutsch-polnischen Beziehungen verbessernden Gemeinsamen Erklärung. Ein Besuch im ehemaligen Konzentrationslager Auschwitz verdeutlicht, daß dabei der geschichtlichen Erfahrung Rechnung getragen werden soll. Wegen der friedlichen Revolution in der DDR unterbricht der Kanzler am 10. und 11. Novem 1989 diesen Besuch und fliegt zu Konsultationen zunächst nach Berlin, dann nach Bon

Wir können und wir wollen keine Rechtspositionen verändern. Es bleibt bei den bekannten staats- und völkerrechtlichen Grundlagen unserer Deutschland- und Ostpolitik – und dazu gehört selbstverständlich auch, daß wir festhalten an Buchstaben und Geist des Warschauer Vertrags in *allen* seinen Teilen.

In diesem Vertrag »bekräftigen« die Bundesrepublik Deutschland und Polen »die Unverletzlichkeit ihrer bestehenden Grenzen jetzt und in der Zukunft und verpflichten sich gegenseitig zur uneingeschränkten Achtung ihrer territorialen Integrität. Sie erklären, daß sie gegeneinander keinerlei Gebietsansprüche haben und solche auch in Zukunft nicht erheben werden«. Gleichzeitig stellen beide Seiten fest, dieser Vertrag »berühre nicht die von den Parteien früher geschlossenen oder sie betreffenden zweiseitigen oder mehrseitigen internationalen Vereinbarungen«. Jeder von uns weiß, daß wir noch keinen Friedensvertrag haben.

Gerade weil wir geltendes Recht nicht als »Formelkram« abtun, wissen wir um unsere Verantwortung für den Frieden Europas und für das Wohl seiner Menschen sowie um unsere Pflicht, jede Chance zur Aussöhnung beherzt zu ergreifen. Ich habe dies immer wieder erklärt, und ich wiederhole, was ich hierzu am 27. Februar 1985 in meinem »Bericht zur Lage der Nation im geteilten Deutschland« vor dem Deutschen Bundestag gesagt habe: *»In den Gebieten jenseits der polnischen Westgrenze leben heute polnische Familien, denen diese Landschaften in zwei Generationen zur Heimat geworden sind. Wir werden dies achten und nicht in Frage stellen.«*

Und gestern habe ich vor dem Deutschen Bundestag erklärt: *»Wir wollen den Teufelskreis von Haß und Gewalt, von Unrecht und Vertreibung durchbrechen und neue Brücken der Verständigung und Aussöhnung, der guten Nachbarschaft und der Zusammenarbeit zwischen Deutschen und Polen bauen.«* Diesem Ziel entspricht auch die Resolution des Deutschen Bundestags vom gestrigen Tag.

Wir werden den Beginn eines neuen Abschnitts in der Geschichte unserer Beziehungen auch sichtbar bekräftigen: Wir werden eine gemeinsame Erklärung unterzeichnen, das Kursbuch der deutsch-polnischen Zusammenarbeit für die nächsten Jahrzehnte. Wir bekunden damit unseren Willen, unsere Beziehungen auf allen Feldern entschieden auszubauen: Im politischen Dialog, in der wirtschaftlichen und finanziellen Zusammenarbeit, in Wissenschaft und Technik, im kulturellen Austausch und nicht zuletzt in humanitären Fragen. Wir werden eine Reihe von Verträgen und Abkommen unterzeichnen, die unseren politischen Willen zur Zusammenarbeit auf wichtigen Feldern konkretisieren: Jugendaustausch, Umweltzusammenarbeit, Austausch von Kulturinstituten, Schutz und Förderung von Investitionen. Gerade das letztgenannte Abkommen ist Schlüssel für mehr deutsch-polnische Gemeinschaftsunternehmen. Es verdeutlicht, daß Staat und Privatunternehmen zusammenwirken müssen, um die wirtschaftlichen Probleme Polens zu bewältigen.

Ich appelliere deshalb an dieser Stelle an die Unternehmen beider Länder: Nutzen Sie die Chancen des neuen Vertrages und der staatlichen Förderungsmaßnahmen! Tragen Sie mit Ihrem technischen Wissen und kaufmännischen Können bei, Polen in einer entscheidenden Phase seiner Geschichte, in seiner Reformpolitik zu unterstützen!

Herr Ministerpräsident, in Ihrer Regierungserklärung vom 12. September haben sie gesagt: *»Polen ist ein Vaterland nicht nur für die Polen. Wir leben in unserm Land gemeinsam mit den Vertretern anderer Nationen. Wir wollen, daß sie sich hier zu Hause fühlen, daß sie ihre Sprache pflegen und mit ihrer Kultur unsere Gemeinschaft bereichern.«* Dies ist für uns eine wichtige Aussage. Sie haben damit den Weg freigemacht für eine Einigung, die uns besonders am Herzen liegt. Durch unsere Einigung werden die in internationalen Dokumenten verbrieften Minderheitenrechte respektiert. Nunmehr können Personen und Bevölkerungsgruppen, die deutscher beziehungsweise polnischer Abstammung sind oder die sich zur Sprache, Kultur oder Tradition der anderen Seite bekennen, ihre kulturelle Identität wahren und entfalten. Dazu muß auch die Möglichkeit gehören, Gottesdienste in der eigenen Sprache zu feiern. [. . .]

Für den Durchbruch in unseren Beziehungen ist heute das internationale Umfeld so günstig wie nie in der Nachkriegsgeschichte:

- Die Reformentwicklung nicht nur in Polen selbst, sondern vor allem auch – unter der Führung von Generalsekretär Michail Gorbatschow – in der Sowjetunion sowie in Ungarn hat eine Periode des dynamischen Wandels eröffnet. Neues Denken, Öffnung nach innen und außen gibt ein unübersehbares Beispiel auch denjenigen, die heute noch mit Reformen zögern oder sich gar sperren.

Gerade auch für unsere Landsleute in der DDR hoffen wir, daß die dortige Staats- und Parteiführung die Zeichen der Zeit erkennt und einen grundlegenden Wandel in Staat, Wirtschaft und Gesellschaft herbeiführt.

- Das Verhältnis zwischen West und Ost ist heute so konstruktiv wie nie zuvor in der Nachkriegszeit. Dies zeigt sich im Gipfeldialog der Großmächte und in den bedeutenden Fortschritten bei Abrüstung und Rüstungskontrolle. Und wir haben guten Grund zur Hoffnung, daß wir auf diesem Weg bald noch weiter kommen.
- Europa wächst immer enger zusammen. Regierungen und Völker werden sich erneut der geschichtlichen und kulturellen Einheit unseres Kontinents bewußt. Sie sehen die Zukunft nicht in engen nationalstaatlichen Grenzen, sondern in einer ganz Europa umfassenden Friedensordnung, die von den Völkern in freier Selbstbestimmung eigenhändig gestaltet wird.

  Die Europäische Gemeinschaft der Zwölf schreitet entschlossen auf den großen Binnenmarkt am 31. Dezember 1992 zu. Sie reicht zugleich ihren östlichen und südöstlichen Nachbarn die Hand. Denn die EG ist nicht das ganze Europa. Zu Europa gehören Warschau und Krakau, Budapest und Prag, Leipzig und Dresden ebenso wie Paris, London, Rom oder Bonn.

Bei all diesen Entwicklungen kommt Deutschen und Polen eine große, eine gesamteuropäische Verantwortung zu. Nur gemeinsam können wir die Teilung Europas überwinden, unter der unser Kontinent leidet. Wir müssen unsere Beziehungen so stabil und krisenfest, so vorbildlich und zukunftsorientiert gestalten, daß von ihnen günstige Wirkungen auf ganz Europa und das West-Ost-Verhältnis insgesamt ausstrahlen.

In dieser Verantwortung, mit Vertrauen, Mut und Weitsicht wollen wir die neue Wegstrecke im Zusammenleben unserer Länder und Völker beschreiten. Wir wollen und dürfen Geschichte nicht verdrängen, aber wir sollten fähig sein, daraus zu lernen.

Wir wissen, daß wir mit diesem Weg und mit dieser Auffassung dem tiefsten Wunsch unserer Völker entsprechen, gemeinsam an einer besseren Zukunft zu bauen – zum Wohle der kommenden Generationen, unserer Kinder und Enkel.

[. . .]

13 Neue Chancen und neue Herausforderungen in der Deutschland- und Europapolitik

Das Zehn-Punkte-Programm

[. . .]
Heute stehen wir, für jedermann erkennbar, am Beginn eines neuen Abschnitts der europäischen und der deutschen Geschichte - eines Abschnitts, der über den Status quo, über die bisherigen politischen Strukturen in Europa hinausweist.

Dieser Wandel ist zuallererst ein Werk der Menschen, die auf der Gewährung von Freiheit bestehen, auf der Achtung ihrer Menschenrechte und auf dem Recht, über ihre Zukunft selbst zu bestimmen.

(Beifall bei der CDU/CSU und der FDP)

Alle, die in und für Europa Verantwortung tragen, müssen diesem Willen der Menschen und Völker Rechnung tragen. Wir alle sind jetzt aufgerufen, eine neue Architektur für das europäische Haus, für eine dauerhafte und für eine gerechte Friedensordnung auf unserem Kontinent zu gestalten, wie es ja auch Generalsekretär Gorbatschow und ich in unserer Gemeinsamen Erklärung hier in Bonn am 13. Juni bekräftigt haben. [. . .] Dabei müssen die legitimen Interessen aller Beteiligten gewahrt werden. Das gilt selbstverständlich auch für die deutschen Interessen.

(Beifall bei der CDU/CSU und der FDP)

Wir nähern uns damit dem Ziel, das sich das Atlantische Bündnis bereits im Dezember 1967 gesetzt hatte. Dort heißt es:

»Eine endgültige und stabile Regelung in Europa ist . . . nicht möglich ohne eine Lösung der Deutschlandfrage, die den Kern der gegenwärtigen Spannungen in Europa bildet. Jede derartige Regelung muß die unnatürlichen Schranken zwischen Ost- und Westeuropa beseitigen, die sich in der Teilung Deutschlands am deutlichsten und grausamsten offenbaren.«

Wenn das unsere gemeinsame Grundlage ist, dann können Sie, wie ich hoffe, auch dem Folgenden zustimmen: Der Weg zur deutschen Einheit, das wissen wir alle, ist nicht vom grünen Tisch oder mit einem

Beitrag zur zweiten Beratung des Bundeshaushaltsplans für das Haushaltsjahr 1990. Deutscher Bundestag. Plenarprotokoll 11/177, 28. November 1989.

Terminkalender in der Hand zu planen. Abstrakte Modelle kann man vielleicht polemisch verwenden, aber sie helfen nicht weiter. Aber wir können, wenn wir nur wollen, schon heute jene Etappen vorbereiten, die zu diesem Ziel hinführen.

(Dr. Vogel [SPD]: Sehr gut!)

Ich möchte diese Ziele anhand eines Zehn-Punkte-Programms erläutern.

Erstens: Zunächst sind Sofortmaßnahmen erforderlich, die sich aus den Ereignissen der letzten Wochen ergeben, insbesondere durch die Fluchtbewegung und die neue Dimension des Reiseverkehrs. Die Bundesregierung ist zu sofortiger konkreter Hilfe dort bereit, wo diese Hilfe jetzt benötigt wird. Wir werden im humanitären Bereich und auch bei der medizinischen Versorgung helfen, soweit dies gewünscht wird und auch nützlich ist. Wir wissen auch, daß das Begrüßungsgeld, das wir für jeden Besucher aus der DDR einmal jährlich zahlen, keine Lösung für die Finanzierung von Reisen sein kann. Letztlich muß die DDR selbst ihre Reisenden mit den nötigen Devisen ausstatten.

Wir sind aber bereit, für eine Übergangszeit einen Beitrag zu einem Devisenfonds zu leisten. Voraussetzung dafür ist allerdings, daß der Mindestumtausch bei Reisen in die DDR entfällt, Einreisen dorthin erheblich erleichtert werden und die DDR einen eigenen substantiellen Beitrag zu einem solchen Fonds leistet.

(Beifall bei der CDU/CSU, der FDP und der SPD – Frau Dr. Vollmer [GRÜNE]: Und wieviel zahlen Sie?)

Unser Ziel ist und bleibt ein möglichst ungehinderter Reiseverkehr in beide Richtungen.

(Beifall bei der CDU/CSU, der FDP und der SPD)

Zweitens: Die Bundesregierung wird, wie bisher, die Zusammenarbeit mit der DDR in allen Bereichen fortsetzen, die den Menschen auf beiden Seiten unmittelbar zugute kommt. Das gilt insbesondere für die wirtschaftliche, wissenschaftlich-technologische und kulturelle Zusammenarbeit. Besonders wichtig ist eine Intensivierung der Zusammenarbeit im Bereich des Umweltschutzes. Hier kann schon in aller Kürze, wie immer sonst die Entwicklung sein mag, über neue Projekte entschieden werden.

(Beifall bei der CDU/CSU, der FDP und der SPD)

Das gleiche gilt – der Bundespostminister hat die entsprechenden Gespräche eingeleitet – für einen möglichst baldigen umfassenden Ausbau der Fernsprechverbindungen mit der DDR und des Telefonnetzes der DDR.

(Beifall bei der CDU/CSU, der FDP und der SPD)

Über den Ausbau der Eisenbahnstrecke Hannover–Berlin wird weiter verhandelt. Ich bin allerdings der Auffassung, daß dies zu wenig ist und daß wir angesichts der jetzt eingetretenen Entwicklung

(Zuruf von der SPD)

uns einmal sehr grundsätzlich über die Verkehrs- und Eisenbahnlinien in der DDR und in der Bundesrepublik Deutschland unterhalten müssen.

(Lebhafter Beifall bei der CDU/CSU, der FDP und der SPD sowie der Abg. Frau Garbe [GRÜNE])

Vierzig Jahre Trennung bedeuten ja auch, daß sich die Verkehrswege zum Teil erheblich auseinanderentwickelt haben. Das gilt nicht nur für die Grenzübergänge, sondern beispielsweise auch für die traditionelle Linienführung der Verkehrswege in Mitteleuropa, für die Ost-West-Verbindungen. Es ist nicht einzusehen, weshalb die klassische Route Moskau–Warschau–Berlin-Paris, die ja immer über Köln führte und zu allen Zeiten große Bedeutung hatte, im Zeitalter schneller Züge und am Vorabend des Ausbaus eines entsprechenden europäischen Verkehrswesens nicht mehr eingebracht werden sollte.

(Beifall bei der CDU/CSU, der FDP und der SPD)

Drittens: Ich habe angeboten, unsere Hilfe und unsere Zusammenarbeit umfassend auszuweiten, wenn ein grundlegender Wandel des politischen und wirtschaftlichen Systems in der DDR verbindlich beschlossen und unumkehrbar in Gang gesetzt wird. »Unumkehrbar« heißt für uns und vor allem für mich, daß sich die DDR-Staatsführung mit den Oppositionsgruppen auf eine Verfassungsänderung und auf ein neues Wahlgesetz verständigt.

Wir unterstützen die Forderung nach freien, gleichen und geheimen Wahlen in der DDR unter Beteiligung unabhängiger, das heißt selbstverständlich auch nichtsozialistischer, Parteien. Das Machtmonopol der SED muß aufgehoben werden.

(Beifall bei der CDU/CSU, der FDP und der SPD sowie der Abg. Frau Garbe [GRÜNE])

Die geforderte Einführung rechtsstaatlicher Verhältnisse bedeutet vor allem die Abschaffung des politischen Strafrechts und als Konsequenz die sofortige Freilassung aller politischen Gefangenen.

(Beifall bei der CDU/CSU und der FDP sowie der Abg. Frau Garbe [GRÜNE] und der Abg. Frau Eid [GRÜNE] – Frau Oesterle-Schwerin [GRÜNE]: In der Türkei sind Sie nicht so pingelig!)

Wirtschaftliche Hilfe kann nur dann wirksam werden, wenn grundlegende Reformen des Wirtschaftssystems erfolgen. Dies zeigen die Erfahrungen mit allen RGW-Staaten; mit Belehrungen von unserer Seite hat das nichts zu tun. Die bürokratische Planwirtschaft muß abgebaut werden.

Wir wollen nicht unhaltbar gewordene Zustände stabilisieren. Wir wissen: Wirtschaftlichen Aufschwung kann es nur geben, wenn sich die DDR für westliche Investitionen öffnet, wenn sie marktwirtschaftliche Bedingungen schafft und privatwirtschaftliche Betätigungen ermöglicht. Wer in diesem Zusammenhang den Vorwurf der Bevormundung erhebt, den verstehe ich nicht.

(Dr. Rose [CDU/CSU]: So ist es!)

In Ungarn und in Polen gibt es jeden Tag Beispiele dafür, an denen sich doch die DDR – ebenfalls Mitgliedstaat des RGW – ohne weiteres orientieren kann.

(Beifall bei der CDU/CSU und der FDP sowie des Abg. Stahl [Kempen] [SPD])

Unser dringender Wunsch ist es, daß es möglichst rasch zu einer solchen Gesetzgebung kommt. Denn es wäre für uns ein wenig erfreulicher Zustand, wenn Privatkapital aus der Bundesrepublik Deutschland in Polen und noch mehr in Ungarn investiert würde und mitten in Deutschland diese Investitionen ausbleiben. Wir wollen, daß möglichst viele derartige Investitionen von möglichst zahlreichen Unternehmen getätigt werden.

(Beifall bei der CDU/CSU und der FDP)

Ich will es noch einmal klar unterstreichen: Dies sind keine Vorbedingungen, sondern das ist schlicht und einfach die sachliche Voraussetzung, damit Hilfe überhaupt greifen kann.

(Beifall bei der CDU/CSU, der FDP und bei Abgeordneten der SPD)

Im übrigen kann kein Zweifel daran bestehen, daß dies auch die Menschen in der DDR wollen. Sie wollen wirtschaftliche Freiheit, und sie wollen damit die Früchte ihrer Arbeit endlich ernten und mehr Wohlstand gewinnen.

(Beifall bei der CDU/CSU und der FDP)

[. . .]

Viertens: Ministerpräsident Modrow hat in seiner Regierungserklärung von einer Vertragsgemeinschaft gesprochen. Wir sind bereit, diesen Gedanken aufzugreifen. Denn die Nähe und der besondere Charakter der Beziehungen zwischen den beiden Staaten in Deutschland erfordern ein immer dichteres Netz von Vereinbarungen in allen Bereichen und auf allen Ebenen.

Diese Zusammenarbeit wird zunehmend auch gemeinsame Institutionen erfordern. Bereits bestehende Kommissionen könnten neue Aufgaben erhalten, weitere könnten gebildet werden. Ich denke dabei insbesondere an die Bereiche Wirtschaft, Verkehr, Umweltschutz, Wissenschaft und Technik, Gesundheit und Kultur. Ich brauche nicht zu betonen, daß bei all dem, was jetzt zu geschehen hat, für uns Berlin voll einbezogen bleiben muß. Das war, ist und bleibt unsere Politik.

(Beifall bei der CDU/CSU, der FDP und der SPD)

Fünftens: Wir sind aber auch bereit, noch einen entscheidenden Schritt weiterzugehen, nämlich konföderative Strukturen zwischen beiden Staaten in Deutschland zu entwickeln mit dem Ziel, eine Föderation, d.h. eine bundesstaatliche Ordnung, in Deutschland zu schaffen. Das setzt aber eine demokratisch legitimierte Regierung in der DDR zwingend voraus. Dabei könnten wir uns schon bald nach freien Wahlen folgende Institutionen vorstellen: einen gemeinsamen Regierungsausschuß zur ständigen Konsultation und politischen Abstimmung, gemeinsame Fachausschüsse, ein gemeinsames parlamentarisches Gremium – und manches andere mehr, angesichts einer völlig neuen Entwicklung.

Die bisherige Politik gegenüber der DDR mußte sich angesichts der Verhältnisse im wesentlichen auf kleine Schritte beschränken, mit denen wir vor allem versuchten, die Folgen der Teilung für die Menschen zu mildern und das Bewußtsein für die Einheit der Nation wachzuhalten und zu schärfen. Wenn uns künftig eine demokratisch legitimierte, d.h. frei gewählte Regierung als Partner gegenübersteht, eröffnen sich völlig neue Perspektiven. Stufenweise können neue Formen institutioneller Zusammenarbeit entstehen und ausgeweitet werden.

Ein solches Zusammenwachsen liegt in der Kontinuität der deutschen Geschichte. Staatliche Organisation in Deutschland hieß in unserer Geschichte fast immer auch Konföderation und Föderation. Wir können doch auf diese historischen Erfahrungen zurückgreifen.

(Beifall bei der CDU/CSU, der FDP und der SPD)

Wie ein wiedervereinigtes Deutschland schließlich aussehen wird, das weiß heute niemand. Daß aber die Einheit kommen wird, wenn die Menschen in Deutschland sie wollen, dessen bin ich sicher.

(Lebhafter Beifall bei der CDU/CSU und der FDP – Beifall bei der SPD)

Sechstens: Die Entwicklung der innerdeutschen Beziehungen bleibt eingebettet in den gesamteuropäischen Prozeß, d. h. immer auch in die West-Ost-Beziehungen. Die künftige Architektur Deutschlands muß sich einfügen in die künftige Architektur Gesamteuropas. Hierfür hat der Westen mit seinem Konzept der dauerhaften und gerechten europäischen Friedensordnung Schrittmacherdienste geleistet.

Generalsekretär Gorbatschow und ich sprechen in der Gemeinsamen Erklärung vom Juni dieses Jahres, die ich bereits zitiert habe, von den Bauelementen eines »gemeinsamen europäischen Hauses«. Ich nenne beispielhaft dafür die uneingeschränkte Achtung der Integrität und der Sicherheit jedes Staates. Jeder Staat hat das Recht, das eigene politische und soziale System frei zu wählen. Ich nenne die uneingeschränkte Achtung der Grundsätze und Normen des Völkerrechts, insbesondere Achtung des Selbstbestimmungsrechts der Völker. Ich nenne die Verwirklichung der Menschenrechte. Ich nenne die Achtung und Pflege der geschichtlich gewachsenen Kulturen der Völker Europas. Mit alledem wollen wir an die geschichtlich gewachsenen europäischen Traditionen anknüpfen und zur Überwindung der Trennung Europas beitragen.

Siebtens: Die Anziehungs- und Ausstrahlungskraft der Europäischen Gemeinschaft ist und bleibt eine entscheidende Konstante der gesamteuropäischen Entwicklung. Wir wollen und müssen sie weiter stärken. Die Europäische Gemeinschaft ist jetzt gefordert, mit Offenheit und Flexibilität auf die reformorientierten Staaten Mittel-, Ost- und Südosteuropas zuzugehen. Dies haben die Staats- und Regierungschefs der EG-Mitgliedstaaten kürzlich bei ihrem Treffen in Paris ja auch so festgestellt.

Hierbei ist die DDR selbstverständlich eingeschlossen. Die Bundesregierung befürwortet deshalb den baldigen Abschluß eines Handels- und Kooperationsabkommens mit der DDR, das den Zugang der DDR zum Gemeinsamen Markt erweitert, auch was die Perspektive 1992 betrifft. Wir können uns für die Zukunft sehr wohl bestimmte Formen der Assoziierung vorstellen, die die Volkswirtschaften der reformorientierten Staaten Mittel- und Südosteuropas an die EG heranführen und damit das wirtschaftliche und soziale Gefälle auf unserem Kontinent abbauen helfen. Das ist eine der ganz wichtigen Fragen, wenn das Europa von morgen ein gemeinsames Europa sein soll.

(Beifall bei der CDU/CSU, der FDP und der SPD)

Den Prozeß der Wiedergewinnung der deutschen Einheit verstehen wir immer auch als europäisches Anliegen. Er muß deshalb auch im Zusammenhang mit der europäischen Integration gesehen werden. Ich will es ganz einfach so formulieren: Die EG darf nicht an der Elbe enden, sondern muß die Offenheit auch nach Osten wahren.

(Beifall bei der CDU/CSU, der FDP und der SPD – Dr. Vogel [SPD]: Sehr gut!)

Nur in diesem Sinne – wir haben das Europa der Zwölf immer nur als einen Teil und nicht als das Ganze verstanden – kann die Europäische Gemeinschaft Grundlage einer wirklich umfassenden europäischen Einigung werden. Nur in diesem Sinne wahrt, behauptet und entwickelt sie die Identität aller Europäer. Diese Identität ist nicht nur an der kulturellen Vielfalt Europas, sondern auch und vor allem in den Grundwerten von Freiheit, Demokratie, Menschenrechten und Selbstbestimmung begründet.

(Frau Dr. Vollmer [GRÜNE]: Was wird aus den anderen Teilen der Welt? – Unruhe)

Soweit die Staaten Mittel- und Südosteuropas die erforderlichen Voraussetzungen erfüllen, würden wir es auch begrüßen, wenn sie dem Europarat und insbesondere auch der Konvention zum Schutze der Menschenrechte und Grundfreiheiten beiträten.

(Beifall bei der CDU/CSU, der FDP und der SPD)

Achtens: Der KSZE-Prozeß ist ein Herzstück dieser gesamteuropäischen Architektur. Wir wollen ihn vorantreiben und die bevorstehenden Foren nutzen: die Menschenrechtskonferenzen in Kopenhagen 1990 und in Moskau 1991, die Konferenz über wirtschaftliche

Zusammenarbeit in Bonn 1990, das Symposion über das kulturelle Erbe in Krakau 1991 und nicht zuletzt das nächste Folgetreffen in Helsinki. Dort sollten wir auch über neue institutionelle Formen der gesamteuropäischen Zusammenarbeit nachdenken. Wir könnten uns eine gemeinsame Institution zur Koordinierung der West-Ost-Wirtschaftszusammenarbeit sowie die Einrichtung eines gesamteuropäischen Umweltrates sehr gut vorstellen.

(Beifall bei der CDU/CSU, der SPD und der FDP)

Neuntens: Die Überwindung der Trennung Europas und der Teilung Deutschlands erfordert weitreichende und zügige Schritte in der Abrüstung und Rüstungskontrolle. Abrüstung und Rüstungskontrolle müssen mit der politischen Entwicklung Schritt halten und, wenn notwendig, beschleunigt werden. Dies gilt im besonderen für die Wiener Verhandlungen über den Abbau konventioneller Streitkräfte in Europa und für die Vereinbarung vertrauensbildender Maßnahmen ebenso wie für das weltweite Verbot chemischer Waffen, das, wie ich hoffe, 1990 kommen wird.

(Beifall bei der CDU/CSU und der FDP sowie bei Abgeordneten der SPD)

Dies erfordert auch, daß auch die Nuklearpotentiale der Großmächte auf das strategisch erforderliche Minimum reduziert werden können.

Das bevorstehende Treffen zwischen Präsident Bush und Generalsekretär Gorbatschow bietet eine gute Gelegenheit, den jetzt laufenden Verhandlungsrunden neue Schubkraft zu geben. Wir bemühen uns – auch in zweiseitigen Gesprächen mit den Staaten des Warschauer Pakts einschließlich der DDR –, diesen Prozeß zu unterstützen.

Zehntens: Mit dieser umfassenden Politik wirken wir auf einen Zustand des Friedens in Europa hin, in dem das deutsche Volk in freier Selbstbestimmung seine Einheit wiedererlangen kann. Die Wiedervereinigung, d. h. die Wiedergewinnung der staatlichen Einheit Deutschlands, bleibt das politische Ziel der Bundesregierung.

(Lebhafter Beifall bei der CDU/CSU und der FDP – Beifall bei Abgeordneten der SPD)

Wir sind dankbar, daß wir in der Erklärung des Brüsseler NATO-Gipfels vom Mai dieses Jahres dafür erneut die Unterstützung unserer Freunde und Partner gefunden haben.

Wir sind uns bewußt, daß sich auf dem Weg zur deutschen Einheit viele schwierige Fragen stellen, auf die korrekterweise heute niemand eine abschließende Antwort geben kann.

(Zuruf von den GRÜNEN)

Dazu gehört vor allem auch die ebenso schwierige wie entscheidende Frage übergreifender Sicherheitsstrukturen in Europa.

Die Verknüpfung der deutschen Frage mit der gesamteuropäischen Entwicklung und den West-Ost-Beziehungen ermöglicht eine organische Entwicklung, die den Interessen aller Beteiligten Rechnung trägt und – dies ist unser Ziel – einer friedlichen und freiheitlichen Entwicklung in Europa den Weg bahnt. Nur miteinander und in einem Klima des wechselseitigen Vertrauens können wir die Teilung Europas, die immer auch die Teilung Deutschlands ist, friedlich überwinden.

Das heißt, wir brauchen auf allen Seiten Besonnenheit, Vernunft und Augenmaß, damit die jetzt begonnene – so hoffnungsvolle – Entwicklung stetig und friedlich weiterverläuft. Was diesen Prozeß stören könnte, sind nicht Reformen, sondern deren Verweigerung. Nicht Freiheit schafft Instabilität, sondern deren Unterdrückung.

(Lebhafter Beifall bei der CDU/CSU und der FDP – Beifall bei Abgeordneten der SPD)

Jeder gelungene Reformschritt bedeutet für ganz Europa ein Mehr an Stabilität und einen Zugewinn an Freiheit und Sicherheit.

In wenigen Wochen beginnt das letzte Jahrzehnt dieses Jahrhunderts, ein Jahrhundert, das so viel Elend, Blut und Leid sah. Es gibt heute viele hoffnungsvolle Zeichen dafür, daß die 90er Jahre die Chancen für mehr Frieden und mehr Freiheit in Europa und in Deutschland in sich tragen. Es kommt dabei entscheidend auch auf unseren, den deutschen Beitrag an. Wir alle sollten uns dieser Herausforderung der Geschichte stellen.

(Anhaltender lebhafter Beifall bei der CDU/CSU und der FDP, Beifall bei der SPD – Die Abgeordneten der CDU/CSU erheben sich)

14 »Mein Ziel bleibt die Einheit unserer Nation«

Meine sehr verehrten Damen und Herren, meine lieben jungen Freunde, liebe Landsleute!

Zunächst darf ich mich bei Ihnen allen sehr herzlich bedanken für dieses freundliche und freundschaftliche Willkommen.

Meine lieben Freunde, es sind viele Hunderte Journalisten aus ganz Europa zu uns gekommen, und ich finde, wir sollten ihnen gemeinsam demonstrieren, wie wir mitten in Deutschland eine friedliche Kundgebung durchführen können.

Deshalb meine ganz herzliche Bitte, daß wir - bei aller Begeisterung - uns jetzt gemeinsam auf diese wenigen Minuten unserer Begegnung konzentrieren.

Das erste, was ich Ihnen allen zurufen will, ist ein herzlicher Gruß all Ihrer Mitbürgerinnen und Mitbürger aus der Bundesrepublik Deutschland. Das zweite, was ich sagen möchte, ist ein Wort der Anerkennung und der Bewunderung für diese friedliche Revolution in der DDR. Wir erleben, daß eine solche Umwälzung sich zum erstenmal in der deutschen Geschichte so gewaltlos, mit so großem Ernst und im Geist der Solidarität vollzieht. Dafür danke ich Ihnen allen sehr herzlich.

Es ist eine Demonstration für Demokratie, für Frieden, für Freiheit und für die Selbstbestimmung unseres Volkes. Und, liebe Freunde, Selbstbestimmung heißt für uns - auch in der Bundesrepublik -, daß wir Ihre Meinung respektieren. Wir wollen und werden niemanden bevormunden. Wir respektieren das, was Sie entscheiden für die Zukunft des Landes.

Liebe Freunde, ich bin heute hierhergekommen zu den Gesprächen mit Ihrem Ministerpräsidenten, Hans Modrow, um in dieser schwierigen Lage der DDR zu helfen. Wir lassen unsere Landsleute in der DDR nicht im Stich.

Rede auf einer Kundgebung am 19. Dezember 1989 vor der Frauenkirche in Dresden. Bulletin des Presse- und Informationsamts der Bundesregierung Nr. 50 (22. Dezember 1989).

Wir wissen – und lassen Sie mich das auch hier, angesichts dieser Begeisterung, die mich so erfreut, sagen –, wie schwierig dieser Weg in die Zukunft ist. Aber ich rufe Ihnen auch zu: Gemeinsam werden wir diesen Weg in die deutsche Zukunft schaffen!

Es war dies heute meine erste Begegnung mit Ministerpräsident Hans Modrow. Wir beide sind uns bewußt, daß wir in einer geschichtlichen Stunde – ungeachtet unserer unterschiedlichen politischen Herkunft – versuchen müssen, für unser Volk unsere Pflicht zu tun. Es war ein erstes Gespräch, es war auch ein ernstes Gespräch, und es hatte gute Ergebnisse. Wir haben verabredet, daß in den nächsten Wochen intensiv daran gearbeitet wird, daß wir noch im Frühjahr einen Vertrag über die Vertragsgemeinschaft zwischen der Bundesrepublik Deutschland und der DDR abschließen können.

Liebe Freunde, wir wollen eine enge Zusammenarbeit auf allen Gebieten: auf dem Felde der Wirtschaft, des Verkehrs, zum Schutze der Umwelt, auf dem Gebiet der Sozialpolitik und der Kultur. Wir wollen vor allem auf dem Felde der Wirtschaft eine möglichst enge Zusammenarbeit mit dem klaren Ziel, daß die Lebensverhältnisse hier in der DDR so schnell wie möglich verbessert werden. Wir wollen, daß die Menschen sich hier wohl fühlen. Wir wollen, daß sie in ihrer Heimat bleiben und hier ihr Glück finden können.

Entscheidend für die Zukunft ist, daß die Menschen in Deutschland zueinanderkommen können, daß der freie Reiseverkehr in beiden Richtungen dauerhaft garantiert ist. Wir wollen, daß sich die Menschen in Deutschland überall, wo sie dies wollen, treffen können. Liebe Freunde, Sie werden im kommenden Jahr freie Wahlen haben. Sie werden frei entscheiden, wer mit Ihrem Vertrauen versehen im Parlament sitzt. Sie werden eine frei gewählte Regierung haben. Und dann ist der Zeitpunkt gekommen für das, was ich »konförderative Strukturen« genannt habe – das heißt: gemeinsame Regierungsausschüsse, gemeinsame Parlamentsausschüsse –, damit wir mit möglichst viel Gemeinsamkeit in Deutschland leben können.

Und auch das lassen Sie mich hier auf diesem traditionsreichen Platz sagen: Mein Ziel bleibt – wenn die geschichtliche Stunde es zuläßt – die Einheit unserer Nation. Liebe Freunde, ich weiß, daß wir dieses Ziel erreichen können und daß diese Stunde kommt, wenn wir gemeinsam dafür arbeiten – und wenn wir es mit Vernunft und mit

Auf einer Großkundgebung vor der Frauenkirche in Dresden gibt Bundeskanzler Dr. Helmut Kohl bekannt, daß staatliche Verhandlungen aufgenommen wurden, die deutsch-deutsche Teilung zu überwinden und die Einheit der Nation wiederherzustellen.

Augenmaß tun, mit Sinn für das Mögliche. Es ist ein schwieriger Weg, aber es ist ein guter Weg; es geht um unsere gemeinsame Zukunft.

Ich weiß auch, daß dies nicht von heute auf morgen zu erreichen ist. Wir, die Deutschen, leben nun einmal nicht allein in Europa und in der Welt. Ein Blick auf die Landkarte zeigt, daß alles, was sich hier bei uns verändert, Auswirkungen auf unsere Nachbarn haben muß, auf die Nachbarn im Osten und auf die Nachbarn im Westen. Es hat keinen Sinn, nicht zur Kenntnis zu nehmen, daß uns auf unserem Weg viele mit Sorge und manche auch mit Ängsten beobachten. Aus Ängsten aber kann nichts Gutes erwachsen. Wir müssen als Deutsche unseren Nachbarn sagen: Angesichts der Geschichte dieses Jahrhunderts haben wir Verständnis für manche dieser Ängste. Wir werden sie ernst nehmen. Natürlich wollen wir unsere Interessen als Deutsche vertreten. Wir sagen »ja« zum Selbstbestimmungsrecht, das allen Völkern dieser Erde zusteht - auch den Deutschen. Aber wenn wir dieses Selbstbestimmungsrecht für die Deutschen verwirklichen wollen, dann dürfen wir auch die Sicherheitsbedürfnisse der anderen nicht außer acht lassen. Wir wollen eine Welt, in der es mehr Frieden und mehr

Freiheit gibt, die mehr Miteinander und nicht mehr Gegeneinander kennt.

Das »Haus Deutschland« - unser gemeinsames Haus - muß unter einem europäischen Dach gebaut werden. Das muß Ziel unserer Politik sein.

Liebe Freunde, in wenigen Tagen, am 1. Januar 1990, beginnen die neunziger Jahre, beginnt das letzte Jahrzehnt dieses Jahrhunderts. Es ist ein Jahrhundert, das vor allem in Europa und auch bei uns in Deutschland viel Not, viel Elend, viele Tote, viel Leid gesehen hat - ein Jahrhundert, das auch uns Deutschen eine besondere Verantwortung auferlegt hat - angesichts des Schlimmen, das geschah.

Hier vor der Ruine der Frauenkirche in Dresden, am Mahnmal für die Toten von Dresden, habe ich gerade ein Blumengebinde niedergelegt - auch in der Erinnerung an das Leid und an die Toten dieser wunderschönen alten deutschen Stadt.

Ich war 1945 - und das sage ich zu den jungen Menschen hier auf dem Platz - 15 Jahre alt, ein Schüler, ein Kind. Ich hatte dann die Chance, »drüben«, in meiner pfälzischen Heimat, groß zu werden, und ich gehöre zu jener jungen Generation, die nach dem Krieg geschworen hat - wie hier auch -: »Nie wieder Krieg, nie wieder Gewalt!« Ich möchte hier vor Ihnen diesen Schwur erweitern, indem ich Ihnen zurufe: Von deutschem Boden muß in Zukunft immer Frieden ausgehen - das ist das Ziel unserer Gemeinsamkeit!

Aber wahrer Friede ist ohne Freiheit nicht möglich. Deswegen kämpfen Sie, demonstrieren Sie für die Freiheit in der DDR, deswegen unterstützen wir Sie, und deswegen gehört Ihnen unsere Solidarität.

Es sind noch wenige Tage, die uns vom Weihnachtsfest - dem Fest des Friedens - trennen. Weihnachten, das ist das Fest der Familie, der Freunde. Gerade in diesen Tagen empfinden wir uns in Deutschland wieder als eine deutsche Familie. Wir alle haben das empfunden in diesen Wochen und Tagen.

Ich erinnere uns an alle die bewegenden Bilder mitten in Deutschland im September, im Oktober, im November - an jene Bilder vor allem, die zeigten, wie sich Freunde und Verwandte wiedergetroffen haben, über vierzig Jahre haben wir darauf gewartet. Wir sind dankbar, daß wir das jetzt erleben dürfen.

Das alles ist nicht von allein gekommen. Viele haben dabei mitgeholfen, nicht zuletzt die Bürger auf den Straßen und Plätzen der DDR. Aber auch draußen in der Welt haben viele geholfen. Und so nenne ich hier aus gutem Grund die Politik der Perestroika von Michail Gorbatschow, die diese Möglichkeiten mitgeschaffen hat, die Freiheitsbewegung der Solidarnosc in Polen, die Reformer in Ungarn.

Liebe Freunde, wir sind dafür dankbar. Jetzt kommt es darauf an, daß wir diesen Weg in der Zeit, die vor uns liegt, friedlich, mit Geduld, mit Augenmaß und gemeinsam mit unseren Nachbarn weitergehen. Für dieses Ziel lassen sie uns gemeinsam arbeiten, lassen sie uns einander in solidarischer Gesinnung helfen.

Ich grüße hier von Dresden aus alle unsere Landsleute in der DDR und in der Bundesrepublik Deutschland. Ich wünsche Ihnen und uns allen ein friedvolles Weihnachtsfest, ein glückliches Jahr 1990.

Gott segne unser deutsches Vaterland!

15 Eine der glücklichsten Stunden in der deutschen Nachkriegsgeschichte

Liebe Berlinerinnen und Berliner, liebe Landsleute!

Herr Ministerpräsident, es sind erst wenige Tage her, seit wir uns in Dresden getroffen haben. Es war eine erste, es war eine wichtige Begegnung. Wir hatten ein ernstes Gespräch, aber es war auch ein gutes Gespräch, und wir haben Verabredungen getroffen, die den Menschen in Deutschland helfen sollen. Und deswegen stehen wir ja auch heute hier mitten in Berlin, unserer alten Hauptstadt, und grüßen von diesem Platz alle Deutschen in der DDR und in der Bundesrepublik Deutschland.

Herr Ministerpräsident, wir haben verabredet, in einer dichten Folge von Gesprächen das zu tun, was die geschichtliche Stunde jetzt möglich macht: Verbesserungen, die den Menschen in beiden Teilen Deutschlands zugute kommen sollen. Gerade hier vor dem Brandenburger Tor möchte ich unseren Freunden, unseren Partnern und Nachbarn in Ost und West zurufen: Von diesem Platz aus geht die Botschaft aus der DDR und aus der Bundesrepublik Deutschland: Wir wollen Frieden, wir wollen Freiheit, wir wollen unseren Beitrag zum Frieden in Europa und in der Welt leisten.

Dies ist eine bewegende Stunde. Viele von uns, auch ich, haben in den zurückliegenden Jahrzehnten oft vor dem Brandenburger Tor gestanden. Und oft haben wir darüber gesprochen, diskutiert und nachgedacht: Werden wir es erleben, daß wir wieder gemeinsam durch dieses Tor schreiten können? Für mich ist das eine der glücklichsten Stunden meines Lebens, weil ich als Deutscher spüre, daß ich hier in Berlin mitten in Deutschland bin, daß wir hier zu Hause sind und daß wir alles tun wollen, um die Gemeinsamkeit der Deutschen zu pflegen.

Auf diesem Weg müssen wir noch viel tun. Wir brauchen die

Ansprache anläßlich der Öffnung des Brandenburger Tors am 22. Dezember 1989. Als Manuskript nach Hörfunkübertragung gedruckt.

Mit der Öffnung des Brandenburger Tors am 22. Dezember 1989 geht die Hoffnung der Deutschen auf die Wiederherstellung der nationalen Einheit in Erfüllung.

Unterstützung, die Sympathie und die Zustimmung auch unserer Nachbarn. Wir haben in vierzig Jahren vieles erlebt, wo wir uns auseinandergelebt haben. Das wollen wir jetzt in gemeinsamer Solidarität verändern; wir wollen aufeinander zugehen - so, wie es eben hier symbolisch geschehen ist, als der Ministerpräsident und ich uns die Hand reichten am Brandenburger Tor.

Liebe Freunde, ich möchte Ihnen ganz einfach zurufen: Haben wir jetzt die Geduld und das Augenmaß, mit den Schritten, die notwendig sind, in eine gemeinsame Zukunft zu gehen. Dann werden wir eine solche Zukunft gewinnen. Es kommt auf uns an. Es kommt vor allem auf die vielen jungen Leute an, die hier auf dem Platz stehen, die wieder eine Zukunft haben, die Zutrauen haben dürfen zu ihrer eigenen Zukunft, weil sie auch hier in Berlin ihr Glück für ihr Leben finden können.

Ich grüße Sie alle sehr, sehr herzlich. Ich wünsche Ihnen und uns ein gesegnetes Weihnachtsfest und ein Neues Jahr 1990, in dem die Menschen auch durch das Brandenburger Tor zueinander kommen können.

16 Der Standort Deutschlands in einem künftigen Europa

[. . .] Die deutsche Frage steht unübersehbar auf der Tagesordnung der europäischen und internationalen Politik. Und es sind nicht in erster Linie die Politiker und Diplomaten, die dies bewirkt haben, sondern die Menschen, die in Leipzig, Berlin und Dresden auf die Straße gegangen sind.

Daß die deutsche Frage nicht erledigt war, konnte nie zweifelhaft sein. Denn die Teilung Deutschlands - wie die Teilung Europas - war von außen aufgezwungen und konnte nicht das letzte Wort der Geschichte sein. Mit dem Abbau der Ost-West-Konfrontation und dem demokratischen Aufbruch in den Ländern Mittel-, Ost- und Südosteuropas tut sich jetzt erstmals die realistische Chance auf, beides - die Teilung Europas und die Teilung Deutschlands - friedlich zu überwinden.

Diese Aufgabe - und daran möchte ich keinen Zweifel lassen - werden wir nur *gemeinsam* bewältigen können. Ein nationaler Alleingang zur Lösung der deutschen Frage wäre vermessen und zum Scheitern verurteilt. Ebenso verhängnisvoll wäre es, wenn auf dem schwierigen Weg, den wir vor uns haben, an die Stelle von Vertrauen Mißtrauen und in die gegenseitigen Absichten Zweifel treten würden.

Wir Deutschen wollen diesen Weg vor allem auch zusammen mit Frankreich gehen, mit dem uns eine enge und kostbare Freundschaft verbindet. Dabei bin ich mir durchaus bewußt, daß die jetzt in Gang gekommene Entwicklung bei Ihnen in Frankreich - wie bei anderen europäischen Nachbarn - auch besorgte Fragen aufwirft. Und es ist sicher nicht nur das Tempo, das manchem bedenklich scheint. Im Hintergrund steht auch - und da sollten wir offen und ehrlich miteinander sein - die Erinnerung an die Geschichte.

Rede vom 17. Januar 1990 auf einer Konferenz des »Bureau International de Liaison et de Documentation« und des »Institut Français des Relations Internationales« im »Centre de Conferences Internationales« in Paris.
Bulletin des Presse- und Informationsamts der Bundesregierung Nr. 9 (19. Januar 1990).

Wir Deutschen können und wollen diese Last der Geschichte nicht einfach abtun. Aber niemand sollte zugleich außer acht lassen, daß das demokratische und freiheitliche Deutschland in über 40 Jahren den Beweis erbracht hat, daß die Deutschen aus der Vergangenheit gelernt haben. Die Bundesrepublik Deutschland ist heute untrennbar mit dem freien und demokratischen Europa verschmolzen, und es wird auch künftig nicht darum gehen, nationalstaatliche Strukturen des 19. Jahrhunderts zu restaurieren.

Die »deutsche Herausforderung«, die eine große Pariser Tageszeitung kürzlich beschwor, ist in Wirklichkeit eine europäische Herausforderung. Dieser Herausforderung sollten wir uns als Europäer gemeinsam stellen. Es liegt in unserer gemeinsamen europäischen Verantwortung, mit Weitblick und Beharrlichkeit an die Lösung der vor uns liegenden Aufgaben heranzugehen.

Ohne Zweifel stehen wir heute an einem Einschnitt der europäischen Nachkriegsgeschichte. 1989 wurde zum Jahr der großen Umwälzungen - 200 Jahre nach der Französischen Revolution, deren Verkündigung der Menschen- und Bürgerrechte nichts von ihrer geschichtlichen Kraft eingebüßt hat.

Ungarn und Polen gingen auf dem Weg zu Freiheit und Demokratie voran. Dann sprang der Funke auf die DDR über, wo die erste friedliche Revolution auf deutschem Boden in Gang gekommen ist. Niemand von uns wird jene Nacht vom 9. und 10. November vergessen, in der die Berliner sich zum ersten Mal nach 28 Jahren in ihrer Stadt frei bewegen konnten und sich vor Freude in den Armen lagen. Die Öffnung des Brandenburger Tors und die Sylvesternacht haben aller Welt gezeigt, daß die Berliner zusammengehören.

Wir Deutschen haben zugleich die Welle der Sympathie und Anteilnahme verspürt, die durch die Welt gegangen ist, als die Menschen in Ost-Berlin und in der DDR Mauer und Stacheldraht überwanden und die Deutschen ein Fest des Wiedersehens feierten.

Binnen weniger Wochen haben auch Tschechen und Slowaken die kommunistische Herrschaft abgeschüttelt. Inzwischen ist in Bulgarien der friedliche Wandel in Gang gekommen. Und schließlich ist es den Rumänen gelungen, die Fesseln zu sprengen, die ihnen der Diktator Ceauşescu angelegt hatte, der vergeblich das Aufbegehren seines geschundenen Volkes mit blutiger Hand zu unterdrücken versuchte. Es war das Volk selbst, das allenthalben das Tor zu Freiheit und Demokratie aufgestoßen hat, nachdem ihnen mutige Frauen und Männer – ich nenne nur den kürzlich verstorbenen Andrej Sacharow, Lech Wałesa und Václav Havel – in jahrelangem Widerstand den Weg gewiesen haben.

Aber dieser Wandel wäre nicht in Gang gekommen und erst recht nicht so weit vorangekommen ohne zwei entscheidende Bedingungen.

Erstens: Die Festigkeit des westlichen Bündnisses in den schweren Bewährungsproben der achtziger Jahre sowie die erfolgreiche Fortentwicklung der wirtschaftlichen und politischen Integration der Europäischen Gemeinschaft.

Beides hat uns in die Lage versetzt, in diese entscheidende Phase des Umbruchs geschlossen und mit einer klaren politischen Orientierung hineinzugehen; zugleich haben die Reformbewegungen in Mittel-, Ost- und Südosteuropa auch dadurch Auftrieb erhalten, daß sich ihnen die Europäische Gemeinschaft als erfolgreiches Modell des freien Zusammenschlusses europäischer Völker präsentierte.

Zweitens: Die Reformpolitik von Generalsekretär Gorbatschow und insbesondere seine Bereitschaft, den Staaten Mittel- und Südosteuropas das Recht auf die Wahl ihres eigenen Weges zuzuerkennen; die Beweggründe hierfür mögen vielschichtig sein; aber in seiner Konsequenz bedeutet dieser weitsichtige und mutige Schritt, daß der ganze europäische Kontinent endlich hoffen kann, Frieden und Stabilität auf der Grundlage von Recht und Freiheit, und nicht länger im Schatten von Gewalt und drohender Einmischung, zu finden. Wenn dies gelingt, wird dies eine der historischen Taten unserer Zeit sein.

Der Umbruch, den wir erleben, ist aber auch das Ergebnis langfristiger Entwicklungen, die wir mit unserer gemeinsamen Politik schon sehr frühzeitig beeinflußt haben. Ich erinnere hier nur an das Harmel-Konzept von 1967, in dem wir dynamisch die Solidarität im Bündnis und die Sicherung seiner Verteidigungsfähigkeit mit dem Angebot zu Dialog und Zusammenarbeit mit den Warschauer-Pakt-Staaten verbunden haben.

Eine bedeutende Rolle hat vor allem der KSZE-Prozeß gespielt, den wir im Sinne unserer Wertvorstellungen nachhaltig mitgestaltet haben. Die Schlußakte von Helsinki, insbesondere der darin enthaltene Verhaltenskodex für die zwischenstaatlichen Beziehungen, sowie die

Verpflichtungen zur Einhaltung von Menschen- und Bürgerrechten und nicht zuletzt die Bekräftigung des Selbstbestimmungsrechts wurden zu einer wichtigen Berufungsgrundlage für die Reformkräfte in Mittel-, Ost- und Südosteuropa.

Zu dem gewachsenen Vertrauen zwischen West und Ost haben schließlich die Fortschritte auf den Feldern von Abrüstung und Rüstungskontrolle entscheidend beigetragen, wobei mit dem Abschluß des INF-Abkommens ein historischer Durchbruch gelang. Die Bundesrepublik Deutschland hat zu diesen Entwicklungen einen aktiven Beitrag geleistet. Sie hat zugleich durch eine breit angelegte Vertragspolitik gegenüber der Sowjetunion und anderen Warschauer-Pakt-Staaten das Fundament für die Entwicklung gedeihlicher bilateraler Beziehungen gelegt.

Nicht zuletzt gilt das auch für unsere »Politik der kleinen Schritte« gegenüber der DDR, die in schwierigen Zeiten den Zusammenhalt der Deutschen gesichert und gestärkt hat. Sie diente allerdings nie der Zementierung des Status quo.

Die Bewegung, die Europa verändert, wird sobald nicht zum Stillstand kommen. Nicht alles, was noch auf uns zukommt, läßt sich heute schon übersehen. Aber eines ist gewiß: Europa wird vielfältiger, auch umfassender. Hierauf gilt es sich einzustellen. Es genügt nicht, wenn wir nur skeptisch abwarten. Nicht nur unsere eigenen Bürger, auch die Menschen im östlichen Teil unseres Kontinents erwarten von uns eine Antwort auf die Frage, wie das Europa der Zukunft aussehen soll.

Lassen Sie mich hierzu drei grundsätzliche Anmerkungen machen:

Erstens: Es gilt zunächst unsere Rolle richtig einzuschätzen. Nicht der Westen entscheidet über Erfolg oder Mißerfolg der Reformprozesse in der Sowjetunion und den anderen Staaten des Warschauer Pakts, sondern hierüber entscheiden in erster Linie die Menschen und die politischen Kräfte in diesen Ländern selbst.

Es ist allerdings zugleich unsere Pflicht, sie auf dem Weg zu Freiheit, Menschenrechten und Selbstbestimmung zu ermutigen und zu unterstützen. Es wäre aber politisch unklug – ja kontraproduktiv –, wenn jemand den Eindruck erwecken würde, als wollten wir diese Reformprozesse vom Westen her steuern oder diese Länder in unsere politische Obhut nehmen. Sie müssen selbst darüber befinden, wie sie ihr künftiges Verhältnis zum freien Europa gestalten wollen. Unklug wäre es auch, wenn man in die Diskussion über die Stellung der einzelnen osteuropäischen Staaten gegenüber der Sowjetunion oder die künftige Gestalt des Warschauer Pakts oder des RGW eingreifen würde.

Zweitens: Wir können aber unseren Beitrag zum Gelingen der Reformpolitik dadurch leisten, daß wir die Rahmenbedingungen, die die bisherigen Veränderungen begünstigt haben, aufrechterhalten und weiter verbessern.

Hierzu gehören die konsequente Fortsetzung des politischen Dialogs zwischen West und Ost – und zwar sowohl im multilateralen Rahmen als auch auf bilateraler Ebene sowie weitere energische Schritte auf dem Gebiet von Abrüstung und Rüstungskontrolle.

Ein Kernproblem für das Gelingen der Reformen wird die allmähliche Überwindung der wirtschaftlichen Krise sein, von der die Länder Mittel-, Ost- und Südosteuropas – wenn auch mit unterschiedlicher Intensität – heimgesucht werden. Wir können zwar nur »Hilfe zur Selbsthilfe« leisten, aber diese sollte eingebettet sein in eine umfassende Strategie wirtschaftlicher, technologischer und finanzieller Zusammenarbeit.

Drittens: Es ist nicht von der Hand zu weisen, daß die Entwicklung im Osten auch die nationalen Identitäten wieder stärker zum Tragen bringt. Darin manifestiert sich auch wiedergewonnene Freiheit, und das sollten wir nicht kritisieren. Aber zugleich gilt, daß das künftige Europa nichts weniger als den Rückfall in die Denk- und Verhaltensmuster von gestern oder vorgestern verträgt. Unsere Antwort hierauf muß sein, daß wir die Europäische Gemeinschaft konsequent und energisch fortentwickeln. Es kann für uns zu keinem Zeitpunkt darum gehen, den Integrationsprozeß der Europäischen Gemeinschaft zu verlangsamen oder gar umzukehren, denn wir würden damit die entscheidende Karte verspielen, die wir haben, um dem sich anbahnenden gesamteuropäischen Prozeß Halt zu verleihen.

Ich habe im Januar 1988 hier in Paris vorgeschlagen, daß Frankreich und die Bundesrepublik Deutschland angesichts der sich damals schon abzeichnenden Veränderungen in Osteuropa darangehen sollten, eine gemeinsame Ostpolitik zu entwickeln. Ich bin nach wie vor der Auffassung, daß eine stärkere Verzahnung unserer Politik in diesem Bereich - bis zur operativen Ebene - helfen kann, die vor uns liegenden Aufgaben besser abzustimmen und umzusetzen.

Frankreich und Deutschland sollten zugleich der Motor für ein noch engeres außenpolitisches Zusammenwirken der EG-Staaten gegenüber Osteuropa sein.

Wir haben auf dem Weltwirtschaftsgipfel im Juli 1989 in Paris einen ersten wichtigen Schritt in diese Richtung getan, indem wir uns auf ein gemeinsames Hilfsprogramm für Polen und Ungarn verständigt haben, an dem auch Partner außerhalb der EG - insbesondere auch die USA, Kanada und Japan - beteiligt sind.

Inzwischen ist ein breitgefächertes Programm der Zusammenarbeit unter Federführung der Europäischen Kommission entwickelt und in Gang gesetzt worden.

Ende vergangenen Jahres haben wir unsere Bereitschaft erklärt, auch die Länder Mittel-, Ost- und Südosteuropas, die sich in den letzten Monaten der Reformbewegung angeschlossen haben, in diese Zusammenarbeit einzuschließen. Eine wichtige Grundlage für die langfristige Entwicklung der Zusammenarbeit sind die Handels- und Kooperationsabkommen zwischen der Europäischen Gemeinschaft und den Reformländern Ungarn und Polen und seit neuestem auch mit der Sowjetunion. Ich begrüße, daß bald auch mit der DDR Verhandlungen über ein solches Abkommen beginnen können.

Wir sollten in der längerfristigen Perspektive aber auch über bestimmte Formen der Assoziierung nachdenken, die die reformorientieren Staaten Mittel- sowie Südosteuropas möglichst nah an die Europäische Gemeinschaft heranführen und die das Ziel haben müssen, das wirtschaftliche und soziale Gefälle mitten in Europa abzubauen. [. . .]

Es ist nicht nur die Größenordnung der vor uns liegenden Aufgaben, die gemeinschaftliches Handeln erforderlich macht. Es ist dies auch ein Gebot politischer Vernunft, denn ein Wettlauf zwischen den einzelnen Mitgliedstaaten der Europäischen Gemeinschaft wäre letztlich den Interessen aller Beteiligten abträglich.

Die auf Initiative von Präsident Mitterrand ins Leben gerufene Europabank hat daher von Anfang an meine Unterstützung gehabt - denn sie ist klarer Ausdruck unseres Willens zu gemeinsamem Handeln. Die Bundesregierung tritt mit großem Nachdruck dafür ein, in den vor uns liegenden Jahren die gemeinschaftliche Politik gegenüber Mittel-, Ost- und Südosteuropa konsequent auszubauen und ihr eine gesamteuropäische Ausrichtung zu geben. Ich möchte ausdrücklich betonen, daß hierzu auch – trotz aller Besonderheit des Falles – der Ausbau der Beziehungen zwischen der Europäischen Gemeinschaft und der DDR gehört. [. . .] Unser gemeinsames Ziel muß sein, daß sich die in Mittel-, Ost- und Südosteuropa eingeleiteten Reformen in stabilen Bahnen entwickeln und zum Erfolg geführt werden können. Indem ich in dieser ausführlichen Form auf die gesamteuropäischen Aufgaben eingegangen bin, habe ich zugleich deutlich machen wollen, daß es in Tat und Wahrheit nicht darum gehen kann, eine hiervon isolierte Deutschlandpolitik zu betreiben.

Das enthebt allerdings die Bundesrepublik Deutschland nicht der Notwendigkeit, ihrer besonderen nationalen Verantwortung, die sie gegenüber den Menschen aus der DDR hat und die ihr auch das Grundgesetz auferlegt, gerecht zu werden. Aus dieser Verantwortung heraus habe ich am 28. November des vergangenen Jahres vor dem Deutschen Bundestag ein deutschlandpolitisches Zehn-Punkte-Programm entwickelt. In der öffentlichen Diskussion hierüber ist mir gelegentlich unterstellt worden, es handele sich hierbei um eine Art Zeitplan, der darauf angelegt sei, die Entwicklung in eine bestimmte Richtung zu forcieren. Eine solche Absicht liegt diesem Programm nicht zugrunde und kann auch nicht herausgelesen werden. Vielmehr habe ich schon bei der Vorlage dieses Programms erklärt, daß der Weg zur deutschen Einheit nicht »vom grünen Tisch« oder mit einem Terminkalender in der Hand geplant werden kann. Ich werde mich also auch hier und heute nicht an einer Diskussion über Jahreszahlen beteiligen. Ich plädiere vielmehr dafür, mit einem möglichst hohen Maß an Flexibilität und Offenheit an die weitere Entwicklung heranzugehen.

Allerdings gilt es zugleich die Vorstellungen und Wünsche der betroffenen Menschen in den Mittelpunkt zu stellen. Wenn wir das nicht tun, »bestraft uns das Leben«, um ein Wort Michail Gorbatschows abzuwandeln.

Wer die zehn Punkte als Ganzes liest, der weiß, daß es mir um einen organischen Prozeß geht, der das Selbstbestimmungsrecht der Deutschen gewährleistet, zu gemeinsamer Freiheit für alle Europäer hinführt, dabei die legitimen Sicherheitsinteressen aller berücksichtigt und so die Stabilität in Europa auch künftig sichert.

Dies ist der Kern der Botschaft, die zugleich eine klare Absage an einen deutschen Sonderweg und erst recht eine Absage an jeden nach rückwärts gewandten Nationalismus ist. [...] Wie Deutschland am Ende dieses Prozesses schließlich aussehen wird, vermag heute niemand zu sagen.

Es sollte auch niemand versuchen, diesen friedlichen Prozeß mit Bedingungen zu verknüpfen, die letztlich darauf hinauslaufen würden, das Selbstbestimmungsrecht der Deutschen auszuhöhlen. Denn - und da wissen wir uns in Frankreich, dem Land, von dem die europäische Freiheit ihren Ausgang nahm, sehr wohl verstanden - zur Freiheit der Deutschen gehört wesentlich das Recht, selbst zu bestimmen, wie ihre politische Zukunft aussehen soll.

Ich bin daher Staatspräsident Mitterrand sehr dankbar, der sich hierzu wiederholt, zuletzt bei unserem Zusammentreffen in Latché, deutlich geäußert hat. In seiner Tischrede in Ost-Berlin hat Staatspräsident Mitterrand daran erinnert, daß das Streben nach Einheit seine Wurzeln in der Geschichte hat und daß es vor allem Sache der Deutschen ist, in Freiheit über ihr künftiges Schicksal zu entscheiden.

Dies ist in der Tat der Kernpunkt: Die Menschen sowohl in der Bundesrepublik Deutschland als auch in der DDR müssen das Recht und die Möglichkeit haben, selber frei über die Frage zu entscheiden, ob sie in *einem* deutschen Staat leben wollen oder nicht. [...]

Die künftige Architektur Deutschlands muß sich einfügen in die künftige Architektur Gesamteuropas. Das »Haus Deutschland« muß unter einem europäischen Dach gebaut werden. Hierfür hat der Westen mit seinem Konzept der dauerhaften und gerechten europäischen Friedensordnung entscheidende Vorarbeit geleistet.

Wir Deutschen sind uns unserer Mitverantwortung für Frieden und Sicherheit in Europa bewußt. Dabei haben wir allerdings auch stets betont, daß Sicherheit nicht nur aus militärischem Potential erwächst. Wesentlicher Faktor der Sicherheit sind auch die politischen Verhältnisse in Europa. Auf Mauer und Stacheldraht läßt sich daher Stabilität ebenso wenig gründen wie auf einer Politik, die Freiheit und Demokratie unterdrückt. Diesen Teil des »Status quo« zu überwinden, bedeutet daher keine Gefahr für die europäische Sicherheit - im

Gegenteil: Jeder gelungene Reformschritt bedeutet für ganz Europa einen Zugewinn an Stabilität und Sicherheit.

Nicht alle Fragen, die sich angesichts der jetzt in Gang gekommenen Entwicklung stellen, lassen sich heute bereits abschließend beantworten. Ebensowenig können wir heute schon alle Fragen abschließend regeln, die sich bei einer Wiedervereinigung stellen würden.

Für unsere Nachbarn steht dabei naturgemäß die Frage der künftigen Grenzen eines gesamtdeutschen Staates im Mittelpunkt ihres Interesses. Hierzu möchte ich in aller Deutlichkeit sagen: Kein politisch Verantwortlicher in der Bundesrepublik Deutschland, keine ernst zu nehmende politische Gruppierung träumt von einem »Großdeutschland«, wie dieser unselige Begriff aus einer unseligen Epoche lautet. Schon von daher ist die Diskussion, die hierüber - nicht zuletzt bei uns - geführt wird, künstlich, ja überflüssig. [. . .] Die Deutschen - und hieran sollte niemand zweifeln - haben nicht die Absicht, im Europa von morgen eine Grenzdiskussion vom Zaun zu brechen, die die europäische Friedensordnung, die wir gemeinsam anstreben, gefährden müßte.

Die Deutschen wollen eine dauerhafte Aussöhnung mit ihren polnischen Nachbarn, und dazu gehört auch, daß die Polen die Gewißheit haben müssen, in sicheren Grenzen zu leben. Niemand will eine zweite Vertreibung nach den Schrecken der Vertreibung, die die Deutschen an ihrem eigenen Leib erfahren haben. Niemand will daher die Frage der Einheit der Nation verbinden mit der Verschiebung bestehender Grenzen - Grenzen, die in einem künftigen Europa der Freiheit an Bedeutung verlieren werden.

[. . .] Wir stehen am Anfang des letzten Jahrzehnts dieses Jahrhunderts - eines Jahrhunderts, das vor allem in der ersten Hälfte unermeßliches Elend über die Völker Europas gebracht hat. In den neunziger Jahren haben wir die historische Chance, diesem Jahrhundert einen Ausklang zu geben, der das Gesicht Europas verändert, der Europa zu einem Kontinent macht, von dem Frieden und Freiheit in eine unruhige Welt ausstrahlen. [. . .] In der Sache wird es jetzt darum gehen, die heute schon bestehenden Kooperationsformen in Europa weiterzuentwickeln, wobei, was den gesamteuropäischen Ansatz angeht, dem KSZE-Prozeß zentrale Bedeutung zukommt.

Der von Generalsekretär Gorbatschow schon für 1990 vorgeschlagene KSZE-Gipfel könnte - bei sorgfältiger Vorbereitung - den Auftakt für diese Arbeiten bilden. Zugleich sollten wir alles daransetzen, diesen Gipfel mit der Unterzeichnung eines ersten Abkommens über konventionelle Streitkräftereduzierung in Europa zu verbinden. [...] Der heutige Vorschlag von Präsident Delors, in beide KSZE-Konferenzen mit einer gemeinsamen Marschroute zu gehen, die es jetzt zu erarbeiten gilt, findet meine volle Unterstützung.

Denn in der Tat: treibende Kraft in diesem Prozeß muß die Europäische Gemeinschaft sein, und Präsident Delors hat recht, wenn er die Gemeinschaft auffordert, ihr außenpolitisches Instrumentarium der neuen Entwicklung anzupassen.

Unser gemeinsames Ziel muß sein, die Europäische Gemeinschaft als Kern einer künftigen Friedensordnung - oder auch einer europäischen Konföderation, um diesen Begriff Staatspräsident Mitterrands zu benutzen - zielstrebig auszubauen. [...] Die Bundesrepublik Deutschland steht ohne Wenn und Aber zu ihrer europäischen Verantwortung - denn gerade für uns Deutsche gilt: Europa ist unser Schicksal!

Die Schlüsselrolle bei der Fortentwicklung der Gemeinschaft wird - davon bin ich überzeugt - weiterhin Frankreich und der Bundesrepublik Deutschland zufallen. So wenig wie Europa in der Vergangenheit ohne die partnerschaftliche Zusammenarbeit zwischen unseren beiden Ländern zusammengewachsen wäre, so wenig kann das Europa der Zukunft ohne ein enges deutsch-französisches Einvernehmen gebaut werden.

Frankreich und Deutschland haben in der Nachkriegszeit ein einmaliges Beispiel dafür geliefert, wie zwei benachbarte Völker den langen Weg von einer für ganz Europa zerstörerischen Rivalität zu einer auch für die anderen europäischen Partner fruchtbaren »Entente« gegangen sind.

Von diesem Weg werden wir auch in der Zukunft nicht abgehen.

17 Botschaft an alle Deutschen

Ich habe heute abend an alle Deutschen eine einzige Botschaft zu übermitteln. Generalsekretär Gorbatschow und ich stimmen darin überein, daß es das alleinige Recht des deutschen Volkes ist, die Entscheidung zu treffen, ob es in einem Staat zusammenleben will. Generalsekretär Gorbatschow hat mir unmißverständlich zugesagt, daß die Sowjetunion die Entscheidung der Deutschen, in einem Staat zu leben, respektieren wird, und daß es Sache der Deutschen ist, den Zeitpunkt und den Weg der Einigung selbst zu bestimmen.

Generalsekretär Gorbatschow und ich waren uns ebenfalls einig, daß die deutsche Frage nur auf der Grundlage der Realitäten zu lösen ist: das heißt sie muß eingebettet sein in die gesamteuropäische Architektur und in den Gesamtprozeß der West-Ost-Beziehungen. Wir müssen die berechtigten Interessen unserer Nachbarn und unserer Freunde und Partner in Europa und in der Welt berücksichtigen.

Es liegt jetzt an uns Deutschen in der Bundesrepublik und in der DDR, daß wir diesen gemeinsamen Weg mit Augenmaß und Entschlossenheit gehen.

Generalsekretär Gorbatschow und ich haben ausführlich darüber gesprochen, daß auf dem Weg zur deutschen Einheit die Fragen der Sicherheit in Europa herausragende Bedeutung haben. Wir wollen die Frage der unterschiedlichen Bündniszugehörigkeit in enger Abstimmung auch mit unseren Freunden in Washington, Paris und London sorgfältig beraten, und ich bin sicher, daß wir eine gemeinsame Lösung finden. Ich danke Generalsekretär Gorbatschow, daß er dieses historische Ereignis ermöglicht hat. Wir haben vereinbart, im engsten persönlichen Kontakt zu bleiben.

Meine Damen und Herren, dies ist ein guter Tag für Deutschland und ein glücklicher Tag für mich persönlich.

Erklärung über das Ergebnis des Gesprächs mit Generalsekretär Michail S. Gorbatschow am 9. Februar 1990 vor der Presse in Moskau.
Bulletin des Presse- und Informationsamts der Bundesregierung Nr. 24 (13. Februar 1990).

18 »Solidarität ist in dieser Stunde unsere selbstverständliche menschliche und nationale Pflicht«

Projekt einer »Währungs- und Wirtschaftsunion«

Mit meinem Amtseid auf das Grundgesetz habe ich - wie alle meine Vorgänger - die Pflicht übernommen, mit besten Kräften darauf hinzuwirken, daß das deutsche Volk in freier Selbstbestimmung die Einheit und Freiheit Deutschlands vollenden kann. Heute kann ich dem Deutschen Bundestag berichten: Noch nie, seit unser Land geteilt, noch nie, seit unser Grundgesetz geschrieben wurde, sind wir unserem Ziel, der Einheit aller Deutschen in Freiheit, so nahe gekommen wie heute.

(Beifall bei der CDU/CSU, der FDP und bei Abgeordneten der SPD)

Am vergangenen Samstag wurden in Moskau in den Gesprächen mit Generalsekretär Gorbatschow die Weichen gestellt. Das Ergebnis dieser entscheidenden Begegnung lautet: Generalsekretär *»Gorbatschow stellte fest - und der Kanzler stimmte ihm zu -, daß es jetzt zwischen der UdSSR, der Bundesrepublik Deutschland und der DDR keine Meinungsverschiedenheiten darüber gibt, daß die Deutschen selbst die Frage der Einheit der deutschen Nation lösen und selbst ihre Wahl treffen müssen, in welchen staatlichen Formen, in welchen Fristen, mit welchem Tempo und unter welchen Bedingungen sie diese Einheit verwirklichen werden«.*

Wer fühlt sich durch diese Worte in seinen Gedanken, in seinen Gefühlen nicht unmittelbar angesprochen? Dieses Ergebnis macht deutlich, was wir immer gesagt haben: Wir sind ein Volk.

(Beifall bei der CDU/CSU und der FDP)

Wir freuen uns, daß wir diesen Tag erleben dürfen. Wir sind entschlossen, die jetzt greifbar nahe Chance mit Umsicht und mit Entschlossenheit wahrzunehmen.

(Frau Dr. Vollmer [GRÜNE]: Mit der Umsetzung müssen Sie dann aber mal anfangen! - Gegenruf des Abg. Dr. Bötsch [CDU/CSU]: Quak, quak!)

Erklärung der Bundesregierung über die Gespräche mit Generalsekretär Gorbatschow und Ministerpräsident Modrow.
Deutscher Bundestag. Plenarprotokoll 11/197, 15. Februar 1990.

Wir wissen, daß jetzt nicht Überschwang der Gefühle, sondern Nüchternheit und Augenmaß geboten sind.

Wir schulden Dank an alle, die zu dieser geschichtlichen Wende beigetragen haben. Unser Dank gebührt in erster Linie unseren Freunden und Verbündeten im Westen. Sie haben zu uns gehalten in den gefahrvollen Zeiten, als Blockade, Mauer und Stacheldraht die Teilung unseres Landes und seiner Hauptstadt verewigen sollten. Sie haben zu uns gehalten in Zeiten des Kleinmuts, als selbst hierzulande mancher das Grundgesetz ändern wollte, weil es angeblich eine »Lebenslüge dieser Republik« festschrieb.

(Beifall bei der CDU/CSU und der FDP)

Sie haben zu uns gehalten in konfliktträchtigen Zeiten, als Raketenrüstung im Osten und die westliche Antwort auch auf die deutschen Dinge zurückzuwirken drohten. Sie haben sich im Deutschlandvertrag zum Ziel der deutschen Einheit in freiheitlich-demokratischer Form bekannt, und sie haben beim Eintreten in die europäische Integration – in jenem Zusatzprotokoll zu den Römischen Verträgen – unseren Beziehungen zur DDR eine Sonderstellung eingeräumt. Heute können wir darauf aufbauen. Dafür sind und bleiben wir dankbar.

Wir danken Generalsekretär Michail Gorbatschow, der zusammen mit der tiefgreifenden Umgestaltung seines Landes auch die sowjetische Außenpolitik in eine neue Richtung lenkte und neue Dynamik und neues Denken vorgab.

(Beifall bei der CDU/CSU, der FDP und bei Abgeordneten der SPD)

Jetzt verändert dieses neue Denken auch die sowjetische Deutschlandpolitik und erlaubt eine konstruktive und zukunftsträchtige Lösung der deutschen Frage. Diese Lösung entspricht den wohlverstandenen sowjetischen Interessen, darin eingeschlossen auch die Sicherheitsinteressen. In unserer Chance zur Einheit liegt für die Sowjetunion die Chance zur langfristigen Partnerschaft mit einem politisch stabilen und wirtschaftlich leistungsfähigen Land in der Mitte Europas, auch die Chance, daß das deutsche Volk und die Völker der Sowjetunion endgültig die Schatten der Vergangenheit hinter sich lassen und sich die Hand reichen.

(Beifall bei der CDU/CSU, der FDP und bei Abgeordneten der SPD – Zuruf der Abg. Frau Dr. Vollmer [GRÜNE])

Lassen Sie mich in dieser Stunde den Gefühlen der Menschen in der Sowjetunion Respekt zollen, deren Erinnerungen aus persönlichem Erleben und Erleiden in der Vergangenheit verhaftet sind. Gerade auch ihnen gilt mein Wort: »Von deutschem Boden soll künftig nur Frieden ausgehen!«

(Beifall bei der CDU/CSU, der FDP und der SPD)

Wir danken in dieser Stunde auch den Polen und den Ungarn, den Tschechen und den Slowaken, die mit tiefgreifenden Reformen in Politik, in Wirtschaft und Gesellschaft vorangegangen sind. Ohne ihr Beispiel wären die jüngsten Entwicklungen in der DDR nicht möglich gewesen.

(Beifall bei der CDU/CSU, der FDP und der SPD)

Zum Abschluß meines Besuchs in der Republik Polen im vergangenen Herbst habe ich gesagt: [...] »1980, auf der Danziger Lenin-Werft, ging es um Ziele, die auch die Deutschen in der DDR betreffen: um Freiheit, um Menschenwürde, um Menschenrechte, um Selbstbestimmung.«

Bei meinem Besuch im Dezember in Ungarn habe ich dankbar festgestellt: »Ungarn hat den ersten Stein aus der Mauer geschlagen.«

(Beifall bei der CDU/CSU, der FDP und der SPD – Zuruf der Abg. Frau Dr. Vollmer [GRÜNE])

Gerade auch deshalb erneuere ich von dieser Stelle aus meine Zusage: Bei aller Freude über die Chance der deutschen Einheit, bei aller akuten Sorge um die Lageentwicklung in der DDR werden wir unsere Nachbarn nicht vergessen. Ihnen gilt heute und morgen unsere unmittelbare Solidarität.

(Beifall bei der CDU/CSU, der FDP und der SPD)

Nicht zuletzt schulden wir herzlichen Dank unseren Landsleuten in der DDR: den Menschen in Berlin, in Leipzig, in Dresden, in Halle, in Chemnitz und in Plauen, die mit ihren Parolen »*Wir* sind das Volk« und »Wir sind *ein* Volk« mehr als alle anderen getan haben, um diese Chance für Deutschland zu erringen.

(Beifall bei der CDU/CSU, der FDP und der SPD)

Gerade das Geschehen der letzten sechs Monate in der DDR hat auch bei der sowjetischen Führung die Einsicht reifen lassen, daß Richtung und Tempo der Entwicklung heute weder in der DDR noch in den anderen Reformstaaten Mittel- und Osteuropas am Grünen

Tisch bestimmt werden können. Vielmehr haben die Menschen ihr Schicksal und ihre Zukunft selbst in die Hände genommen.

Generalsekretär Gorbatschow und ich waren uns einig, daß den am 18. März anstehenden Volkskammer-Wahlen Schlüsselbedeutung zukommen wird. Angesichts der Wahlprogramme, mit denen die klare Mehrheit aller Parteien und Gruppierungen in der DDR antritt, konnte ich meine Überzeugung bekräftigen, daß das Ergebnis dieser Wahl nicht nur eine demokratisch legitimierte und, wie wir hoffen, handlungsfähige Regierung sein wird, sondern auch ein Regierungsprogramm mit dem klaren Ziel: Einheit so bald wie möglich!

(Beifall bei der CDU/CSU und der FDP)

Mit dem Generalsekretär war ich mir einig, daß nicht nur Wahlkampf und Wahlen in geordneten Bahnen verlaufen müssen,

(Frau Dr. Vollmer [GRÜNE]: »In geordneten Bahnen« heißt ohne westdeutsche Einmischung!)

sondern auch darin, daß der Prozeß der Einigung in einen stabilen europäischen Rahmen eingebettet bleiben muß. Nur auf diesen beiden Gleisen kann das Ziel der deutschen Einheit sicher erreicht werden. Mit den Worten Konrad Adenauers *»Die deutsche Frage kann nur unter einem europäischen Dach gelöst werden«* habe ich verdeutlicht, daß die Bundesrepublik Deutschland von Anfang an auf nationalistische Alleingänge oder deutsche Sonderwege verzichtet hat.

(Frau Beer [GRÜNE]: Deutschland ist ein Sonderweg! – Zuruf von der CDU/CSU [zu Abg. Frau Beer gewandt]: Sie sind auch ein Sonderweg!)

Wir haben vielmehr von Anfang an darauf gesetzt, die Trennung des eigenen Landes zusammen mit der Teilung Europas insgesamt zu überwinden.

(Beifall bei der CDU/CSU und der FDP)

Ich habe deshalb in meinen zehn Punkten davon gesprochen, daß die Architektur des künftigen Deutschland in die Architektur des künftigen Europas einzupassen ist. Wir müssen neue, übergreifende Sicherheitsstrukturen aufbauen. Das heißt für uns Deutsche: Wir achten die berechtigten Sicherheitsinteressen aller europäischen Länder, gerade auch der Sowjetunion, und wir respektieren die Sicherheitsbedürfnisse und die Gefühle aller Europäer, selbstverständlich und vor allem auch unserer Nachbarn.

Unter diesen Leitmotiven haben Generalsekretär Gorbatschow und ich sowie Bundesaußenminister Genscher und Außenminister Schewardnadse die wohl schwierigste Frage angesprochen: die Zukunft der Bündnisse. Ich habe meine Überzeugung ausgedrückt, daß auch bei vernünftiger Würdigung der Sicherheitsinteressen der Sowjetunion ein künftiges geeintes Deutschland nicht neutralisiert oder demilitarisiert werden darf - dies ist, kurz gesagt, »altes Denken« -, sondern daß wir im westlichen Bündnis eingebunden bleiben sollen und wollen.

(Frau Dr. Vollmer [GRÜNE]: Ist ja unglaublich! Demilitarisierung ist das neue Denken überhaupt!)

Die Geschichte dieses Jahrhunderts zeigt: Nichts ist der Stabilität Europas abträglicher als ein zwischen zwei Welten, zwischen West und Ost, schwankendes Deutschland.

(Beifall bei der CDU/CSU, der FDP und der SPD)

Und umgekehrt gilt: Deutschland im festen Bündnis mit freiheitlichen Demokratien und in zunehmender politischer und wirtschaftlicher Integration in der Europäischen Gemeinschaft ist der unerläßliche Stabilitätsfaktor, den Europa gerade auch in seiner Mitte braucht.

(Beifall bei der CDU/CSU und der FDP und des Abg. Dr. Ehmke [Bonn] [SPD])

Ich habe zu diesem Thema klargestellt, daß unser Bündnis sich entsprechend seiner Zielsetzung verstärkt auf seine politische Rolle konzentrieren muß und daß keine Einheiten und Einrichtungen des westlichen Bündnisses auf das heutige Gebiet der DDR vorgeschoben werden. Ich weiß mich in dieser Zielrichtung mit dem Präsidenten der Vereinigten Staaten einig.

Generalsekretär Gorbatschow und ich waren uns auch einig, daß jeder Anschein vermieden werden muß, daß Deutsche, aber auch die Sowjets, für die anderen Europäer sprechen - und schon gar nicht hinter deren Rücken oder über deren Köpfe hinweg. Es kann deshalb nur darum gehen, im Gespräch mit allen Beteiligten tragfähige Lösungen zu finden. Zu den berechtigten Interessen, die wir Deutschen achten wollen, gehören selbstverständlich auch die besonderen Rechte und Verpflichtungen der Sowjetunion, der USA, Großbritanniens und Frankreichs für Berlin und für Deutschland als Ganzes.

Nach den Beratungen der Außenminister in Ottawa zeichnet sich folgender Weg ab: Nach den Wahlen am 18. März werden die Bundesregierung und eine demokratisch legitimierte Regierung der DDR über den Weg der Deutschen zu ihrer Einheit sprechen. Wir Deutschen werden uns dann mit den Amerikanern, den Briten, den Franzosen und den Sowjets

(Frau Schoppe [GRÜNE]: Und den Polen!)

über die äußeren Aspekte der Schaffung der deutschen Einheit einschließlich der Sicherheitsfragen der Nachbarstaaten verständigen.

Ich habe mit Generalsekretär Gorbatschow unsere Analyse der Wirtschaftslage und der gesellschaftlichen Entwicklungen in der DDR besprochen. Ich habe mit ihm das Programm, das die Bundesregierung für die Gespräche mit Ministerpräsident Modrow vorbereitet hatte, ausführlich diskutiert. Wir waren uns einig, daß das mit der Sowjetunion Erreichte nicht nur von einem geeinten Deutschland erhalten, sondern mit ihm weiter ausgebaut werden soll.

(Frau Beer [GRÜNE]: Was? Deutschland?)

Die Wachstumsimpulse, die wir von der deutschen Einheit und von der europäischen Integration erwarten, eröffnen auch für unsere Partner in Mittel-, Ost- und Südosteuropa lohnende Perspektiven.

(Beifall bei der CDU/CSU und der FDP)

Dabei ist unerläßlich, daß unsere Partner ihre Politik der Öffnung und der Reformen konsequent fortsetzen. Jeder weiß, daß Reformen auch schwierige Übergangsphasen kennen. Bereits bei unseren Gesprächen in Bonn im vergangenen Juni habe ich Generalsekretär Gorbatschow angeboten, ihn im Rahmen unserer Möglichkeiten zu unterstützen. Ich freue mich, daß das letzte Woche mit einer Nahrungsmittelaktion möglich war. Wir werden auch in Zukunft selbstverständlich unser Wort halten.

(Beifall bei Abgeordneten der CDU/CSU – Frau Dr. Vollmer [GRÜNE]: 300 Millionen! Wollen Sie das hier im Ernst als Erfolg feiern?)

In konstruktivem Geist haben wir auch über die Lage der Rußland-Deutschen gesprochen. Generalsekretär Gorbatschow versicherte mir erneut, daß dieser Teil der Bevölkerung großes Ansehen genieße. Die sowjetische Führung suche deshalb nach neuen Formen von Autonomie, die den Interessen der betroffenen Menschen gerecht werden. Er strebe eine positive Lösung an, damit die Menschen in der Sowjetunion, in ihrer Heimat bleiben.

Wir haben uns dann auch noch darauf geeinigt, daß im nächsten Jahr ein deutscher Astronaut an einer sowjetischen wissenschaftlichen Raumfahrtunternehmung teilnehmen wird. Diese gemeinsame Unternehmung im All hat nicht nur ihre wissenschaftliche Bedeutung; sie kann auch zu einem Symbol werden.

(Beifall bei der CDU/CSU und der FDP – Frau Dr. Vollmer [GRÜNE]: Wollten Sie die nicht schon immer auf den Mond schicken?)

Vertrauen war auch in Moskau eine wichtige Voraussetzung für den Erfolg. Generalsekretär Gorbatschow und ich haben an das gute und vertraute persönliche Verhältnis anknüpfen können, das wir bei unseren Begegnungen im Oktober 1988 und im Juni 1989 aufgebaut haben. Wir haben im Sinn der damals unterzeichneten Gemeinsamen Erklärung unser Ziel bekräftigt, ein Verhältnis guter und verläßlicher Nachbarschaft dauerhaft zu begründen und damit an die guten Traditionen unserer jahrhundertelangen Geschichte anzuknüpfen. Der Generalsekretär schloß unsere Moskauer Unterredungen mit dem Wort:

»Die Beziehungen zwischen Rußland und Deutschland waren schon immer ein besonderes Phänomen, und jede Generation steht neu vor dieser Herausforderung.«

(Frau Dr. Vollmer [GRÜNE]: Er meint vielleicht nicht dasselbe, was Sie unter Phänomen verstehen!)

Wir können heute feststellen, daß die aktuelle Situation durch drei wichtige neue Elemente gekennzeichnet ist: durch die Ergebnisse des Besuches in Moskau, durch die weiterführenden Verabredungen in Ottawa und durch unser Angebot für eine Währungsunion und Wirtschaftsgemeinschaft im Rahmen der Gespräche mit Ministerpräsident Modrow und seiner Delegation. Es ist ganz offensichtlich: Die Lage in Deutschland hat sich qualitativ verändert.

Die Gespräche mit Ministerpräsident Modrow und seiner Delegation fanden in einer sachlichen und sehr offenen Atmosphäre statt.

(Frau Dr. Vollmer [GRÜNE]: Ja, brutal!)

Es kam uns darauf an, Hoffnungszeichen für die Menschen in der DDR zu setzen.

(Zuruf der Abg. Frau Dr. Vollmer [GRÜNE])

[. . .]

Die Lage hat sich deutlich zugespitzt. Die politischen Parteien und Gruppierungen in der DDR am sogenannten Runden Tisch haben der

Bundesregierung für das Gespräch zwischen dem Ministerpräsidenten und mir ein Positionspapier übermittelt, in dem sie von einer »Lage« sprachen, »die durch rasche Destabilisierung gekennzeichnet ist«.

Für uns werden die zunehmenden Probleme insbesondere durch den anhaltend großen Zustrom von Übersiedlern deutlich: Ihre Zahl belief sich 1989 auf insgesamt rund 340 000. Seit Jahresbeginn, also in wenigen Wochen, sind rund 85 000 hinzugekommen. Wenn sich dieser Zustrom in diesem Monat fortsetzt, werden wir am Monatsende über 100 000 Übersiedler haben. Ich will das noch einmal im Beispiel verdeutlichen: Das entspricht der Einwohnerzahl der Stadt Dessau.

Deswegen habe ich in den Gesprächen mit Ministerpräsident Modrow und seiner Delegation unsere wiederholt erklärte Bereitschaft hervorgehoben, kurzfristig dort zu helfen, wo dies insbesondere aus humanitären Gründen dringlich und notwendig ist.

(Frau Dr. Vollmer [GRÜNE]: Aber er glaubt es offensichtlich nicht mehr! –
Zurufe von der SPD: Wo denn?)

Entsprechende Unterstützungsmaßnahmen enthält der Nachtragshaushalt 1990. Ich nenne die Stichworte Devisenfonds, ERP-Kreditprogramm, Schulung und Technologietransfer, Umweltschutz, Verbesserung der Verkehrswege und Hilfe im Bereich der medizinischen Ausrüstung. Insgesamt geht es um einen Betrag von über 5 Milliarden DM. Eingeleitet worden ist ferner ein umfangreiches Programm technischer Zusammenarbeit und konkreter Hilfe durch die Post. Die Postpauschale wurde auf 300 Millionen DM erhöht. Sie wird voll für den Ausbau des Telefonnetzes der DDR verwendet. Das wird noch in diesem Jahr zu einer spürbaren Verbesserung des beiderseitigen Telefonverkehrs führen. All dies läßt klar erkennen: Wir sind bereit, uns für die Menschen in der DDR zu engagieren, damit sie in ihrer Heimat bleiben und dort den dringend notwendigen wirtschaftlichen Wiederaufbau mitgestalten.

Aber wir gehen einen entscheidenden Schritt weiter: Ich habe Ministerpräsident Modrow das Angebot unterbreitet, sofortige Verhandlungen zur Schaffung einer Währungsunion und Wirtschaftsgemeinschaft aufzunehmen. Beide Seiten sind übereingekommen, zu diesem Zweck eine gemeinsame Kommission zu bilden, die ihre

Arbeit unverzüglich beginnt. Für mich heißt »unverzüglich«: bereits in der nächsten Woche. Die Bundesregierung hat ihre Mitglieder in dieser Kommission bereits benannt. Ich will darauf drängen, daß diese Arbeit ohne jede Verzögerung und mit größter Intensität vorangeht. Die dann notwendigen Entscheidungen können aus unserer Sicht schon bald nach den Wahlen am 18. März durch eine frei gewählte Volkskammer, und durch eine frei gewählte Regierung der DDR getroffen werden.

Was bedeutet unser Angebot konkret? Das Angebot besteht im Kern aus zwei Teilen.

Erstens: Zu einem Stichtag wird die Mark der DDR als Währungseinheit und gesetzliches Zahlungsmittel durch die D-Mark ersetzt.

Zweitens: Zeitgleich müssen von der DDR die notwendigen rechtlichen Voraussetzungen für die Einführung einer Sozialen Marktwirtschaft geschaffen werden.

(Frau Dr. Vollmer [GRÜNE]: Das ist kein Angebot!
Das ist eine Forderung! So würde ich das verstehen!)

Beide Elemente stehen für die Bundesregierung in einem unauflösbaren Zusammenhang.

(Beifall bei der CDU/CSU und der FDP)

Politisch und ökonomisch bedeutet dieses Angebot der Bundesregierung, daß wir bereit sind, auf ungewöhnliche Ereignisse und Herausforderungen in der DDR unsererseits mit einer ungewöhnlichen Antwort zu reagieren.

(Frau Dr. Vollmer [GRÜNE]:
Nämlich mit einem ungewöhnlichen Druck!)

Ich sage dies auch im Blick auf den einen oder anderen, der – das ist aus seiner Sicht verständlich – vor allem die ökonomischen Faktoren sieht und dabei die politische Lage in unserem Land unzureichend berücksichtigt. Über eines kann kein Zweifel bestehen: In einer politisch und wirtschaftlich normalen Situation wäre der Weg ein anderer gewesen, und zwar derjenige schrittweiser Reformen und Anpassungen mit der gemeinsamen Währung erst zu einem späteren Zeitpunkt. Vor diesem Hintergrund gibt es kritische Stimmen von Experten. Auch der Rat der Wirtschaftssachverständigen hat sich in dieser Weise geäußert. Wir nehmen die Argumente ernst. Und dennoch sage ich: Wir entscheiden uns für den eben skizzierten Weg.

Die krisenhafte Zuspitzung der Lage in der DDR macht mutige Antworten erforderlich.

(Beifall bei der CDU/CSU, der FDP und bei Abgeordneten der SPD)

Politische und gesellschaftliche Umwälzungen haben zu einer dramatischen Verkürzung des Zeithorizonts geführt, so daß für – wie auch immer definierte und auch ökonomisch begründete – Stufenpläne aus meiner Sicht die Voraussetzungen entfallen sind. In einer solchen Situation geht es um mehr als um Ökonomie, so wichtig Ökonomie ist. Es geht jetzt darum, ein klares Signal der Hoffnung und der Ermutigung für die Menschen in der DDR zu setzen.

(Beifall bei der CDU/CSU und der FDP – Zurufe von den GRÜNEN)

Deswegen und nur deswegen haben wir in dieser konkreten Situation die in der Tat historisch zu nennende Entscheidung getroffen, der DDR jetzt das Angebot einer Währungsunion und Wirtschaftsgemeinschaft zu machen, ein Angebot, für das es kein vergleichbares Beispiel gibt. Für die Bundesrepublik Deutschland – das sage ich auch ganz bewußt an die Adresse der Kritiker in der DDR, von denen ja nicht wenige Hauptverantwortung dafür tragen,

(Sehr wahr! bei der CDU/CSU)

daß die DDR in diese katastrophale Lage gekommen ist –

(Beifall bei der CDU/CSU und der FDP)

bedeutet das, daß wir damit unseren stärksten, wirtschaftlichen Aktivposten einbringen: die Deutsche Mark. Wir beteiligen so die Landsleute in der DDR ganz unmittelbar und direkt an dem, was die Bürger der Bundesrepublik Deutschland in jahrzehntelanger beharrlicher Arbeit aufgebaut und erreicht haben.

Damit werden Startbedingungen geschaffen, die eine rasche Verbesserung des Lebensstandards der Bürger in der DDR ermöglichen;

(Frau Dr. Vollmer [GRÜNE]: D-Mark, D-Mark über alles!)

denn die D-Mark, eine der härtesten, stabilsten und allgemein akzeptierten Währungen der Welt, ist das Fundament unseres Wohlstands und unserer wirtschaftlichen Leistungsfähigkeit. Entscheidend ist es, dieses Fundament im beiderseitigen Interesse auch künftig tragfähig zu halten. Die Währungsunion macht deshalb nur dann Sinn, wenn in der DDR unverzüglich umfassende marktwirtschaftliche Reformen durchgeführt werden.

(Beifall bei der CDU/CSU, der FDP und bei Abgeordneten der SPD)

Hier handelt es sich um zwei Seiten ein und derselben Entwicklung, die parallel und eng verzahnt miteinander vorangetrieben werden müssen. Es geht konkret

- um eine umfassende Bestandsaufnahme finanzieller Daten und Fakten. Das, was die Delegation von Herrn Ministerpräsident Modrow hierzu in Bonn an Zahlen vorgetragen hat, ist dafür in keiner Weise ausreichend.
- Es geht um die überzeugende und zügige Durchführung der angekündigten Wirtschaftsreformen mit den Stichworten Gewerbefreiheit, Eigentumsordnung, Wettbewerbsordnung, marktwirtschaftliches Preis- und Lohnsystem

  (Frau Dr. Vollmer [GRÜNE]: Ein System weit unter unserem Niveau! Das müssen Sie auch dazu sagen!)

  sowie Freiheit im Außenhandel.
- Es geht um die Neuordnung der Staatsfinanzen einschließlich des Steuer- und Abgabensystems.
- Es geht mir auch um die Sicherung echter Mitwirkungsrechte der Arbeitnehmer in den Betrieben der DDR.

  (Lachen bei den GRÜNEN)

  Die Diskussion zur sozialen Dimension der Europäischen Gemeinschaft hat gezeigt: Die Mitwirkungsrechte unserer Arbeitnehmer in allen Bereichen sind wegweisend. Es ist für mich selbstverständlich, daß die Mitwirkungsrechte der Arbeitnehmer in der DDR hinter diesen Errungenschaften nicht zurückbleiben dürfen.

  (Beifall bei der CDU/CSU und der FDP)
- Es geht um die notwendige soziale Flankierung dieser Reformen z. B. durch den Aufbau einer Arbeitslosenversicherung und durch das Anpassen des Rentensystems.
- Es geht um einen geeigneten rechtlichen Ordnungsrahmen für wirksamen Umweltschutz in der DDR.

Gerade die soziale und ökologische Absicherung dieser Reformpolitik ist für die Bundesregierung von zentraler Bedeutung. Ohne sie kann der wirtschaftliche Neubeginn in der DDR nicht erfolgreich sein.

(Beifall bei der CDU/CSU und der FDP)

Das eklatante Versagen der sozialistischen Planwirtschaft der DDR kann nur mit einer marktwirtschaftlichen und zugleich sozial und ökologisch begleiteten Umgestaltung beseitigt werden.

(Beifall bei der CDU/CSU und der FDP)

Nur so kann der Zustrom privaten Kapitals in Gang kommen. Nur so können neue zukunftsträchtige Betriebe und Arbeitsplätze geschaffen werden.

(Beifall bei der CDU/CSU)

Es gibt keinen Zweifel: Dieser Weg verlangt große Anpassungen und Anstrengungen. Es gibt Risiken.

Wir als Bundesrepublik Deutschland können der DDR dieses Angebot einer Währungsunion und Wirtschaftsgemeinschaft machen, weil die wirtschaftliche Situation der Bundesrepublik in vieler Hinsicht ungewöhnlich günstig ist. 1982, als diese Bundesregierung die Amtsgeschäfte übernommen hat, wäre dies gar nicht möglich gewesen.

(Beifall bei der CDU/CSU und des Abg. Dr. Graf Lambsdorff [FDP])

Jeder, der von den Dingen etwas versteht, weiß, daß wir nach dem Oktober 1982, nachdem wir die Regierung gerade übernommen hatten - mit all den Lasten, die Sie uns überließen -, eine solche Leistung gar nicht hätten vollbringen können.

(Beifall bei der CDU/CSU)

Wirtschaftswachstum und Arbeitsmarktentwicklung haben in den letzten Jahren eine Dynamik gewonnen, die Anfang oder Mitte der 80er Jahre von vielen nicht für möglich gehalten wurde und die uns inzwischen in die internationale Spitzengruppe geführt hat. Vor allem aber gewinnen unsere hohen außenwirtschaftlichen Überschüsse im Blick auf die DDR eine neue Bedeutung. Um es genauer zu sagen: Wenn es gelingt, nur einen Teil unseres jährlichen Kapitalexports von rund 100 Milliarden DM für die DDR nutzbar zu machen,

(Opel [SPD]: Und für Polen!)

wird dies bereits ausreichen, um dort einen starken wirtschaftlichen Anschub zu bewirken. Kurz: An Gütern und an Kapital, die in der DDR für den wirtschaftlichen Neubeginn eingesetzt werden können, fehlt es keineswegs. Ebensowenig fehlt es an der Bereitschaft unserer Wirtschaft, sich für die DDR zu engagieren.

(Frau Dr. Vollmer [GRÜNE]: Nur mit Politik hapert es!)

Im Gegenteil, aus vielen Gesprächen wissen wir alle, daß es bereits heute eine Fülle konkreter Investitions- und Kooperationsvorhaben gibt, die kurzfristig verwirklicht werden können. Dabei wollen sich große Unternehmen sowie kleine und mittlere Betriebe gleichermaßen engagieren.

Daß in diesem Zusammenhang die wirtschaftlichen Rahmenbedingungen in der DDR, über die allein dort und nicht hier bei uns bestimmt wird, eine entscheidende Rolle spielen, ist offensichtlich. Wenn die Regierung Modrow, wie ich nach meinem Gespräch vor Weihnachten in Dresden erwarten konnte, noch im Januar

(Frau Dr. Vollmer [GRÜNE]: Sie sind es doch, der die Absprache nicht eingehalten hat! – Schieben Sie doch Herrn Modrow nichts unter! Sie waren es doch!)

die notwendige Gesetzgebung zum Schutz von Investitionen herbeigeführt hätte, wie dies Ungarn getan hat, wären wir heute, was Investitionen in der DDR anbelangt, bereits in einer völlig anderen Situation.

(Beifall bei der CDU/CSU und der FDP)

Die Verantwortlichen in der DDR – Regierung, Runder Tisch – haben es selbst in der Hand, die Signale so zu setzen, daß der wirtschaftliche Neubeginn in Gang kommt. Unterbleiben diese Entscheidungen, aus welchen Gründen auch immer, dann werden alle öffentlichen Milliardenhilfen ohne die erhoffte Wirkung bleiben.

(Zuruf von der CDU/CSU: So ist es!)

Die Einführung der D-Mark in der DDR und das Einleiten marktwirtschaftlicher Reformen in der DDR sind ein und dieselbe Seite der wirtschaftlichen Erfolgsmedaille.

(Frau Dr. Vollmer [GRÜNE]: Nötigung nennt man so etwas! – Gegenruf des Abg. Dr. Bötsch [CDU/CSU]: Noch nichts dazugelernt!)

Wichtig erscheint mir aber auch, daß die Größenordnung der wirtschaftlichen Herausforderungen, mit denen wir es jetzt zu tun haben, nüchtern gesehen wird. Bei den Einwohnern erreicht die DDR nicht ganz die Zahl des Bundeslandes Nordrhein-Westfalen. Legt man die Wirtschaftskraft zugrunde, dann geht die Deutsche Bundesbank davon aus, daß wir es mit dem Gewicht eines mittelgroßen Bundeslandes in der Bundesrepublik – wie etwa des Bundeslandes Hessen – zu tun haben. Präsident Pöhl hat zusätzlich darauf hingewiesen, daß das in einem einzigen Jahr in der Bundesrepublik Deutschland neu gebildete Geldvermögen in etwa dem Gesamtbestand der Spareinlagen in der DDR entspricht.

Ich nenne diese Vergleichsgrößen nicht, um die Probleme zu verniedlichen; das liegt mir fern.

(Frau Beer [GRÜNE]: Sie sind das zu Fleisch gewordene Wirtschaftswunder!)

Aber sie dürfen auch nicht maßlos übertrieben werden. Die Herausforderungen müssen so gesehen werden, wie sie tatsächlich sind, nämlich alles andere als einfach, aber für ein Land wie die Bundesrepublik Deutschland letztlich doch lösbar und mit der DDR gemeinsam zu bewältigen.

(Beifall bei der CDU/CSU und der FDP)

[...] Mit den Aufgaben, die vor uns liegen, werden weder die wirtschaftliche Leistungsfähigkeit noch die Stabilität noch die soziale Sicherheit in der Bundesrepublik Deutschland in Frage gestellt.

(Frau Dr. Vollmer [GRÜNE]: Aber in der DDR! – Gegenruf des Abg. Dr. Bötsch [CDU/CSU]: Dumm!)

Auch in der DDR bietet der Übergang zu einer Sozialen Marktwirtschaft keinen Anlaß zu Befürchtungen; denn marktwirtschaftliche Ordnung und soziale Absicherung sind nach unserem Verständnis und nach unserer Erfahrung in der 40jährigen Geschichte der Bundesrepublik Deutschland nicht voneinander zu trennen.

(Beifall bei der CDU/CSU und der FDP – Frau Dr. Vollmer [GRÜNE]: 2 Millionen Arbeitslose!)

Unser Erfolgsweg war der Weg der Sozialen Marktwirtschaft, und wir haben in diesen Jahrzehnten im Vergleich der Systeme erlebt, daß der marxistische Sozialismus gescheitert ist und daß die Soziale Marktwirtschaft überall in der Welt eine Renaissance erlebt.

(Beifall bei der CDU/CSU und der FDP)

Die Grundlagen unseres Weges sind Leistung und soziale Gerechtigkeit,

(Frau Flinner [GRÜNE]: O ja!)

Wettbewerb und Solidarität, Eigenverantwortung und soziale Sicherung. Unser materieller Wohlstand ist einer der höchsten,

(Frau Teubner [GRÜNE]: 6 Millionen Arme in diesem Land! Was ist daran gerecht?)

unser soziales Sicherungsnetz eines der dichtesten in der Welt.

(Beifall bei der CDU/CSU und der FDP)

Für die meisten Bürger in der Bundesrepublik Deutschland ist dies mittlerweile zur Selbstverständlichkeit geworden, nicht so für unsere Landsleute in der DDR. Sie machen sich Gedanken, ob der Weg einer Währungsunion und einer Wirtschaftsgemeinschaft sie nicht ins soziale Abseits drängen könnte. Ich nehme diese Sorgen, die dort gerade ältere und von Arbeitslosigkeit bedrohte Mitbürger haben, sehr ernst. Ich kann den Bürgern der DDR jedoch versichern: Soziale Marktwirtschaft bedeutet immer auch sozialen Ausgleich.

(Frau Teubner [GRÜNE]: Sieht man bei uns!)

Es ist unser Ziel, daß es bald auch zu einer sozialen Gemeinschaft kommt.

(Beifall bei der CDU/CSU und der *FDP)*

Um dies zu erreichen, ist die Bundesregierung bereit, sofort beim Aufbau einer modernen Arbeits- und Sozialordnung mitzuwirken. Nach unseren Erfahrungen ist als erster Schritt die Weiterentwicklung der sozialen Sicherungssysteme für Alter und Arbeitslosigkeit erforderlich. Beitrags- und Leistungsbezogenheit sowie Umlagefinanzierung aus dem Arbeitseinkommen sind die Garantie dafür, daß mit der Lohnentwicklung und dem Lebensstandard auch die Sozialleistungen wachsen. Es ist unser selbstverständliches Ziel, auch der Rentnergeneration in der DDR, die den Aufbau nach dem Krieg bewältigt und die Hauptlast der sozialistischen Mißwirtschaft zu tragen hatte, den Lebensabend zu sichern.

(Beifall bei der CDU/CSU und der FDP)

Ebenso ist es unser Ziel, den Arbeitslosen einen angemessenen Ausgleich sowie berufliche Qualifizierung zu ermöglichen. Hierfür bieten wir personelle und technische Hilfe an. Ich bin mir auch darüber im klaren, daß eine Anschubfinanzierung notwendig werden wird.

(Dr. Dregger [CDU/CSU]: Sehr richtig!)

In der Bundesrepublik Deutschland haben wir durch Anstrengung und Leistung den durch technischen Fortschritt und internationale Konkurrenz bedingten Strukturwandel erfolgreich bewältigt. Ich bin auch heute davon überzeugt, daß wir gemeinsam die weitere wirtschaftliche und soziale Entwicklung in beiden Teilen Deutschlands positiv gestalten werden. Auf unsere Solidarität – und zwar nicht in Worten, sondern in Taten, – können die Mitbürger in der DDR rechnen.

(Beifall bei der CDU/CSU und der FDP – Frau Dr. Vollmer [GRÜNE]: Das hat der Runde Tisch ja jetzt erlebt!)

Den Bürgern der Bundesrepublik Deutschland möchte ich zurufen: Unser soziales Netz bleibt dicht geknüpft. Kein Rentner, kein Kranker, kein Arbeitsloser, kein Kriegsopfer, kein Sozialhilfeempfänger braucht Leistungskürzungen zu befürchten.

(Zuruf von der SPD: Sie haben ja schon gekürzt!)

Im Gegenteil, die Dynamik der wirtschaftlichen Entwicklung wird auch künftig den sozialen Sicherungssystemen zugute kommen.

(Beifall bei der CDU/CSU und der FDP)

Wer also über wirtschaftliche Herausforderungen für Deutschland insgesamt spricht, der sollte dies verantwortungsbewußt und in Kenntnis der Tatsachen tun.

(Hoss [GRÜNE]: Daran sollten Sie sich selber einmal halten!)

In diesem Zusammenhang begrüße ich es ausdrücklich, daß sich der Präsident der Deutschen Bundesbank, Herr Pöhl,

(Frau Dr. Vollmer [GRÜNE]: Ein Wendehals!)

auf verantwortliche Weise auch zu diesem Thema öffentlich geäußert hat. Ich danke ihm dafür.

(Beifall bei der CDU/CSU und bei Abgeordneten der FDP)

Es kommt jetzt darauf an, daß wir politisch und wirtschaftlich Kurs halten. Ein klarer Kurs Sozialer Marktwirtschaft ist für die Bundesrepublik, aber auch für Deutschland insgesamt von zentraler Bedeutung. Wenn wir in diesen Zeiten an den Grundprinzipien festhalten, die die Bundesrepublik Deutschland vom ökonomischen Nullpunkt nach dem Zweiten Weltkrieg in die Spitzengruppe der Industrieländer der Welt gebracht haben, können wir auch die Herausforderungen der 90er Jahre bewältigen. Die Koalition von FDP, CSU und CDU hat bereits in den Aufbaujahren der Bundesrepublik Großes geleistet.

(Lintner [CDU/CSU]: Gegen den Widerstand der SPD!)

Wir haben nach der Regierungsübernahme 1982 wiederum - in einer schwierigen Lage - gezeigt, daß wir die wirtschaftlichen und sozialen Probleme unseres Landes vernünftig lösen können.

(Zuruf von der SPD: 2,5 Millionen Arbeitslose!)

Wir sind entschlossen, auch in der kommenden Zeit aus diesen Erfahrungen und aus diesem Geist zu handeln. Das Leitwort der kommenden Monate lautet nationale Solidarität. Solidarität ist in dieser Stunde unsere selbstverständliche menschliche und nationale Pflicht.

(Langanhaltender Beifall bei der CDU/CSU und der FDP)

19 Mandat für die Herstellung der Einheit Deutschlands

In der ersten freien Wahl seit 58 Jahren haben unsere Landsleute in der DDR ihrer Hoffnung auf ein Leben in Freiheit, sozialer Sicherheit und Wohlstand Ausdruck gegeben. Ihre Entscheidung ist zugleich ein Mandat für die Herstellung der Einheit Deutschlands.

Sie bekennen sich dazu, zusammen mit den Menschen in der Bundesrepublik Deutschland in einem einigen Vaterland leben zu wollen, in dem eine Verfassungsordnung gilt, die Freiheit und Menschenwürde schützt, die Menschenrechte garantiert und den sozialen Rechtsstaat verwirklicht. Unüberhörbar haben sie deutlich gemacht, was sie auch wollen: die Soziale Marktwirtschaft - und zwar bald.

In dieser historischen Stunde appellieren wir an die Menschen in der DDR: Bleiben Sie zu Hause, helfen Sie mit, gemeinsam mit uns dieses schöne Land aufzubauen! Niemals waren die Chancen für jeden einzelnen größer als heute. Nutzen Sie sie! Jetzt ist die Zeit für Zuversicht, Initiative und Tatkraft.

Wenn in Kürze erstmals in der DDR eine vom Volk legitimierte Regierung auf möglichst breiter parlamentarischer Basis entsteht, werden unsere Verhandlungen über die Währungsunion zügig vorangehen können: wichtige Vorarbeiten sind bereits getan.

Parallel dazu muß die neue Regierung der DDR ihrer Verantwortung gerecht werden und gute Rahmenbedingungen für die Einführung der Sozialen Marktwirtschaft gestalten. Denn eine klare ordnungspolitische Grundentscheidung ist unabdingbar, um dem Aufbruch zu Freiheit und Wohlstand Schwung zu verleihen und ihn unumkehrbar zu machen.

Selbstverständlich gehört dazu die Sozialunion, damit auch die Rentner und die Arbeitslosen und alle der Hilfe Bedürftigen in der DDR ohne Angst in die Zukunft blicken können. Wir werden dazu unseren Beitrag durch eine Anschubfinanzierung leisten.

Presseerklärung zur Volkskammerwahl am 18. März 1990.
Bulletin des Presse- und Informationsamts der Bundesregierung Nr. 38 (22. März 1990).

Auf die entschiedene Solidarität der Bundesrepublik Deutschland können unsere Landsleute in der DDR zählen. Es liegt im Interesse der Menschen in der DDR, daß wir rasch, aber ohne künstlichen Zeitdruck die notwendigen Schritte tun. Was an uns liegt, wird alles geschehen, daß Währungs-, Wirtschafts- und Sozialunion schon in wenigen Monaten in Kraft gesetzt werden können.

Der Prozeß der politischen Einigung Deutschlands wird nach dem Willen der Deutschen den Prozeß der europäischen Einigung vorantreiben. Das einige Deutschland wird ein europäisches Deutschland sein. Als europäische Deutsche und deutsche Europäer gehen wir den Weg in die neunziger Jahre gemeinsam mit unseren Freunden im Westen und unseren Nachbarn in Europa.

Wir wollen, daß von Deutschland Frieden ausgeht. Wir sehen das wirtschaftliche und politische Zusammenwachsen beider Teile Deutschlands als Beispiel für die Zusammenarbeit zwischen West und Ost.

20 ». . . im Geist wahrer Menschlichkeit«

Das Verhältnis des geeinten Deutschland zum Staat Israel und zur Judenheit

Ich freue mich, zur Eröffnung der Gemeinsamen Tagung des Jüdischen Weltkongresses, des Europäischen Jüdischen Kongresses und des Zentralrats der Juden in Deutschland heute bei Ihnen zu sein. [. . .] Ort und Zeitpunkt Ihrer Zusammenkunft geben der Gemeinsamen Tagung eine besondere Bedeutung. Ich weiß zu würdigen, was es heißt, daß diese Tagung in Berlin stattfindet. Ich weiß vor allem um die Gefühle und Erinnerungen vieler von denen, die hierher gekommen sind, und ich respektiere die Entscheidung derjenigen, die beschlossen, jetzt noch nicht zu kommen. Niemals darf vergessen werden, daß unter der nationalsozialistischen Gewaltherrschaft von Berlin aus der Völkermord an den europäischen Juden vorbereitet und gesteuert wurde.

Berlin ist in den vergangenen Jahrzehnten aber auch zum Symbol dafür geworden, daß sich der Wunsch nach Freiheit, Menschenrechten und Selbstbestimmung nicht auf Dauer unterdrücken läßt. Wir erinnern uns dankbar daran, daß Amerikaner, Franzosen und Briten die Freiheit und Lebensfähigkeit dieser Stadt gesichert haben. Solidarität und Standfestigkeit unserer westlichen Partner und das ungebrochene Zusammengehörigkeitsgefühl der Deutschen im geteilten Vaterland haben schließlich mit dazu beigetragen, daß die Mauer fiel und die innerdeutschen Grenzsperren friedlich überwunden werden konnten.

Die Bilder des Wiedersehens an der Berliner Sektorengrenze im November vergangenen Jahres stehen uns noch vor Augen. Und ich glaube, daß die Deutschen daher auch mit besonderer Sympathie und Anteilnahme die Bilder vom herzlichen Willkommen aufgenommen haben, das den aus der Sowjetunion emigrierten Juden in Israel bereitet wird.

Rede vom 6. Mai 1990 zur Eröffnung der Gemeinsamen Tagung des World Jewish Congress und des Zentralrats der Juden in Deutschland im Gemeindehaus der Jüdischen Gemeinde in Berlin.
Bulletin des Presse- und Informationsamts der Bundesregierung Nr. 55 (9. Mai 1990).

Bei der zentralen Gedenkfeier in der Frankfurter Westend-Synagoge zum 50. Jahrestag des nationalsozialistischen Pogroms vom 9. November 1938 und bei vielen anderen Anlässen habe ich gewürdigt, daß sich nach dem Ende von Krieg und Gewalt vor 45 Jahren Juden bereit fanden, mit helfender Hand und mit dem moralischen Gewicht ihres Wortes beim Aufbau unserer Bundesrepublik Deutschland mitzuwirken – des freiesten und friedlichsten Gemeinwesens, das es je auf deutschem Boden gab. Neben dem Schrecklichen, das wir weder vergessen dürfen noch vergessen wollen, werden künftige Generationen in Deutschland auch dies in Erinnerung behalten.

Dieses Zeichen des Vertrauens ist und bleibt ein kostbares Geschenk. Und ich weiß auch, daß es ein zerbrechliches Geschenk ist: Das hat sich angesichts mancher Sorgen im Blick auf die bevorstehende Einheit Deutschlands einmal mehr gezeigt.

In den kommenden Tagen werden Sie sich diesem Thema widmen – und nicht zuletzt auch ganz allgemein der Frage, welche Chancen und Risiken der Aufbruch in Mittel-, Ost- und Südosteuropa für die ethnischen, kulturellen und religiösen Minderheiten in sich birgt. Denn so sehr alle freiheitlich denkenden Menschen den demokratischen Aufbruch in diesem Teil unseres Kontinents begrüßen müssen, so sehr müssen wir darauf achten, daß das wiedererwachende Nationalbewußtsein untrennbar mit dem Ideal der Menschenrechte verbunden bleibt.

Wir müssen den Ungeist des Nationalismus immer und überall bekämpfen. Die Aktivitäten der antisemitischen Organisation »Pamjat« oder die Ausschreitungen in Rumänien gegen die ungarische Minderheit beweisen zur Genüge, daß wir in Europa noch so manche Hürde zu überwinden haben. Das Europa, das ich mir wünsche, muß eine pluralistische Gemeinschaft sein, ein Kontinent der offenen Grenzen und der wechselseitigen Achtung – und ein entscheidender Prüfstein dabei ist das Wohlergehen der ethnischen, kulturellen und religiösen Minderheiten. Für deren Schutz setzt sich die Bundesregierung gerade auch im Rahmen der KSZE nachdrücklich ein.

Zu einem friedlichen Miteinander gehört vor allem auch die Bereitschaft zu unbedingter Wahrhaftigkeit. Nur wer bereit ist, der *ganzen* Wahrheit ins Auge zu schauen – so schmerzlich diese auch sein mag –, gelangt zu einem wirklichen Verständnis für Wert und Würde verantworteter Freiheit. Dies gehört zu den wichtigsten Erfahrungen, die wir in Deutschland nach 1945 gemacht haben.

Stellvertretend für die vielen, die die Kraft zu diesem entscheidenden Schritt auf dem Weg in eine bessere Zukunft aufbrachten, erwähne ich nur Konrad Adenauer, den ersten Bundeskanzler der Bundesrepublik Deutschland. Ich erinnere hier vor allem an seine historischen Begegnungen mit Nahum Goldmann 1951 in London und mit David Ben Gurion 1960 in New York.

In seiner nach wie vor gültigen Erklärung vom 27. September 1951 vor dem Deutschen Bundestag bezeichnete es Konrad Adenauer in feierlicher Form als *»vornehmste Pflicht des deutschen Volkes«*, im Verhältnis zum Staate Israel und zur Judenheit den *»Geist wahrer Menschlichkeit wieder lebendig und fruchtbar«* werden zu lassen. Damit drückte er nicht nur eine persönliche Meinung aus, sondern eine Überzeugung, die von allen demokratischen Kräften in der Bundesrepublik Deutschland geteilt wurde – und geteilt wird.

Demgegenüber hat das mittlerweile von den Menschen abgewählte kommunistische Regime in der DDR unter dem Deckmantel des sogenannten »Antizionismus« jahrzehntelang das Existenzrecht des Staates Israel in Frage gestellt. Unter dem Deckmantel des »Antifaschismus« hat die alte Führung der DDR jahrzehntelang versucht, jegliche Verantwortung im Blick auf die NS-Verbrechen zu leugnen und die sich daraus ergebenden Konsequenzen auf die Bundesrepublik Deutschland abzuwälzen. Solche ideologischen Verzerrungen waren nicht nur Bestandteil der offiziellen Politik. Sie fanden auch Eingang in den Schulunterricht. Vor diesem Hintergrund ist die Frage gestellt worden, ob der in der Bundesrepublik bestehende Konsens über unser Verhältnis zum Staate Israel und über unseren Umgang mit der NS-Vergangenheit auch in einem vereinten Deutschland gelten werde.

Die Ereignisse der vergangenen Woche haben indes gezeigt, daß diese Frage ohne Einschränkung bejaht werden kann:

- Die Wählerinnen und Wähler in der DDR haben bei der Volkskammerwahl am 18. März 1990 – der ersten wirklich freien Wahl in diesem Teil Deutschlands seit über 57 Jahren – mit überwältigender Mehrheit ihre Stimme solchen Parteien gegeben, die sich für den von Konrad Adenauer vorgezeichneten Kurs im Verhältnis zur Judenheit und zum Staate Israel verbürgen.

- In einer vielbeachteten, bewegenden Entschließung hat die erste demokratisch legitimierte Volkskammer der DDR gleich zu Beginn ihrer Arbeit unter anderem erklärt: *»Wir bitten die Juden in aller Welt um Verzeihung für Heuchelei und Feindseligkeit der offiziellen DDR-Politik gegenüber dem Staat Israel und für die Verfolgung und Entwürdigung jüdischer Mitbürger auch nach 1945 in unserem Lande.«*
  Ich weiß, daß gerade auch Ministerpräsident Lothar de Maizière und die von ihm geführte Regierung bei diesem Thema eine Haltung einnehmen, die über jeden Zweifel erhaben ist.
- Die Deutschen in der DDR – auch das ist meine Erfahrung aus vielen persönlichen Gesprächen und Begegnungen in den vergangenen Wochen – wollen die Einheit, weil sie mit ihren Landsleuten in der Bundesrepublik Deutschland in Frieden und Freiheit zusammenleben möchten. Sie haben mit friedlichen Mitteln eine Diktatur überwunden, und das allein ist schon ein Ausdruck ihrer demokratischen Reife.

Die Menschen in der DDR waren während der vergangenen Jahre und Jahrzehnte im übrigen keineswegs vom Rest der Welt abgeschottet. Vielmehr hatten sie auf Grund vielfältiger Verbindungen – insbesondere über das Fernsehen und persönliche Kontakte – ein sehr genaues Bild davon, was im freien Teil Deutschlands und in der Welt vor sich ging.

Dennoch bleibt es eine wichtige moralische Herausforderung, im Geschichtsunterricht an den Schulen, Universitäten und sonstigen Bildungseinrichtungen in der DDR die Lehrpläne künftig im Sinne eines wahrhaftigen Umgangs mit der NS-Vergangenheit umzugestalten. Dies wird vor allem Aufgabe der für Erziehungsfragen zuständigen Regierungen in den künftigen Ländern der DDR sein. Ich bin davon überzeugt, daß sich die demokratischen Parteien dort gerade auch dieser Aufgabe mit großem Ernst widmen werden.

Sie brauchen dabei kompetenten Rat und Unterstützung. Ich habe mich deshalb sehr darüber gefreut, daß Herr Reich, der Internationale Präsident von B'nai B'rith, in dieser Frage ausdrücklich die Hilfe seiner Organisation angeboten hat.

Es bleibt die selbstverständliche Pflicht aller demokratischen Kräfte auch in einem vereinten Deutschland, kompromißlos jene zu bekämpfen, die offen oder unterschwellig antisemitische Vorurteile verbreiten oder die jüdische Religion und Religiosität verunglimpfen.

Für uns Deutsche gehört es zu den wichtigsten Lehren der Geschichte, daß eine Demokratie sich ihren Feinden nicht schutzlos ausliefern darf, sondern ihnen wehrhaft entgegentreten muß. Dazu gehört vor allem auch die geistig-politische Auseinandersetzung mit allen Formen des Extremismus. Repressive Mittel allein reichen nämlich nicht aus. Hinzukommen muß stets die Verankerung der freiheitlichen Demokratie in unseren Herzen - denn hier ist nicht bloß der Verstand gefordert, und Angst vor Strafe bietet allein keine ausreichenden Garantien.

Ein enger und vertrauensvoller Dialog mit Israel muß und wird wesentlicher Bestandteil der Nahost-Politik eines vereinten Deutschlands bleiben. Dafür verbürge ich mich auch ganz persönlich. Der Staat Israel und ein vereintes Deutschland werden ihre Zusammenarbeit auf ein breites Fundament gemeinsamer Überzeugungen stützen können, wie es auch schon den Beziehungen zwischen Israel und der Bundesrepublik Deutschland zugrunde lag: Beide Länder sind den gleichen, auf Demokratie und Recht beruhenden Werten der westlichen Welt verpflichtet.

Im Rahmen der Europäischen Gemeinschaft treten wir seit langem - und auch daran wird sich nichts ändern - besonders aktiv für die Lebens-, Freiheits- und Sicherheitsinteressen des Staates Israel ein. Ebenso nachdrücklich engagieren wir uns für die Zusammenarbeit der EG mit Israel.

Gemeinsam mit unseren Partnern beteiligen wir uns an der Suche nach einer Verhandlungslösung für den arabisch-israelischen Konflikt. Dabei ist eine Garantie des Lebensrechtes Israels in sicheren und anerkannten Grenzen für uns unverzichtbarer Bestandteil jeder politischen Regelung. Für uns Deutsche ist das Selbstbestimmungsrecht der Völker ein besonders hohes Gut. Wir wissen aber auch, daß das Selbstbestimmungsrecht der Palästinenser seine Grenze am Lebensrecht Israels findet. Es kommt darauf an, für die legitimen Interessen beider Seiten einen gerechten Ausgleich zu finden.

Am Ende dieses Jahrhunderts, das so viel Leid und Elend sah, haben wir begründete Hoffnung auf eine Welt, in der das friedliche Miteinander von Menschen und Völkern immer selbstverständlicher wird. Ganz Europa befindet sich heute auf dem Weg zu einer gerechten und dauerhaften Ordnung, in der die Rivalitäten, Grenzstreitigkeiten und nationalistischen Sonderwege früherer Zeiten keinen Platz mehr haben.

In dieses freie und geeinte Europa wird ein freies und geeintes Deutschland fest eingebettet sein. Beide Prozesse - die europäische Integration und die Wiederherstellung der staatlichen Einheit Deutschlands - sind eng miteinander verbunden. Die Deutschen - und das gilt vor allem auch für die junge Generation - wollen eine Zukunft als deutsche Europäer und europäische Deutsche.

Ich bin davon überzeugt, daß auf diesem Weg die Chancen weitaus größer sind als die Risiken. Dies setzt allerdings voraus, daß wir uns der Lehren der Geschichte stets bewußt sind, daß wir wachsam bleiben gegenüber allen totalitären Versuchen. Wir schulden daher das Erinnern nicht allein den Opfern, sondern auch unseren Kindern und Enkeln.

Ich wünsche mir und ich wünsche uns allen, daß von Ihrer gemeinsamen Tagung gerade auch in dieser Hinsicht eine wichtige Botschaft für die Zukunft ausgehen wird.

21 ». . . ein selbstverständliches Gebot der Solidarität«

Die deutsch-deutsche Währungs-, Wirtschafts- und Sozialunion im Blick auf eine gesamteuropäische Friedensordnung

Selten in seiner Geschichte stand der Deutsche Bundestag vor so bedeutsamen Entscheidungen wie heute. Nach über 40 Jahren schmerzlicher Trennung stehen wir jetzt vor der Erfüllung der Hoffnung der Menschen in Deutschland auf die Einheit und die Freiheit aller Deutschen. Mit der Verabschiedung des Staatsvertrags über die Währungs-, Wirtschafts- und Sozialunion und der Entschließung zur Grenze des künftigen vereinigten Deutschland mit Polen geht es um entscheidende Schritte auf dem Weg, die staatliche Einheit Deutschlands wiederherzustellen.

Es kommt jetzt darauf an, daß wir dieser historischen Chance gewachsen sind, daß wir sie verantwortungsbewußt, klug und in Würde nutzen. Wir können die Bedeutung dieser Stunde nur ermessen, wenn wir alle uns vergegenwärtigen, was die Lebenserfahrung unserer Landsleute in der DDR in den letzten 40 Jahren war. Sie haben ein System überwunden, das vielen Menschen großes Leid, Elend und Verzweiflung gebracht und manche das Leben gekostet hat. [. . .] Sie alle wollten – wie vor allem die Opfer des 17. Juni – in Freiheit ein menschenwürdiges Leben führen. Sie kämpften für die Wahrheit und gegen die Lüge, gegen ein Regime, das ihnen von außen aufgezwungen war. Wir dürfen ihr schweres Schicksal niemals vergessen. Solches darf sich in Deutschland nie wiederholen.

(Beifall im ganzen Hause)

Gerade an einem Tag wie heute muß uns allen bewußt sein, daß wir ihnen verpflichtet sind. Gerade an einem Tag wie heute muß es auch allen bewußt sein, daß das Leitwort des Jahres 1945 – »Nie wieder

Regierungserklärung zum Vertrag vom 21. Juni 1990 über die Schaffung einer Währungs-, Wirtschafts- und Sozialunion zwischen der Bundesrepublik Deutschland und der Deutschen Demokratischen Republik, zu den deutsch-polnischen und zu den westeuropäischen Beziehungen zur Sowjetunion.
Deutscher Bundestag. Plenarprotokoll 11/217, 21. Juni 1990.

Krieg, nie wieder Diktatur« – für uns Deutsche nicht nur eine nationale Dimension hat, sondern weit darüber hinausweist.

Es hat in den vergangenen 40 Jahren in nahezu allen Fraktionen des Deutschen Bundestages Männer und Frauen gegeben, die sich vom ersten Zusammentreten des Hohen Hauses an leidenschaftlich und mit ganzer Kraft für das Ziel der Freiheit und Einheit aller Deutschen eingesetzt haben. Stellvertretend für viele, die glücklich wären, könnten sie diese Stunde heute erleben, möchte ich den früheren SPD-Vorsitzenden Kurt Schumacher zitieren. In der Debatte über die erste Regierungserklärung von Konrad Adenauer im September 1949 sagte er: *»Wir wünschen, daß bei aller Verschiedenheit der Auffassungen sozialer, politischer und kultureller Natur die Angelegenheit der deutschen Einheit überall in Deutschland die Angelegenheit der gleichen Herzenswärme und der gleichen politischen Entschiedenheit wird.«*

Dieser Geist der Gemeinsamkeit sollte heute alle Abgeordneten des Hohen Hauses leiten, wo sich uns jetzt die Chance bietet, den Auftrag unseres Grundgesetzes zu erfüllen.

(Beifall bei der CDU/CSU, der SPD und der FDP sowie der Abg. Frau Unruh [fraktionslos])

Niemand kann heute sagen, wie spätere Generationen einmal über uns urteilen werden. Doch die heutigen Entscheidungen des Deutschen Bundestages sind von grundlegender Bedeutung für die Zukunft unserer Nation. Ich bin davon überzeugt, daß jeder einzelne von uns danach beurteilt werden wird, ob er in dieser entscheidenden Stunde kleinmütig versagt hat.

(Beifall bei der CDU/CSU und der FDP sowie der Abg. Frau Unruh [fraktionslos])

Die Bundesregierung will jetzt die Voraussetzungen dafür schaffen, daß bald alle Deutschen gemeinsam in Frieden, Freiheit und Wohlstand leben können. Wir stehen damit vor einer der größten Gestaltungsaufgaben der Nachkriegsgeschichte.

Der Staatsvertrag über die Währungs-, Wirtschafts- und Sozialunion bedeutet einen entscheidenden Schritt auf dem Weg zur Einheit. Für die Menschen in Deutschland wird damit in wichtigen Bereichen ihres täglichen Lebens die Einheit erlebbare Wirklichkeit. Unseren Landsleuten in der DDR eröffnet sich damit die Chance auf eine rasche, durchgreifende Besserung ihrer Lebensbedingungen. Sie richten ihre

Hoffnungen auf diesen Staatsvertrag, und sie erwarten von uns, daß diese Hoffnungen nicht enttäuscht werden.

Der Staatsvertrag ist Ausdruck der Solidarität unter den Deutschen. Die Deutschen in der Bundesrepublik und in der DDR sind jetzt wieder - und fortan - unauflöslich miteinander verbunden. Der Staatsvertrag dokumentiert den Willen aller Deutschen, in eine gemeinsame Zukunft zu gehen.

Ich rufe alle Abgeordneten des Deutschen Bundestages auf, diesem Staatsvertrag zuzustimmen. Er weist den Weg zur Einheit, und wer diese Wegweisung nicht akzeptiert, der will den Weg zur Einheit nicht.

(Beifall bei der CDU/CSU und der FDP – Zuruf von den GRÜNEN: So ein Quatsch! – Weitere Zurufe von den GRÜNEN)

Für die Menschen in der DDR ist es wichtig zu wissen, daß die Botschaft der Solidarität auch hier bei uns von einer großen Mehrheit getragen wird. Wer den Staatsvertrag ablehnt, stößt unsere Landsleute zurück. Er stellt in einer entscheidenden Stunde der deutschen Geschichte die Fähigkeit zum Miteinander, zur nationalen Solidarität in Frage.

(Zuruf von den GRÜNEN: Das hätten Sie sich früher überlegen müssen!)

Ich bin mir bewußt, daß der Weg, den wir jetzt einschlagen, schwierig sein wird. Das wissen auch die Menschen in der DDR. Aber sie sagen uns allen auch unmißverständlich: Der Staatsvertrag muß kommen. Nur die rasche Verwirklichung der Währungs-, Wirtschafts- und Sozialunion bietet die Chance, daß Mecklenburg-Vorpommern, Sachsen-Anhalt, Brandenburg, Sachsen und Thüringen bald wieder blühende Landschaften sein werden, in denen es sich zu leben und zu arbeiten lohnt. Wer jetzt behauptet, man hätte sich doch mehr Zeit lassen können, verkennt die Realitäten in Deutschland, und er verdrängt die Erfahrungen der letzten Monate. Es sind die Menschen in der DDR, die das Tempo der Entwicklung bestimmt haben und im übrigen weiter bestimmen werden.

(Beifall bei der CDU/CSU und der FDP)

Hunderttausende von Übersiedlern sind in die Bundesrepublik gekommen, weil sie in der DDR keine Zukunftsperspektive mehr sahen, Menschen, die für den Aufbau in der DDR dringend gebraucht werden. Erst die Aussicht auf die Währungs-, Wirtschafts- und Sozialunion hat viele unserer Landsleute wieder Hoffnung schöpfen lassen. Ein Hinauszögern des Staatsvertrages - mit welchen Argumenten auch immer - hätte den Zusammenbruch der DDR bedeutet. Die Übersiedlerzahlen wären erneut sprunghaft angestiegen - wie wir alle wissen, mit verheerenden Folgen. Wer wollte dafür die Verantwortung übernehmen?

Die Deutschen in ihrer großen Mehrheit wollen den Staatsvertrag, weil sie die Einheit wollen und weil sie wissen, daß der jetzt eingeschlagene Weg der richtige ist.

Natürlich fragen sich viele bei uns wie in der DDR, was dieser beispiellose Vorgang für sie ganz persönlich bedeutet, für ihren Arbeitsplatz, für ihre soziale Sicherheit, für ihre Familien. Wir alle nehmen diese Sorgen ernst. Für das große Ziel der Einheit unseres Vaterlandes werden auch wir in der Bundesrepublik Opfer bringen müssen. Ein Volk, das dazu nicht bereit wäre, hätte seine moralische Kraft längst verloren.

(Beifall bei der CDU/CSU und der FDP)

Aber ich bin sicher: Wir werden diese große Aufgabe in gemeinsamer Anstrengung zum Wohle der ganzen Nation bewältigen.

Es wird harte Arbeit, auch Opfer, erfordern, bis wir Einheit und Freiheit, Wohlstand und sozialen Ausgleich für alle Deutschen verwirklichen können. Viele unserer Landsleute in der DDR werden sich auf neue und ungewohnte Lebensbedingungen einstellen müssen und auch auf eine gewiß nicht einfache Zeit des Übergangs. Aber niemandem werden dabei unbillige Härten zugemutet. Den Deutschen in der DDR kann ich sagen, was auch Ministerpräsident de Maizière betont hat: Es wird niemandem schlechter gehen als zuvor - dafür vielen besser.

Für die Deutschen in der Bundesrepublik gilt: Keiner wird wegen der Vereinigung Deutschlands auf etwas verzichten müssen. Es geht darum, einen Teil dessen, was wir in den kommenden Jahren zusätzlich erwirtschaften, unseren Landsleuten in der DDR als Hilfe zur Selbsthilfe zur Verfügung zu stellen. Für mich ist dies ein selbstverständliches Gebot nationaler Solidarität.

(Beifall bei der CDU/CSU und der FDP)

Wir haben alle Möglichkeiten, die nationale Herausforderung der

Deutschen zu bewältigen, wenn wir solidarisch zusammenstehen und wenn wir die Chancen nutzen, die sich uns jetzt bieten. Wir werden es schaffen, wenn wir uns auf die Fähigkeiten besinnen, mit denen wir vor über 40 Jahren aus den Trümmern unserer zerstörten Städte und Landschaften die Bundesrepublik Deutschland aufgebaut haben.

(Frau Unruh [fraktionslos]: Und die Altersarmut ist vorhanden!)

Damals haben die Menschen mit ihrem Mut und mit ihrer zähen Entschlossenheit, mit Fleiß und mit Einfallsreichtum und nicht zuletzt mit dem Bewußtsein für die gemeinsame Aufgabe eine stabile Demokratie errichtet. Sie haben Frieden und Freiheit, Wohlstand und ein hohes Maß an sozialer Gerechtigkeit für einen Teil Deutschlands verwirklicht. Wir wollen, daß dies alles jetzt endlich auch für das ganze Deutschland Wirklichkeit wird. Der Staatsvertrag, über den wir heute abstimmen, ist dafür Voraussetzung.

Die Herstellung der deutschen Einheit wird international nur akzeptiert werden, wenn die Gespräche über deren äußere Aspekte Erfolg haben, d.h. die Gespräche zwischen der Bundesrepublik Deutschland und der DDR einerseits sowie den Vier Mächten USA, Frankreich, Großbritannien und Sowjetunion andererseits.

Morgen wird in Ost-Berlin das zweite Treffen im Rahmen der sogenannten Zwei-plus-Vier-Gespräche auf Außenministerebene stattfinden. Weitere Treffen sind für Mitte Juli in Paris und für Anfang September in Moskau angesetzt. Nach unseren Unterredungen mit allen Partnern in diesem Gesprächskreis bin ich zuversichtlich, daß es gelingen wird, die auf der Tagesordnung stehenden Fragen rechtzeitig und zufriedenstellend zu lösen. Dazu gehört insbesondere die Ablösung der Vier-Mächte-Rechte und -Verantwortlichkeiten für Berlin und Deutschland als Ganzes.

Gemeinsam mit unseren Partnern wollen wir dem für November geplanten Sondergipfel der KSZE-Staaten das Ergebnis der Zwei-plus-Vier-Gespräche präsentieren. Ziel dieser Gespräche muß die volle Souveränität für das wiedervereinigte Deutschland sein.

(Beifall bei der CDU/CSU und der FDP sowie bei Abgeordneten der SPD)

Deutschland hat mehr Nachbarn als jeder andere europäische Staat. Wir wissen, daß das geeinte Deutschland im politischen und wirtschaftlichen Gefüge des Europa von morgen ein besonderes Gewicht haben wird. Wir sind uns deshalb von Anfang an bewußt gewesen, daß die Einheit Deutschlands alle unsere Nachbarn fundamental berührt und sie natürlich auch bewegt, ja, oft auch besorgt macht. Fast alle haben unter den Gewalttaten des NS-Regimes schwer zu leiden gehabt. Wir müssen die Fragen verstehen, die so mancher sich heute stellt. Wir sollten darauf Rücksicht nehmen, und wir wollen dies tun.

Wir Deutsche sind *ein* Volk. Wir dürfen von allen Nachbarn, Partnern und Freunden erwarten, daß sie unseren Wunsch, die Einheit unseres Vaterlands in Freiheit zu vollenden, unterstützen. Wir akzeptieren unsererseits, daß die deutsche Frage und ihre Lösung nicht allein uns Deutschen angehören. Wir wollen am Ende dieses Jahrhunderts mit allen unseren Nachbarn zu dauerhafter Verständigung und Versöhnung kommen. Wir wollen mitbauen an einem neuen, an einem geeinten Europa. Deutsche Einheit und Einheit Europas bedingen einander. Das Voranschreiten des europäischen Einigungswerks schafft den Rahmen, in dem sich die Einheit Deutschlands in Freiheit vollenden kann. Die Vereinigung unseres Vaterlands wird der politischen Einigung Europas einen entscheidenden Impuls geben. Dies gilt auch für das große Ziel eines Europa, das als Ganzes wieder zu einer kulturellen, ökonomischen und politischen Einheit zurückfinden muß.

(Beifall bei der CDU/CSU und der FDP)

Ein Deutschland, das sich in Freiheit vereinigt, wird niemals eine Bedrohung, dafür um so mehr ein Gewinn für Europa und alle unsere Partner sein. Von deutschem Boden werden Frieden und Freiheit ausgehen!

(Beifall bei der CDU/CSU und der FDP sowie bei Abgeordneten der SPD und des Abg. Dr. Mechtersheimer [GRÜNE])

Gerade auch in unserem Verhältnis zu unseren Nachbarn im Osten, vor allem zu Polen und zur Sowjetunion, wollen wir dies deutlich machen. Zusammen mit dem polnischen Volk müssen wir uns im wachen Bewußtsein der Belastungen der Vergangenheit der großen Aufgabe stellen, für die junge Generation unserer beiden Völker eine Zukunft in Frieden und gemeinsamer Freiheit zu gestalten. Das polnische Volk soll wissen: Ein freies und vereintes Deutschland will Polen ein guter Nachbar, ein zuverlässiger Partner auf dem »Weg nach Europa« sein.

Dazu gehört, daß Grenzen nicht in Zweifel gezogen und nicht verschoben werden. Nur wenn sie unumstritten sind, verlieren sie ihren trennenden Charakter. Wir wollen Grenzen einen neuen, einen zukunftsweisenden Charakter verleihen, nicht den der Trennung, sondern den der offenen Wege und der Begegnung in Freiheit.

(Beifall bei der CDU/CSU und der FDP sowie bei Abgeordneten der SPD)

Der Deutsche Bundestag richtet heute gemeinsam mit der Volkskammer der DDR eine unmißverständliche Botschaft an Polen: Die Grenze Polens zu Deutschland, so wie sie heute verläuft, ist endgültig.

(Beifall bei allen Fraktionen)

Sie wird durch Gebietsansprüche von uns Deutschen weder heute noch in Zukunft in Frage gestellt. Dies wird nach der Vereinigung Deutschlands in einem Vertrag mit der Republik Polen völkerrechtlich verbindlich bekräftigt werden. Für das künftig geeinte Deutschland kann erst eine gesamtdeutsche Regierung eine für die Zukunft völkerrechtlich verbindliche Unterschrift leisten. Erst ein gesamtdeutsches Parlament kann einen solchen Vertrag ratifizieren. Klar ist: Am Willen des deutschen Volkes, bekundet durch den Deutschen Bundestag und die Volkskammer der DDR, kann nicht gezweifelt werden.

(Beifall bei der CDU/CSU, der FDP und der SPD sowie bei Abgeordneten der GRÜNEN)

Wir vergessen nicht, welches Leid und Unrecht von Deutschen anderen Menschen und Völkern zugefügt wurde. [. . .] Dem polnischen Volk hatte Hitler den totalen Versklavungs- und Ausrottungskrieg erklärt. Unter deutscher Okkupation sollte die polnische Nation ausgelöscht werden. Das NS-Regime hat den Krieg zu verantworten, wie seine Folgen, und damit auch unseren Verlust Ostdeutschlands. So mußten die Menschen, die dort lebten, ohne eigene Schuld für die Verbrechen anderer einen hohen Preis entrichten.

Es leben viele in unserem Land, die die Erklärung, die wir heute abgeben, tief berührt und schmerzt. Sie sind ihrer Vorfahren Heimat mit dem Herzen fest verbunden. An einem Tag wie heute können sie nichts anderes als Trauer empfinden. Kein Mensch hat das Recht, ihren Gefühlen seine Achtung zu versagen. Wir haben Respekt vor ihnen und ihren Gefühlen, und wir können sie gut verstehen.

Wir müssen aber ebenso offen aussprechen: Wer die historische

Chance nutzen will, die Einheit Deutschlands in Freiheit zu vollenden, muß auf die Frage der polnischen Westgrenze eine klare Antwort geben.

(Beifall bei allen Fraktionen)

Dies erwarten nicht nur die Polen von uns. Dies erwarten ebenso alle unsere Nachbarn und Partner in Europa und vor allem auch die Vier Mächte, also die Vereinigten Staaten von Amerika, Frankreich, Großbritannien und die Sowjetunion.

Niemand soll sich täuschen: Wir stehen heute vor einer ganz klaren Entscheidung. Entweder wir bestätigen die bestehende Grenze, oder wir verspielen heute und für jetzt unsere Chance zur deutschen Einheit. Die Entscheidung, die wir als gewählte Abgeordnete heute hier treffen müssen, ist richtig und notwendig; denn es geht um die Einheit und Freiheit Deutschlands, und zugleich geht es um ein Werk des Friedens und der Versöhnung.

Ich weiß, daß es im Blick auf die 700jährige Geschichte der Deutschen in den Gebieten jenseits von Oder und Neiße auch einigen Kollegen im Deutschen Bundestag nicht leichtfällt, dieser Entschließung zuzustimmen. Bei aller Freude darüber, daß mit der Verabschiedung des Staatsvertrags die Einheit der Deutschen in gemeinsamer Freiheit in greifbare Nähe rückt, ist dies für niemanden eine leichte Stunde. Freude, Ernst und Trauer liegen eng beieinander.

Wir blicken zurück auf eine lange gemeinsame Geschichte, in der die Städte und Dörfer Schlesiens, des östlichen Brandenburg, Pommerns, West- und Ostpreußens und anderer Landschaften für Deutsche Heimat waren. Sie haben dieser europäischen Kulturlandschaft ihr unverwechselbares, ihr historisches Gepräge gegeben. Ich denke daran, daß dieses Land in Glück und Unglück, in Freude und Leid Lebensmittelpunkt von vielen Generationen von Deutschen war. Millionen von Deutschen haben dort ihre Wurzeln. Noch immer leben dort deutsche Familien Seite an Seite mit ihren polnischen Nachbarn. Im Bewußtsein und in den Gefühlen vieler Deutscher sind die Landschaften östlich von Oder und Neiße, wo sie für ihr Leben prägende Eindrücke erfahren haben, als Heimat lebendig. Dieses ganz ursprüngliche Gefühl der persönlichen Verbundenheit verdient jedermanns Achtung, ja, Sympathie.

Die 700jährige Geschichte und Kultur des deutschen Ostens ist und bleibt Bestandteil des geschichtlichen Erbes der deutschen Nation. Uns Deutschen liegt viel daran, dieses Kulturerbe zu bewahren und zu pflegen. Dieses Erbe bleibt lebendig, es ist unverlierbarer und unvergänglicher Bestandteil unserer Geschichte wie auch des kulturellen Reichtums Europas. Noch in vielen Jahren und Generationen werden sich Menschen an den Gedichten Eichendorffs erfreuen, und was Immanuel Kant *»zum ewigen Frieden«* geschrieben hat - über einen Föderalismus freier Staaten, über die Herrschaft des Rechts -, bleibt ein Wegweiser in das Europa der Zukunft.

Wahrheit ist - und das darf an einem Tag wie heute nicht verschwiegen werden -: Die Vertreibung der Deutschen aus ihrer angestammten Heimat war ein großes Unrecht. Es gab dafür keine Rechtfertigung, weder moralisch noch rechtlich. Wir können auch Jahrzehnte danach nicht erklären, die Vertreibung sei rechtmäßig gewesen.

Ich weiß, daß die Erfahrung von Flucht und Vertreibung auch nach Jahrzehnten noch schmerzt. Der Tod von Familienangehörigen und Freunden, das Zurücklassen von Hab und Gut, von Haus und Hof sind ein schweres Schicksal. Die Betroffenen werden ihren Schmerz aber noch stärker empfinden, wenn das ihnen angetane Unrecht verschwiegen wird.

Deshalb sind wir dankbar für die Worte, die Persönlichkeiten wie der jetzige polnische Ministerpräsident Tadeusz Mazowiecki, wie der Schriftsteller Andrzej Szczypiorski, der dieses Jahr mit dem Kunst- und Kulturpreis der deutschen Katholiken ausgezeichnet wurde, und andere in der gemeinsamen Erklärung deutscher und polnischer Katholiken zum 1. September 1989 gefunden haben. Sie schrieben: *»Das Leid von Millionen Deutschen, die aus ihrer Heimat vertrieben wurden, dabei Tote zu beklagen hatten und ihr Hab und Gut verloren, weckt bei Polen und Deutschen Trauer und Mitgefühl.«*
Sie setzen damit ein sichtbares Zeichen der Versöhnung zwischen dem deutschen und dem polnischen Volk.

Auch die deutschen Heimatvertriebenen haben in ihrer Stuttgarter Charta von 1950 schon früh ein großartiges Bekenntnis zur Versöhnung mit unseren östlichen Nachbarn und zur Schaffung eines geeinten Europa abgelegt. Sie erklärten damals: *»Die Vertriebenen werden jedes Beginnen mit allen Kräften unterstützen, das auf die Schaffung eines geeinten Europas gerichtet ist, in dem die Völker ohne Furcht und Zwang* *leben können... Wir Heimatvertriebenen verzichten auf Rache und Vergeltung. Dieser Entschluß ist uns ernst und heilig im Gedenken an das unendliche Leid, welches im besonderen das letzte Jahrzehnt über die Menschheit gebracht hat.«*

Nicht Rache, nicht Vergeltung: mit diesen Worten haben sie ihre eindeutige Antwort auf die schrecklichen Erfahrungen der Vergangenheit gegeben. Sie haben damit vor aller Welt bekundet, daß die Saat des Hasses und der Gewalt, die Saat Hitlers und Stalins, nicht fortlaufend neues Unrecht hervorbringen darf.

Heute sind in den Gebieten jenseits von Oder und Neiße polnische Familien in zweiter und dritter Generation ansässig; diese Gebiete sind ihnen zur Heimat geworden. Wir Deutsche wollen nicht, daß Krieg und Elend, Blut und Tod immer wieder aufgerechnet werden. Wir wollen nach vorn schauen, auf die Zukunft kommender Generationen. Wir schauen vor allem auch auf die junge polnische Generation, die heute in Pommern, Schlesien und anderswo lebt, und wir rufen ihr zu: Wir wollen Frieden, wir wollen Verständigung, wir wollen Aussöhnung, wir wollen ein freies und einiges Europa.

(Beifall bei der CDU/CSU, der FDP und der SPD sowie bei Abgeordneten der GRÜNEN und der Abg. Frau Unruh [fraktionslos])

Mit der Vereinigung Deutschlands verbindet sich jetzt die Chance, eine endgültige und dauerhafte Aussöhnung mit dem polnischen Volk zu erreichen. Die Zeit dafür ist reif.

Was zwischen Deutschen und Franzosen möglich war, kann und muß jetzt endlich auch zwischen Deutschen und Polen möglich werden. [...] Heute überqueren junge Deutsche und junge Franzosen ganz selbstverständlich den Rhein, um Freundschaft zu schließen.

Es ist mein Wunsch, daß ein solches Miteinander über die Grenzen hinweg zwischen jungen Deutschen und jungen Polen bald ebenso selbstverständlich sein wird.

(Beifall bei der CDU/CSU, der FDP und der SPD sowie bei Abgeordneten der GRÜNEN und der Abg. Frau Unruh [fraktionslos])

Deshalb rufe ich dazu auf, das deutsch-polnische Jugendabkommen, das wir bei meinem Besuch in Polen im November des vergangenen Jahres vereinbart haben, mit Leben zu erfüllen und tatkräftig für eine gemeinsame Zukunft zu nutzen.

Ein freies und vereintes Deutschland kann gegenüber Polen auch an gute, ja, an beste Traditionen anknüpfen. Die Beziehungen zwischen beiden Völkern sind in der Vergangenheit keineswegs nur von Zwietracht, von kriegerischen Konflikten und vom Leid der Menschen überschattet gewesen. Im Gegenteil: Es gab lange Perioden fruchtbaren Austauschs, ja, eines harmonischen Miteinanders. Die heilige Hedwig gehört beiden Nationen.

(Lachen bei den GRÜNEN)

Wir müssen auch endlich begreifen, was der polnische Dichter und Denker Cyprian Kamil Norwid im 19. Jahrhundert festgestellt hat: *»Eine Nation besteht nicht nur aus dem, was sie von anderen unterscheidet, sondern auch aus dem, was sie mit anderen verbindet.«* [. . .]

Das gemeinsame Ringen von Polen und Deutschen um Freiheit ist von den Verbrechen in unserem Jahrhundert zum Teil verschüttet worden – verloren ist es nicht. Es gilt, dies im Gedächtnis der Völker zu neuem Leben zu erwecken.

(Beifall bei der CDU/CSU und der FDP)

Wir dürfen nicht zu Gefangenen eines Denkens werden, das mit den dunklen Seiten der Vergangenheit nur die halbe Wahrheit zur Kenntnis nimmt. Wahrhaftigkeit ist oberstes Gebot, wenn die Aussöhnung zwischen den Völkern gelingen soll.

Die Verständigung zwischen Deutschen und Polen darf niemanden ausschließen, sie muß auch gerade die Heimatvertriebenen einbeziehen. Denn wer könnte mehr für die Verständigung und Aussöhnung tun als die deutschen Heimatvertriebenen oder als diejenigen Deutschen, die noch jenseits von Oder und Neiße ihre Heimat haben, oder als ihre polnischen Nachbarn? Gerade diese Gruppen können zu Botschaftern der Aussöhnung werden. Sie haben als Mittler zwischen den Völkern und Kulturen einen großen Auftrag. Gemeinsam muß es uns darum gehen, in den Gebieten jenseits von Oder und Neiße ein Modell des friedlichen Zusammenlebens in Europa zu gestalten. Wir können dort Zeichen setzen, wie in einem Europa der Vielfalt die verschiedenen Völker und Kulturen einträchtig zusammenleben. Dazu gehören die Bereitschaft zur Toleranz, die Achtung vor dem Nächsten, auch wenn er eine andere Sprache spricht, wozu er ein selbstverständliches Recht hat. Dazu gehört unverzichtbar der Schutz der Minderheitenrechte. [. . .]

Aus dem Geist eines neuen Vertrauens wollen wir diese Zukunft gestalten. Ohne deutsch-französische Freundschaft hätte das Werk der Einigung Europas nicht begonnen werden können, ohne deutsch-polnische Partnerschaft wird es sich nicht vollenden lassen.

Ich wünsche mir, daß bei uns in Deutschland und in Polen schon bald die Voraussetzungen geschaffen werden, die Zukunft eines deutsch-polnischen Miteinanders im vereinten Europa in einem umfassenden Vertrag über gutnachbarschaftliche und freundschaftliche Beziehungen besiegeln zu können.

(Beifall bei der CDU/CSU und der FDP sowie bei Abgeordneten der SPD)

Unser Ziel ist eine europäische Friedensordnung, in der die Menschen und Völker in gemeinsamer Freiheit zusammenleben – ein *»Haus der Freiheit für alle Europäer«,* wie es Konrad Adenauer 1961 bezeichnet hat. Diese europäische Friedensordnung muß sowohl die Demokratien Nordamerikas als auch die Sowjetunion einschließen. [. . .]

Eine der großen Herausforderungen in den kommenden Jahren wird darin bestehen, die Sowjetunion mehr und mehr in die Gestaltung der europäischen Zukunft einzubeziehen – politisch, in Fragen der Sicherheit, ökonomisch und kulturell. Jahrzehnte des Ost-West-Konflikts haben viele vergessen lassen, daß die Sowjetunion nicht nur geographisch, sondern auch durch Geschichte und Kultur mit Europa verbunden ist. Bis in unsere Gegenwart hinein hat sie unersetzliche Beiträge zu unserem europäischen Kulturerbe geleistet. [. . .]

Die historisch-kulturelle Verbundenheit mit Europa hat eine lange Tradition. Sie kann jetzt für die Zukunft endlich auch politisch wieder fruchtbar gemacht werden.

(Beifall bei der CDU/CSU und der FDP)

Hierfür bietet sich zum einen die Konferenz über Sicherheit und Zusammenarbeit in Europa an, die mit der weiteren Überwindung des Ost-West-Gegensatzes ein wichtiges Instrument gesamteuropäischer Zusammenarbeit werden kann. Dabei geht es um neue Formen ständiger Zusammenarbeit auf der Grundlage völliger Gleichberechtigung – unabhängig von der Größe oder Wirtschaftskraft eines Landes.

Zum anderen gilt es, noch stärker als bisher den Europarat als Instrument gesamteuropäischer Zusammenarbeit zu nutzen. Er symbolisiert wie kaum eine andere Institution die Einheit Europas im Geist der Menschenrechte.

In Zukunft müssen die deutsch-sowjetischen Beziehungen dem gemeinsamen Ziel aller Europäer dienen, in freier Selbstbestimmung ein Europa der Freiheit, des Friedens und der Gerechtigkeit zu bauen. In diesem europäischen Rahmen haben wir auch die Chance, eine neue Epoche in unseren bilateralen Beziehungen zur Sowjetunion zu gestalten.

Morgen jährt sich der Tag, an dem im Juni 1941 der deutsche Angriff auf die Sowjetunion erfolgte. Damit begann das schrecklichste und zugleich schmerzlichste Kapitel zwischen Deutschen und Russen sowie den anderen Völkern der Sowjetunion. Wir haben die Millionen Opfer, die unsagbaren Leiden der Menschen und die Verwüstungen nicht vergessen.

Ich habe anläßlich des 45. Jahrestages des Kriegsendes Präsident Gorbatschow geschrieben:

»In diesen Tagen, in denen sich auch die Völker der Sowjetunion anschicken, des 45. Jahrestags des Endes des Zweiten Weltkrieges zu gedenken, möchte ich Ihnen und Ihren Mitbürgern unsere Verbundenheit in der Trauer um die Millionen Opfer, die dieser schreckliche Krieg in Ihrem Land gefordert hat, versichern. Auch wir Deutsche schließen sie in unsere Gedenken ein und bekunden den trauernden Familien unser Mitgefühl.

Wir Deutsche haben aus diesen bitteren Jahren der Geschichte gelernt und die Folgerungen gezogen. Gerade in dieser für uns Deutsche wichtigen Zeit, in der wir – nicht zuletzt auch dank der von uns in Moskau erreichten Verständigung – auf dem Wege zur staatlichen Einheit fortschreiten, möchte ich wiederholen: Von deutschem Boden soll nur noch Frieden ausgehen!«

Letzte Woche hat mir Präsident Gorbatschow geantwortet. Er schreibt:

»In den vor uns liegenden Jahrzehnten wird das politische Klima in Europa in vieler Hinsicht von den Entscheidungen abhängen, die wir treffen werden. Ich gehe von unserer beiderseitigen Bereitschaft aus, so zu handeln, daß wir unseren Völkern den Weg ins kommende Jahrhundert auf einer qualitativ neuen Grundlage erleichtern.«

In unserem Verhältnis zur Sowjetunion ist in besonderem Maße historisches Verantwortungsbewußtsein, aber auch politische Gestaltungskraft gefordert. Wir Deutsche stehen deshalb zu unserem Wort, die berechtigten Sicherheitsinteressen aller europäischen Länder, gerade auch der Sowjetunion, zu achten. [. . .]

Die Überwindung der Teilung Deutschlands und die Mitgliedschaft eines vereinten Deutschlands in der NATO liegen auch im Interesse der Sowjetunion. Beides erhöht die Stabilität und die Sicherheit in ganz Europa. [. . .]

Erstens geht es um die Umgestaltung der Bündnisse selbst. Der Warschauer Pakt hat kürzlich eine Kommission berufen, die bis zum Herbst Vorschläge für seine Umwandlung in einen Vertrag souveräner, gleichberechtigter Staaten erarbeiten soll, der auf demokratischen Prinzipien beruht. Wir begrüßen diesen Schlußstrich unter die Vergangenheit und hoffen auf Ergebnisse, die den tiefgreifenden Veränderungen Rechnung tragen.

Auf dem Gipfeltreffen Anfang Juli in London wird, entsprechend den Vorschlägen von Präsident Bush, die künftige Rolle, die Strategie und die militärische Struktur der Atlantischen Allianz neu bestimmt. Wir ziehen damit die Schlußfolgerungen aus den grundlegenden politischen und militärischen Veränderungen, die sich in fast allen Warschauer-Pakt-Staaten vollziehen. Wir wollen damit den politischen Charakter des Atlantischen Bündnisses verstärken und sein militärisches Gewicht den neuen Verhältnissen anpassen.

Darüber hinaus stellt sich uns die politische Schlüsselaufgabe, in einer gemeinsamen Willenserklärung der Verbündeten das Verhältnis zu den Staaten des Warschauer Pakts zukunftsgewandt zu gestalten und einem gesamteuropäischen Gewaltverzicht den Weg zu bereiten. Deshalb habe ich vorgeschlagen, daß die Mitglieder beider Bündnissysteme im KSZE-Rahmen einen Nichtangriffspakt erwägen sollten, und ein solcher Vertrag sollte dann allen anderen KSZE-Teilnehmern zum Beitritt offenstehen.

Abrüstung und Rüstungskontrolle sind das zweite Feld, auf dem wir – parallel zu unserem Weg zur deutschen Einheit – auf Fortschritte und Erfolge setzen müssen. Dies gilt insbesondere für die Wiener Verhandlungen über konventionelle Streikräfte in Europa.

Noch in diesem Jahr und rechtzeitig zum KSZE-Sondergipfel im November soll und muß ein erstes Abkommen in Wien fertiggestellt werden. Ich habe es deshalb sehr begrüßt, daß sich Präsident Bush und Präsident Gorbatschow bei ihrem Gipfeltreffen in Washington hierauf verständigt haben. Im Verlauf der Wiener Verhandlungen soll nach allgemeinem Verständnis auch über die künftigen Streikräfte eines geeinten Deutschlands und ebenso der anderen Teilnehmerstaaten verhandelt werden.

Aber Sicherheit in Europa kann unter den Bedingungen des ausgehenden 20. Jahrhunderts nicht mehr nur in militärischen Gleichgewichtsrechnungen, in Waffenzahlen und in Personalstärken definiert werden. Wirtschaftliche Kooperation ist die dritte Säule der gesamteuropäischen Sicherheitsarchitektur, denn eine immer weiter fortschreitende Verflechtung Europas durch Handel und durch wirtschaftliche Kooperation bildet Vertrauen und stärkt damit die Stabilität.

Deshalb ist es auch ein unerläßlicher Beitrag zur europäischen Sicherheit, wenn wir heute als Bundesrepublik Deutschland und morgen als geeintes Deutschland unseren östlichen und südöstlichen Nachbarn umfassende Zusammenarbeit in Wirtschaft, Wissenschaft und Technik anbieten. Wir müssen insbesondere bereit sein, ihnen, wenn sie dies wünschen, auf ihrem Reformweg hin zu politischem Pluralismus, zu Rechtsstaat und zu Marktwirtschaft mit Rat und Tat beizustehen und Hilfe zur Selbsthilfe zu geben.

(Beifall bei der CDU/CSU und der FDP)

Angesichts der Größe und der Bedeutung dieser Aufgabe können wir Deutsche sie selbstverständlich nicht allein schultern; wir brauchen das Zusammenwirken möglichst aller westlichen Partner. Ich habe deshalb alle unsere Partner gebeten, diese Fragen auf dem europäischen Rat in der nächsten Woche in Dublin und auf dem Weltwirtschaftsgipfel im Juli in Houston zu besprechen. Von dort sollte nicht nur ein Signal zur politischen, sondern auch zur wirtschaftlichen Zusammenarbeit ausgehen. Wir Deutsche sind zu einem entsprechenden Beitrag bereit.

Wir sind auch bereit, die politischen Beziehungen zur Sowjetunion nach der Vereinigung Deutschlands auf eine weiterführende vertragliche Grundlage zu stellen. Nicht zuletzt geht es darum, daß wir für die zukünftige Sicherheitsarchitektur Gesamteuropas feste Fundamente legen. Sie sollen nicht als Ersatz, sondern als Ergänzung zu bewährten Institutionen, wie beispielsweise der NATO, dienen. Wir wollen gesamteuropäische Institutionen im Rahmen der KSZE schaffen. Hierzu sind von allen Seiten weiterführende Vorschläge eingebracht worden. Es ist jetzt an der Zeit, sie zu bündeln und zu Ergebnissen zu bringen.[. . .]

Mit der Überwindung der Teilung Deutschlands und Europas verbinden sich die Hoffnungen von vielen Menschen und Völkern.[. . .] Die damit verbundenen Aufgaben sind nur noch in enger internationaler Zusammenarbeit zu lösen. Dazu gehört unverzichtbar die Partnerschaft zwischen Europa und den Vereinigten Staaten. Dazu gehört der Beitrag aller Staaten in Europa, auch der Sowjetunion.

Die Einheit Deutschlands und Europas rückt näher. Wenn Sie heute dem Staatsvertrag über die Währungs-, Wirtschafts- und Sozialunion mit der DDR sowie der vorliegenden Entschließung über den endgültigen Verlauf der Grenze zwischen dem vereinten Deutschland und der Republik Polen zustimmen, haben wir wieder eine wichtige Etappe auf dem Weg dorthin zurückgelegt.

Vergessen wir niemals: Die Chance, die sich uns in diesen Monaten eröffnet, nimmt uns zugleich in beispielloser Weise in die Pflicht. Ich rufe dazu auf, daß wir uns dieser historischen Pflicht stellen.

(Langanhaltender Beifall bei der CDU/CSU und der FDP sowie Beifall der Abg. Frau Unruh [fraktionslos])

22 Bilanz und Perspektiven der Politik der Bundesregierung

Unmittelbar nach dem Abschluß einer Serie wichtiger Gipfelbegegnungen - ich nenne den Europäischen Rat in Dublin, den NATO-Gipfel in London, den Weltwirtschaftsgipfel in Houston sowie mein Treffen mit dem sowjetischen Präsidenten Gorbatschow - möchte ich heute eine Bilanz ziehen der ersten sechs Monate dieses Jahres und, soweit dies möglich ist, die Perspektiven der weiteren Arbeit bis zum Ende dieses Jahres aus der Sicht der Bundesregierung erläutern.

I

Die Entwicklung der vergangenen sechs Monate und die Ergebnisse der Gipfelbegegnungen geben mir die Zuversicht, daß wir in diesem Jahr eine neue Seite der deutschen und auch der europäischen Geschichte aufschlagen können:

- durch die Herstellung der staatlichen Einheit Deutschlands,
- durch erhebliche Fortschritte in der europäischen Integration,
- durch die Erarbeitung der tragenden Elemente einer dauerhaften und gerechten europäischen Friedensordnung und damit eines neuen Verhältnisses partnerschaftlicher Zusammenarbeit in Frieden und Freiheit zum Wohl aller Bürger.

Dank intensiver und vertrauensvoller Gespräche und Konsultationen auf allen Ebenen können wir heute von einem Durchbruch auf dem Wege zur Regelung der äußeren Aspekte der deutschen Einheit sprechen und zudem die Konturen einer künftigen europäischen Architektur klar erkennen. Hierzu hat entscheidend beigetragen, daß wir Deutsche unseren Weg zur Einheit immer auch im klaren Bewußtsein unserer nationalen und europäischen Pflichten gehen werden und so gesehen haben. Wir haben von Anfang an darauf geachtet, daß der Prozeß zur Einheit in einen stabilen europäischen Rahmen eingebet-

Erklärung vor der Bundespressekonferenz am 17. Juli 1990 in Bonn.
Bulletin des Presse- und Informationsamts der Bundesregierung Nr. 93 (18. Juli 1990).

tet wird. Deutsche Einheit und europäische Einheit sind unauflöslich miteinander verbunden. Deutsche Politik kann nicht gegen, sondern vernünftigerweise nur mit unseren Partnern und Nachbarn vorstellbar und auch erfolgversprechend sein.

Daher von Anfang an engste Abstimmung im Rahmen der EG und der NATO. Daher auch die immer wieder von mir vorgetragene klare Absage an einen nationalen Alleingang oder an einen deutschen Sonderweg! Daher von Anfang an das uneingeschränkte Ja zum festen Bündnis mit den freiheitlichen Demokratien Europas und Nordamerikas und zur zunehmenden Integration in der Europäischen Gemeinschaft.

Diese Ausrichtung wird auch in Zukunft Leitlinie meiner Politik sein. Wir haben guten Grund dankbar zu sein:

- denen, die geholfen haben; das sind vor allem die Menschen in unserem Vaterland, vor allem unsere Landsleute in der DDR;
- den drei Verbündeten, die besondere Verantwortung tragen für Berlin und Deutschland als Ganzes, insbesondere unseren amerikanischen Freunden und hier allen voran Präsident Bush;
- der EG-Kommission und deren Präsidenten Jacques Delors;
- der Weitsicht und dem Realitätssinn von Präsident Gorbatschow;
- mit einem Wort: unseren Verbündeten und Nachbarn in West und Ost, die von Anfang an Verständnis und dann auch Vertrauen bewiesen haben.

II

Vor sechs Monaten habe ich Ihnen von dieser Stelle aus die Grundlagen der Politik der von mir geführten Bundesregierung in diesem historischen Prozeß erläutert. Alle diese Grundlagen sind unverändert gültig und sie haben auch ihren Niederschlag in den Ergebnissen der Gipfeltreffen gefunden.

Erstens: Es liegt im Interesse von ganz Europa, daß sich die Europäische Gemeinschaft als Modell des Zusammenschlusses freier Völker, als Kern der künftigen europäischen Friedensordnung entschlossen fortentwickelt. Nur so ist sie in der Lage, ganz Europa den notwendigen Halt zu verleihen.

Zweitens: Wir brauchen weitere substantielle Fortschritte in Abrüstung und Rüstungskontrolle. Der NATO-Gipfel in London – das war deutlich in den Gesprächen mit Präsident Gorbatschow – hat hierfür klare weitreichende Signale gesetzt, die vor allem auch in Moskau verstanden wurden. Das westliche Bündnis gestaltet sich um, ändert seine Strategie und Struktur und nimmt zu den Staaten des Warschauer Pakts Beziehungen der Freundschaft und Zusammenarbeit auf. Eine gemeinsame Gewaltverzichtserklärung wird dies besiegeln.

Drittens: Unsere Politik muß darauf gerichtet sein, daß sich die in der Sowjetunion und in den Ländern Mittel- und Südosteuropas eingeleiteten Reformen in stabilen Bahnen entwickeln und zum Erfolg geführt werden können. Bereits im letzten Jahr sind wichtige Maßnahmen zur Unterstützung der Reformen in Polen und Ungarn angelaufen, in diesem Jahr ist die Hilfe für weitere Länder hinzugekommen. Wesentlich ist gleichermaßen die Einigkeit unter den westlichen Partnern, daß es auch notwendig ist, die Sowjetunion in diese Maßnahmen einzubeziehen.

III

Wenn wir heute auf Grund der Gipfeltreffen der letzten vier Wochen von einem Durchbruch sprechen können und mehr und mehr die Konturen des künftigen Europa vor uns sehen, wissen wir auch, daß noch ein schwieriger, ein arbeitsreicher Weg vor uns liegt.

1. Deutschlandpolitik

Seit zwei Wochen sind die Deutschen in der Bundesrepublik Deutschland und in der DDR wieder ohne trennende Grenzen unauflöslich miteinander verbunden: Das Inkrafttreten der Währungs-, Wirtschafts- und Sozialunion war ein entscheidender Schritt auf dem Weg zur Einheit. Dieser Schritt ist auch überall in der Welt so verstanden worden.

Die Währungsumstellung in der DDR ist nicht zuletzt dank der vorzüglichen Vorarbeit aller beteiligten Stellen reibungslos, ja besser als von vielen Zweiflern erwartet, verlaufen. In der DDR ist eine Fülle von Gesetzen in Kraft getreten, die die rechtlichen Voraussetzungen für die Einführung der Sozialen Marktwirtschaft schaffen sollen. Jeder weiß, daß die völlige Umgestaltung der Lebensverhältnisse in der DDR besonders in der Anfangszeit zum Teil erhebliche Schwierigkeiten mit sich bringt. Es wird viel Arbeit erfordern, bis wir Wohlstand und sozialen Ausgleich für alle Deutschen verwirklicht haben. Niemandem werden aber gerade in dieser Übergangszeit unbillige Härten zugemutet. Wir haben alle Chancen, in einer relativ kurzen Zeit unser Ziel zu erreichen.

2. Ergebnisse der Gespräche mit Präsident Gorbatschow
Ich bin gestern von meiner zweiten Reise in die Sowjetunion in diesem Jahr zurückgekehrt. Bei meinem ersten Besuch im Februar konnte ich berichten, daß wir Deutschen seitens der sowjetischen Führung »grünes Licht« für unseren Weg zur Einheit erhalten haben und daß wir auch über ihre Form, Frist und Bedingungen selbst entscheiden können. Heute kann ich die für alle Deutschen gute Nachricht mitbringen, daß nunmehr auch über alle äußeren Aspekte zwischen uns und der Sowjetunion Einigkeit erzielt ist.

Wir wollen zukunftsgewandte Verträge, umfassende Zusammenarbeit, Vertrauen und nicht zuletzt die breite Begegnung unserer Völker, insbesondere der jungen Generation. Wir wollen damit zugleich unseren Beitrag leisten für eine dauerhafte und friedliche Entwicklung in Europa.

Dies alles wird Leitmotiv - und darin bin ich mit Präsident Gorbatschow einig - eines umfassenden Kooperationsvertrags des vereinten Deutschland mit der Sowjetunion sein, der so bald wie möglich nach der Vereinigung abgeschlossen wird. Dieser Vertrag wird geschlossen auf der festen Grundlage und im beiderseitigen klaren Verständnis, daß sowohl mit der deutsch-sowjetischen Zusammenarbeit als auch mit der festen Verankerung im Westen ein unerläßlicher Beitrag der Stabilität in der Mitte Europas und darüber hinaus geleistet wird. Auf der Grundlage dieser - wie Präsident Gorbatschow sagte - gemeinsamen Philosophie haben wir die praktischen Probleme, die auf dem Weg zur deutschen Einheit noch vor uns liegen, gelöst.

Ich will noch einmal die wichtigsten Punkte hier aufführen.

Erstens: Die Einigung Deutschlands umfaßt die Bundesrepublik Deutschland, die DDR und ganz Berlin.

Zweitens: Mit der Herstellung der Einheit Deutschlands werden die Vier-Mächte-Rechte und -Verantwortlichkeiten in bezug auf Deutschland als Ganzes und Berlin beendet. Das vereinte Deutschland erhält zum Zeitpunkt seiner Vereinigung seine volle und uneingeschränkte Souveränität.

Drittens: Das geeinte Deutschland kann in Ausübung seiner vollen und uneingeschränkten Souveränität frei und selbst entscheiden, ob und welchem Bündnis es angehören will. Dies entspricht dem Geist und dem Text der KSZE-Schlußakte.

Ich habe als Auffassung der Bundesregierung erklärt, daß das geeinte Deutschland Mitglied des Atlantischen Bündnisses sein möchte, und ich weiß, daß dies auch dem Wunsch der DDR entspricht. Herr Ministerpräsident de Maizière hat das gestern in seinem Kommentar deutlich gemacht. Wir haben uns auch heute früh noch einmal in unserem Gespräch in diesem Sinne klar ausgesprochen.

Viertens: Das geeinte Deutschland schließt mit der Sowjetunion einen zweiseitigen Vertrag zur Abwicklung des Truppenabzugs aus der DDR, der, wie die sowjetische Führung erklärt hat, innerhalb von drei bis vier Jahren beendet sein soll. Das heißt, daß die sowjetischen Truppen bis spätestens 1994 deutsches Gebiet verlassen. Das bedeutet, daß 50 Jahre nach dem Tag, an dem sowjetische Truppen das damalige Reichsgebiet im Zweiten Weltkrieg betreten haben, die letzten sowjetischen Soldaten aus Deutschland abziehen werden.

Ferner soll für diesen Zeitraum ein Überleitungsvertrag über die Auswirkungen der Einführung der D-Mark abgeschlossen werden.

Fünftens: Während der Dauer der Anwesenheit sowjetischer Truppen auf dem Territorium der heutigen DDR werden keine Strukturen der NATO auf dieses Gebiet ausgedehnt. Artikel 5 und 6 des NATO-Vertrags finden sofort mit der Vereinigung auf das gesamte Gebiet des vereinten Deutschland Anwendung.

Sechstens: Nicht integrierte Verbände der Bundeswehr, daß heißt Verbände der territorialen Verteidigung, können ab sofort nach der Vereinigung Deutschlands auf dem Gebiet der heutigen DDR und in Berlin stationiert werden.

Siebtens: Für die Dauer der Anwesenheit sowjetischer Truppen auf dem Gebiet der heutigen DDR sollen nach unseren Vorstellungen die Truppen der drei Westmächte in Berlin verbleiben. Die Bundesregierung wird die drei Westmächte darum ersuchen und ihnen einen entsprechenden Vertrag vorschlagen. Für den Aufenthalt der westlichen Streitkräfte muß eine Rechtsgrundlage durch Vertrag zwischen der Regierung des vereinten Deutschlands und den Drei Mächten geschaffen werden. Wir gehen davon aus, daß selbstverständlich die Zahl und die Ausrüstung dieser Truppen nicht stärker sein soll als heute.

Achtens: Nach Abzug der sowjetischen Truppen aus dem Gebiet der heutigen DDR und aus Berlin können in diesem Teil Deutschlands auch der NATO angegliederte Truppen stationiert werden, allerdings ohne für Atomwaffen verwendbares Abschußgerät. Ausländische Truppen und Atomwaffen sollen nicht dorthin verlegt werden.

Neuntens: Die Bundesregierung erklärt sich bereit, noch in den laufenden Wiener Verhandlungen eine Verpflichtungserklärung abzugeben, die Streitkräfte eines geeinten Deutschland innerhalb von drei bis vier Jahren auf eine Personalstärke von 370 000 Mann zu reduzieren. Diese Reduzierung soll mit Inkrafttreten des ersten Wiener Abkommens beginnen. Dies bedeutet: Legt man die bisherige Sollstärke von Bundeswehr und Nationaler Volksarmee zugrunde, so werden die Streitkräfte des künftigen geeinten Deutschland um 45 Prozent vermindert.

Zehntens: Das geeinte Deutschland wird auf Herstellung, Besitz und Verfügung der ABC-Waffen verzichten und Mitglied des Nichtverbreitungsvertrags bleiben. Ich gehe davon aus, daß die drei Westmächte ebenso wie die Regierung der DDR mit deren Ministerpräsidenten ich heute bereits gesprochen habe, diese Einigungsvorstellung unterstützen werden. Ein weiterer Schwerpunkt meiner Gespräche mit Präsident Gorbatschow, aber auch der Gespräche von Bundesfinanzminister Waigel mit seinen sowjetischen Partnern war eine zukunftsgewandte wirtschaftlich-finanzielle Zusammenarbeit.

Auf Grund der drei westlichen Gipfel von Dublin, London und Houston konnte ich der sowjetischen Führung und vor allem Präsident Gorbatschow verdeutlichen, daß der Westen auf den Erfolg der Perestroika setzt und ihn nach besten Kräften fördern will. Dies ist nach dem Ergebnis meiner vielen Gespräche der Wunsch und das Anliegen unserer westlichen Freunde und Partner.

Noch Ende dieser Woche wird der Präsident der EG-Kommission, Jacques Delors, nach Moskau reisen und auf der Grundlage des vom Europäischen Rat in Dublin erteilten Mandats das Gespräch aufnehmen.

Präsident Gorbatschow hat mir noch mitgeteilt, daß er noch vor seinem Urlaub mit dem amtierenden Präsidenten der Gemeinschaft, mit dem Ministerpräsidenten Italiens, Giulio Andreotti, das Gespräch in dieser Angelegenheit sucht.

Die Hauptarbeit - und dabei gab es zwischen uns beiden volle Übereinstimmung - ist jedoch in der Sowjetunion selbst zu leisten. Präsident Gorbatschow bereitet mit seinen Mitarbeitern ein umfassendes marktwirtschaftliches Reformprogramm vor, das er im September dem Obersten Sowjet vorlegen will und das nach seinem Willen alsbald in Kraft gesetzt wird. Dies - und darin waren wir uns einig - ist die entscheidende Voraussetzung für eine wirkliche und wirksame westliche Abstützung dieser Politik.

Meine Damen und Herren, dieser kurze Überblick über einige wesentliche Themen und Fragestellungen der nächsten Monate zeigt, daß wir bereits mitten in grundlegenden Weichenstellungen für unsere gemeinsame europäische Zukunft stehen.

Ich will aus diesem Grund auch darauf hinweisen, daß allein die Terminübersicht bis zum Dezember deutlich macht, in welcher Folge das Ganze vonstatten geht:

- Mein Treffen mit dem amtierenden Präsidenten des Europäischen Rates, Ministerpräsident Andreotti, am 10. September steht in dieser Reihe.
- Ich nenne die deutsch-französische Gipfelkonsultation am 17. und 18. September in München.
- Das Sondertreffen des Europäischen Rats am 3. November 1990 in Rom.
- Das KSZE-Gipfeltreffen vom 19. bis 21. November 1990 in Paris - das ist für uns besonders wichtig, weil ja bei dieser Gelegenheit das Abschlußdokument »Zwei-plus-Vier« präsentiert werden soll.
- Ich nenne dann den Europäischen Rat vom 13. bis 15. Dezember 1990 in Rom - das ist ein wichtiges Datum, weil bei dieser Gelegenheit die beiden Regierungskonferenzen eröffnet werden sollen: die Regierungskonferenz über die Vollendung der Wirtschafts- und Währungsunion in der Europäischen Gemeinschaft und die Regierungskonferenz zur weiteren Entwicklung der politischen Einheit in Europa.

Ich hoffe, daß wir dieses Jahr gut zu Ende führen können und daß das, was im ersten halben Jahr begonnen wurde, dann auch fortgeführt werden kann. Ich selbst und die von mir geführte Bundesregierung wird alles daran setzen, dazu ihren Beitrag zu leisten.

Wie Sie bemerkt haben, habe ich ein anderes, ganz wichtiges Datum hier nicht erwähnt: die Bundestagswahl, die gesamtdeutschen Wahlen im Dezember. Ich gehe davon aus, daß es wohl der erste Dezembersonntag sein wird nach den jetzt in der Diskussion befindlichen Daten. Sie haben sicherlich Verständnis dafür, wenn ich zum Schluß zum Ausdruck bringe, daß ich die Absicht habe, diese Wahl zu gewinnen.

23 Votum für die Einheit und Freiheit in einem demokratischen Deutschland

Die Volkskammer der DDR hat heute nacht mit einer Mehrheit von mehr als 80% der abgegebenen Stimmen folgenden Beschluß gefaßt: *»Die Volkskammer erklärt den Beitritt der DDR zum Geltungsbereich des Grundgesetzes der Bundesrepublik Deutschland gemäß Art. 23 des Grundgesetzes mit Wirkung vom 3. Oktober 1990.«*

(Lebhafter Beifall bei der CDU/CSU, der SPD und der FDP sowie auf der Regierungsbank)

Sie geht dabei davon aus, daß die Beratungen zum Einigungsvertrag zu diesem Termin abgeschlossen sind, die Zwei-plus-Vier-Verhandlungen einen Stand erreicht haben, der die außen- und sicherheitspolitischen Bedingungen der deutschen Einheit regelt, die Länderbildung soweit vorbereitet ist, daß die Wahl der Länderparlamente am 14. Oktober 1990 durchgeführt werden kann.

Die überwältigende Mehrheit der Abgeordneten der Volkskammer hat hiermit uns alle in die Pflicht genommen. Der heutige Tag ist ein Tag der Freude für alle Deutschen.

(Beifall bei der CDU/CSU, der SPD und der FDP sowie auf der Regierungsbank)

Am Mittwoch, dem 3. Oktober 1990, wird der Tag der Wiedervereinigung gekommen sein. Es wird ein großer Tag in der Geschichte unseres Volkes sein. Nach mehr als 40 Jahren geht es in Erfüllung, wozu die Präambel des Grundgesetzes das »gesamte deutsche Volk« auffordert, nämlich »in freier Selbstbestimmung die Einheit und Freiheit Deutschlands zu vollenden.« Wie könnte man den Willen der Deutschen in zeitlos gültiger Weise besser zum Ausdruck bringen? Die Väter und Mütter unseres Grundgesetzes bewiesen mit der Formulierung der Präambel Weitsicht, Klarheit des Geistes und Geschichtsbewußtsein.

Regierungserklärung aus Anlaß der Beitrittserklärung der Volkskammer der Deutschen Demokratischen Republik und zur Vorbereitung der deutschen Einheit.
Deutscher Bundestag. Plenarprotokoll 11/221, 23. August 1990.

Der heutige Tag ist zugleich auch ein Tag der Dankbarkeit. Unser Respekt und unsere Anerkennung gelten den Kolleginnen und Kollegen in der Volkskammer und der Regierung der DDR,

(Beifall bei der CDU/CSU, der SPD und der FDP, bei Abgeordneten der GRÜNEN sowie auf der Regierungsbank)

die mit ihrem klaren Votum den entscheidenden Schritt zur Einheit unseres Vaterlandes getan haben. Als frei gewählte Abgeordnete haben sie damit in eindrucksvoller Weise den Auftrag erfüllt, den ihnen unsere Landsleute in der DDR in der Volkskammerwahl am 18. März dieses Jahres erteilt hatten.

Der heutige Tag ist aber auch ein Tag der Erinnerungen an das Leid, das die Teilung unseres Vaterlandes über so viele Menschen gebracht hat. Wir erinnern uns an die Männer und Frauen, die 1945 aus den Konzentrationslagern Buchenwald und Sachsenhausen befreit und wenig später dort erneut eingesperrt wurden. Viele andere wurden in Straflager verschleppt, nicht zuletzt Mitglieder der demokratischen Parteien, und wir wissen bis heute nicht genau, von wie vielen es dann nie wieder ein Lebenszeichen gab. Es waren Zehntausende.

Nicht vergessen dürfen wir die Opfer der Willkürjustiz, die im Dienste der SED-Diktatur stand. Für uns bleibt unfaßbar, daß von deutschen Gerichten auf dem Gebiet der DDR über 75 000 Menschen aus politischen Gründen verurteilt worden sind. Viele sind in der Haft gestorben, andere wurden wegen sogenannter Staatsverbrechen hingerichtet.

Was den Menschen in der DDR am 17. Juni 1953 widerfuhr, hat die Präsidentin der Volkskammer, Frau Bergmann-Pohl, in der gemeinsamen Gedenkstunde von Abgeordneten unserer Parlamente am 17. Juni beschrieben. Sie sagte:

»Sie erlebten eine Staatsmacht, die nicht mehr die Interessen der Bürger, sondern nur noch sich selbst vertrat.«

Die schreckliche Bilanz der politischen Verfolgung seit 1945 geht über seelenlose Zahlen hinaus; was sagen sie schon über das Schicksal des einzelnen?

Wir wollen auch all jener gedenken, die bei dem Versuch, von Deutschland nach Deutschland zu gehen, ihr Leben verloren. Über 190 Deutsche wurden an der unmenschlichen Grenze ermordet, die

17

Vom 21. bis 23. November 1991 stattet der Präsident der Sozialistischen Föderativen Sowjetrepublik, Boris Jelzin, der Bundesrepublik Deutschland einen Besuch ab. Mit Bundeskanzler Helmut Kohl unterzeichnet er eine Gemeinsame Erklärung, in der enge Zusammenarbeit auf allen Gebieten und regelmäßige Konsultationen zu bilateralen Fragen zwischen beiden Regierungen vereinbart werden.

unser Vaterland 40 Jahre lang zerschnitt. Sie wollten ganz einfach in Freiheit ein menschenwürdiges Leben führen. Noch vor gut anderthalb Jahren, im Januar 1989, erklärte Honecker, die Mauer werde noch in 100 Jahren stehen. Zehn Monate später wurde sie überwunden.

Wir sollten uns vergegenwärtigen, wie tiefgreifend die Veränderungen in den vergangenen zwölf Monaten gewesen sind. Morgen jährt sich zum erstenmal der Tag, an dem Tadeusz Mazowiecki zum polnischen Ministerpräsidenten gewählt wurde.

(Beifall bei allen Fraktionen)

Ich möchte hier in besonderer Dankbarkeit auch an Miklos Nemeth erinnern, den damaligen Ministerpräsidenten Ungarns. Er gab uns vor fast genau zwölf Monaten die Zusage, Ungarn werde seine Grenzen für die Flüchtlinge aus der DDR öffnen.

(Beifall bei allen Fraktionen)

Damit wurde der erste Stein aus der Berliner Mauer geschlagen.

Das Tempo der Entwicklung wurde von unseren Landsleuten in der DDR bestimmt; von ihrem Ruf nach Freiheit und Einheit. Zu dem Ruf »Wir sind das Volk!« hinzu trat schon bald auch der Ruf »Wir sind *ein* Volk!« [...] Zuallererst haben wir heute unseren Landsleuten in der DDR dafür zu danken, daß wir in wenigen Wochen die Freiheit und Einheit Deutschlands vollendet haben werden.

(Lebhafter Beifall bei der CDU/CSU, der FDP, der SPD und bei Abgeordneten der GRÜNEN sowie auf der Regierungsbank)

Sie haben mit ihrem Mut, mit ihrer Besonnenheit und vor allem mit ihrer Freiheitsliebe ein Beispiel gegeben, wie sich eine gewaltsame Diktatur friedlich überwinden läßt. Dies wird für alle Zeit zu einem der großartigen Kapitel der deutschen Geschichte gehören.

Die Deutschen in Ost und West haben während der vergangenen zwölf Monate bewiesen, daß sie gegen die Versuchung nationaler Überheblichkeit gefeit sind. Das ist ein Ausdruck demokratischer Reife und nachbarschaftlicher Gesinnung. In über 40 Jahren einer stabilen rechtsstaatlichen Demokratie haben wir uns in Europa und weltweit Vertrauen erworben. Dies galt und gilt unter allen Regierungen, die in diesen 40 Jahren in der Bundesrepublik Deutschland regiert haben. Es ist dies ein Vertrauen, ohne das wir die staatliche Einheit Deutschlands jetzt gewiß so rasch nicht wieder herstellen könnten.

Dank schulden wir unseren westlichen Freunden und Partnern, vor allem jenen drei Verbündeten, die besondere Verantwortung in bezug auf Berlin und Deutschland als Ganzes tragen und die in diesen Jahrzehnten unsere Freiheit gesichert haben.

(Lebhafter Beifall bei der CDU/CSU, der FDP und der SPD sowie auf der Regierungsbank)

Ich nenne insbesondere unsere amerikanischen Freunde, allen voran Präsident George Bush,

(Beifall bei CDU/CSU, der FDP und bei Abgeordneten der SPD und auf der Regierungsbank)

der sich gerade in den letzten Monaten als ein treuer Freund der Deutschen erwiesen hat.

Ich nenne ebenso Staatspräsident François Mitterrand,

(Beifall bei der CDU/CSU, der FDP und bei Abgeordneten der SPD sowie auf der Regierungsbank)

der am 14. Februar dieses Jahres erklärte: *»Wer könnte nicht verstehen, daß dieses so lange geteilte Volk nach Einheit strebt?. . . Die Deutschen sollen wissen, daß ich, wie die Mehrheit der Franzosen, den brüderlichen Wunsch ausspreche, daß das Schicksal für sie einen glücklichen Lauf nehmen möge.«*

Ich möchte dem heute hinzufügen, daß die brüderliche Verbundenheit zwischen dem deutschen und dem französischen Volk das Herzstück der Außenpolitik eines vereinten Deutschlands auf dem Weg zu einem vereinten Europa bleiben wird.

(Beifall bei der CDU/CSU, der FDP und bei Abgeordneten der SPD sowie auf der Regierungsbank)

Wir sind Teil der westlichen Wertegemeinschaft, und das wird so bleiben. Geschlossenheit und Standfestigkeit des Bündnisses haben sich gerade in entscheidenden Augenblicken bewährt. Wir haben vor wenigen Wochen auf dem NATO-Gipfel in London weitreichende Beschlüsse gefaßt. Sie sind ein erneuter Beweis für die konstruktive Rolle des Bündnisses bei der Bewahrung und Gestaltung des Friedens in Freiheit auf unserem Kontinent.

Eine wesentliche Voraussetzung dessen, was sich jetzt vollzieht, wurde auch mit unserer Politik für die europäische Einigung geschaffen. Die Politik der europäischen Integration hat mit ihrer Ausstrahlungskraft dazu beigetragen, der Freiheit, den Menschenrechten und der Selbstbestimmung in Mittel-, Ost- und Südosteuropa zum Durchbruch zu verhelfen. Sie wird dazu beitragen, daß dieser Wandel von Dauer bleibt.

Dank schulden wir auch den mutigen Bürgerrechtsbewegungen in Polen und Ungarn.

(Beifall bei allen Fraktionen sowie auf der Regierungsbank)

Sie haben mit ihrem vorbildlichen Einsatz für eine friedliche Revolution die Entwicklung in der DDR möglich gemacht. Es ist für mich nicht nur ein Ausdruck unserer Dankbarkeit, sondern auch ein Gebot politischer Klugkeit, daß wir in einem vereinten Deutschland auch künftig alles tun werden, um die Reformprozesse in Mittel-, Ost- und Südosteuropa zu unterstützen.

(Beifall bei der CDU/CSU und der FDP sowie bei Abgeordneten der SPD und der GRÜNEN)

Der Erfolg einer freiheitlichen Staats- und Gesellschaftsordnung in Polen, in Ungarn, in der ČSFR und auch in der Sowjetunion liegt in unserem Interesse. Es geht um ein Werk des Friedens, das allen in Europa zugute kommen wird.

Dank, meine Damen und Herren, schulden wir nicht zuletzt Präsident Michail Gorbatschow.

(Beifall bei allen Fraktionen sowie auf der Regierungsbank)

Durch seine Reformpolitik und das neue Denken der sowjetischen Außenpolitik ist der tiefgreifende Wandel in Deutschland und in Europa mit ermöglicht worden. Ohne die Achtung des Rechts der Völker und Staaten auf den eigenen Weg wären die Reformbewegungen der Staaten des Warschauer Pakts nicht erfolgreich gewesen.

Zum Recht des deutschen Volkes auf den eigenen Weg gehört sowohl die Entscheidung, in einem gemeinsamen Staat zusammenzuleben, als auch die Freiheit, zu wählen, welchem Bündnis dieser gemeinsame Staat angehört. Bis vor kurzem gab es ja noch Zweifel, ob die Sowjetunion bereit sein würde, zu akzeptieren, daß das vereinte Deutschland dem Nordatlantischen Bündnis angehört. Nach unseren Gesprächen mit Präsident Gorbatschow im Kaukasus ist auch diese letzte Hürde für einen erfolgreichen Abschluß der Zwei-plus-Vier-Gespräche aus dem Weg geräumt.

Ein Wort des Dankes möchte ich heute auch an die vielen Millionen Mitbürgerinnen und Mitbürger in der Bundesrepublik richten, die beharrlich an dem Ziel der Einheit auch in Zeiten festhielten, in denen so mancher schon resigniert hatte.

(Beifall bei der CDU/CSU, der FDP und bei Abgeordneten der SPD sowie auf der Regierungsbank)

Seit 1945 kamen aus allen demokratischen Parteien wichtige Beiträge dazu, daß der Wille zur Einheit nie erloschen ist. Wir alle müssen uns bewußt machen, was es heißt, daß wir in so wenigen Monaten das große Ziel der Einheit und Freiheit aller Deutschen verwirklichen können. Natürlich und verständlicherweise geht es in diesen Tagen und Wochen um Währung, um Wirtschaft und Finanzen. Natürlich geht es um schwerwiegende soziale Fragen, um ganz praktische Alltagssorgen vieler Menschen. Natürlich geht es um so wichtige Fragen wie Wahlverfahren und Wahltermin. Vor allem aber geht es um den großen historischen Augenblick, in dem wir Deutschen in freier Selbstbestimmung die Einheit und Freiheit unseres Vaterlandes vollenden.

(Beifall bei der CDU/CSU und der FDP)

Wie das geschieht, ist in der neueren Geschichte Europas ohne Beispiel. Es geschieht ohne Krieg, ohne blutige Revolution und Gewalt und in vollem Einvernehmen mit unseren Freunden und Partnern und Nachbarn in West und Ost.

(Beifall bei der CDU/CSU, der FDP und der SPD –
Frau Dr. Vollmer [GRÜNE]: Aber nicht ohne Chaos!)

Wann je hat ein Volk das Glück gehabt, Jahrzehnte der schmerzlichen Trennung auf so friedliche Weise zu überwinden? Ein Traum geht in Erfüllung, an dessen Verwirklichung zu glauben viele schon aufgegeben hatten.

(Beifall bei der CDU/CSU)

Die Vereinigung Deutschlands ist das Ergebnis einer langangelegten klugen Politik. Der Grundstein zu dem, was sich heute in Deutschland vollzieht, wurde schon in den fünfziger Jahren gelegt. Auf eindrucksvolle Weise erfüllt sich heute, was Konrad Adenauer in seinen »Erinnerungen« so beschrieben hat:

»Es gab Stimmen, die den von mir gezeichneten Weg nicht als den Weg zur deutschen Einheit bezeichneten. Aber es kam darauf an zu erkennen, daß es zunächst für uns keinen anderen Weg gab. Die Sowjets würden früher oder später einsehen, daß sie sich mit dem Westen verständigen

müßten, daß sie ihn nicht niederzwingen könnten. In einer solch friedlichen Verständigung lag meine Hoffnung und sah ich unsere Chance. Sie würde allerdings nur dann für uns gegeben sein, wenn wir uns im Zeitpunkt einer solchen allgemeinen Einigung zwischen West und Ost bereits als zuverlässiger Partner des Westens erwiesen hätten. Nur dann würde der Westen bei einer Verständigung unsere Interessen zu seinen eigenen machen.«

Wir haben an dieser Politik stets festgehalten. In meiner Regierungserklärung vom 4. Mai 1983 habe ich zu Beginn der damaligen Legislaturperiode hier erklärt:

»Die deutsche Nation besteht fort. Wir sind für das Selbstbestimmungsrecht aller Völker und für das Ende der Teilung Europas. Wir werden alles tun, um in Frieden und Freiheit die deutsche Einheit zu erstreben und zu vollenden.«

Das vereinte Deutschland wird als gleichberechtigtes Glied in einem vereinten Europa dem Frieden der Welt dienen. Deutschland, unser Vaterland, wird souverän sein. Bis 1994 werden alle sowjetischen Soldaten unser Land verlassen haben, 50 Jahre nachdem sie erstmals deutschen Boden betraten.

(Frau Dr. Vollmer [GRÜNE]: Dann gibt es immer noch amerikanische!)

Wer hätte diese Entwicklung vor einem Jahr für möglich gehalten?

(Beifall bei der CDU/CSU und der FDP)

Die Verantwortung, die jetzt auf uns lastet, wiegt schwer. Bei allem Grund zur Freude wissen wir, daß uns die Überwindung der alten Wirtschafts- und Gesellschaftsordnung auf dem Gebiet der heutigen DDR vor außergewöhnliche Herausforderungen stellt. Jeder weiß: Die wirtschaftliche Situation in der DDR ist derzeit durch den Übergang von einer kommunistisch-sozialistischen Planwirtschaft zur Sozialen Marktwirtschaft gekennzeichnet. Daß dieser Übergang alles andere als einfach ist, liegt auf der Hand. 40 Jahre Herrschaft des realen Sozialismus zu Lasten der Menschen in der DDR können nicht in knapp acht Wochen nach Einführung der Währungs-, Wirtschafts- und Sozialunion ausgeglichen werden.

(Beifall bei der CDU/CSU und der FDP)

[. . .] Jetzt geht es um den Wiederaufbau der DDR in allen Bereichen. Dies ist sicher keine Frage von Tagen und Monaten. Das ist eine

Frage der nächsten Jahre. Aber alle Zeichen stehen darauf, daß wir es gemeinsam schaffen werden.

(Beifall bei der CDU/CSU und der FDP)

Dabei hängt der Erfolg entscheidend davon ab, daß wir an diesem Wendepunkt deutscher Geschichte alle gemeinsam äußerste Anstrengungen unternehmen, um diese Herausforderungen zu bestehen. Der Staatsvertrag über die Währungs-, Wirtschafts- und Sozialunion hat hierfür die notwendigen Grundlagen geschaffen. Allein für die ersten 18 Monate ist eine finanzielle Unterstützung für den DDR-Haushalt in Höhe von 57 Milliarden DM vorgesehen. Hinzu kommen Kredite zur Sanierung der DDR-Wirtschaft und eine kräftige Anschubfinanzierung der Sozialversicherung.

All dies war und ist praktische Solidarität in einer ungewöhnlich schwierigen Situation unseres Volkes.

(Frau Dr. Vollmer [GRÜNE]: Man merkt sie nur nicht!)

Mit dieser Solidarität war naturgemäß auch die Erwartung verbunden, daß Finanzmittel dort rechtzeitig ankommen, wo sie dringend gebraucht werden. Die Erfahrung der letzten Wochen hat gezeigt, daß dies leider nicht in allen Bereichen sichergestellt werden konnte. Wir wissen, daß nicht zuletzt viele Bauern zu Recht dagegen protestiert haben, daß das Geld, das für sie bereitgestellt wurde, im Getriebe einer Bürokratie hängengeblieben ist.

(Ah-Zurufe von der SPD)

Die Bauern in der DDR brauchen selbstverständlich unsere tatkräftige und schnelle Hilfe. Seit dem 1. August ist die Landwirtschaft der DDR faktisch Teil des europäischen Agrarmarkts, und die Bauern der DDR sind damit in die Gesamtsolidarität der EG einbezogen.

Nach anfänglichen Schwierigkeiten sind die staatlichen Interventionen jetzt angelaufen. Wir werden in Zukunft mit Nachdruck auf eine schnelle Auszahlung der Gelder drängen. Auch die beschlossenen Liquiditätshilfen müssen schneller und effizienter als bisher ausgezahlt werden. Wir werden zusätzlich – wir befinden uns jetzt in den Verhandlungen – den Export von Agrargütern aus der DDR massiv fördern. Damit wird der Markt der DDR, aber auch der Markt bei uns spürbar entlastet.

In Städten und Gemeinden konnten vielfach notwendige Investitionen noch nicht in Angriff genommen werden, obwohl mit dem ersten Staatsvertrag Milliardenbeträge für Infrastrukturmaßnahmen ausdrücklich vorgesehen und bereitgestellt waren. Hier sind inzwischen in Zusammenarbeit zwischen Bonn und Berlin notwendige Konsequenzen gezogen worden. Es muß jetzt sehr schnell alles getan werden, damit die zur Verfügung gestellten Finanzmittel Bürger und Unternehmer ebenso erreichen wie die Landwirtschaft und die Städte und Gemeinden. Nur so kann die wirtschaftliche Entwicklung der DDR erfolgreich in Gang gebracht werden.

Festzuhalten bleibt, daß uns der Staatsvertrag über die Währungs-, Wirtschafts- und Sozialunion in die Lage versetzt, den erwarteten Anpassungsproblemen der DDR wirksam zu begegnen. So haben wir zum Beispiel von Anfang an, um die Arbeitslosigkeit zu begrenzen, die Möglichkeit zur Kurzarbeit im Vergleich zur Bundesrepublik stark erweitert, dies vor allem, um Kurzarbeit mit den notwendigen Maßnahmen zur Umschulung und Qualifizierung zu verbinden. Von dieser Möglichkeit wird zunehmend mit aktiver Unterstützung der Bundesanstalt für Arbeit Gebrauch gemacht. Welche Probleme hier zu bewältigen sind, zeigt die kürzlich vorgelegte Untersuchung des Ifo-Instituts. Dieses Gutachten beziffert die von der bisherigen sozialistischen Planwirtschaft hinterlassene verdeckte Arbeitslosigkeit auf über eine Million. Die Zahlen sprechen für sich.

Gleichzeitig ist die Umgestaltung der DDR-Wirtschaft deutlich in Gang gekommen. So sind allein im ersten Halbjahr 1990 in der DDR über 2800 Gemeinschaftsunternehmen mit Partnern außerhalb der DDR zustande gekommen. In der DDR selbst wurden in den ersten sechs Monaten dieses Jahres gut 100000 neue Betriebe gegründet, vor allem in Handel und Handwerk. Allein im Juli ist noch einmal die Rekordzahl von über 35000 hinzugekommen.

Auch bei der Treuhandanstalt kommen offensichtlich die notwendigen Arbeiten besser in Gang.

(Frau Dr. Vollmer [GRÜNE]: Nachdem Herr Gohlke zurückgetreten ist!)

Die Liquidität der Unternehmen für August und September konnte inzwischen in enger Zusammenarbeit zwischen Treuhandanstalt, Banken, Regierung der DDR und der Bundesregierung gesichert werden. Nach verständlichen Anlaufproblemen der Treuhandanstalt gehe ich davon aus, daß jetzt auch bei der Privatisierung und Sanierung der

DDR-Betriebe zügig Fortschritte erzielt werden. Natürlich können die schwierigen Anpassungsprobleme von 8000 Unternehmen nicht kurzfristig gelöst werden. In diesem Zusammenhang ist insbesondere auch die Reorganisation der Außenstellen der Treuhandanstalt überfällig, damit eine konstruktive Zusammenarbeit mit Städten und Gemeinden und privaten Investoren vor Ort zügig vorankommt.

Wichtig ist nicht zuletzt, daß auch die Tatsachen nicht übersehen werden, die gerade in der jetzigen Situation stabilisierend wirken. So ist leider nur am Rande in der Öffentlichkeit vermerkt worden, daß die Lebenshaltungskosten in der DDR im Juli, also im ersten Monat der Währungs-, Wirtschafts- und Sozialunion, um über 5% niedriger lagen als ein Jahr zuvor. Nimmt man hinzu, daß Löhne, Gehälter und Renten im gleichen Zeitraum in der Regel deutlich gestiegen sind, so ist ganz einfach festzuhalten, daß das Realeinkommen und die Kaufkraft der Bürger in der DDR in kurzer Zeit zugenommen haben.

(Beifall bei der CDU/CSU und der FDP)

All dies ist kein Grund, bei dem Erreichten stehenzubleiben. Aber es zeigt, daß es in diesem schwierigen wirtschaftlichen Umstellungsprozeß nicht zuletzt im Vergleich zu den gravierenden Wirtschafts- und Sozialproblemen anderer Reformländer in Mittel-, Ost- und Südosteuropa erhebliche Aktivposten und auch begrüßenswerte Fortschritte gibt.

Angesichts der unvermeidbar schwierigen Probleme beim Übergang vom real existierenden Sozialismus zur Sozialen Marktwirtschaft ist gelegentlich die Behauptung zu hören, daß diese Schwierigkeiten ohne die Schaffung der Währungs-, Wirtschafts- und Sozialunion hätten vermieden werden können. Wer dies behauptet, leugnet die Entwicklung der letzten Monate und verdrängt die Erfahrungen dieses Jahres.

(Beifall bei der CDU/CSU und der FDP)

Ich erinnere noch einmal daran, daß zwischen November 1989 und Februar 1990 knapp 300 000 Übersiedler aus der DDR in die Bundesrepublik gekommen sind. Um dieser dramatischen Entwicklung zu begegnen, waren nach übereinstimmender Auffassung in diesem Hause schnelle positive Signale für die Verbesserung der Lebensbedingungen in der DDR notwendig. Dies war auch der entscheidende Grund für die Einführung der Währungs-, Wirtschafts- und Sozialunion.

Die Bundesregierung und die Koalitionsparteien halten an dieser Politik fest: Verwirklichung der Deutschen Einheit in Abstimmung mit unseren Partnern in der DDR sowie mit unseren Nachbarn und Verbündeten in West und Ost, Bewältigung der wirtschaftlichen Übergangsprobleme, so wie dies bereits im Staatsvertrag vom 18. Mai 1990 vorgesehen war, Erwartung an alle Verantwortlichen in Politik und Wirtschaft, daß alles getan wird, um gemeinsam Schritt für Schritt die Schwierigkeiten des Übergangs vom Sozialismus zur Sozialen Marktwirtschaft zu bewältigen.

(Beifall bei der CDU/CSU und der FDP)

Der Weg zur Deutschen Einheit erfordert Anstrengungen und persönliches Engagement. Ich will dankbar würdigen, daß viele aus allen Kreisen unserer Bevölkerung bereits Vorbildliches geleistet haben: Arbeitnehmer wie Unternehmer, Verbände, Gewerkschaften, Betriebsräte, Leute aus dem Mittelstand und nicht zuletzt die demokratischen Parteien in unserem Land.

Manche von uns haben allerdings vergessen: Auch der Beginn der Sozialen Marktwirtschaft 1948 war alles andere als einfach. Wir hatten nicht nur starke Preissteigerungen, massive Proteste, einen eintägigen Generalstreik und vieles andere mehr. Diese Schwierigkeiten und diese Durststrecke wurden überwunden. Es entstand ein blühendes Land, unsere Bundesrepublik Deutschland.

Wir stehen heute in der DDR vor schwierigen Aufgaben. Aber wir haben alle Voraussetzungen dafür, sie zu meistern. Manche scheinen vergessen zu haben, daß eben der Beginn der Sozialen Marktwirtschaft 1948 alles andere als ein Selbstläufer war. Aber dieses Beispiel am Beginn der Bundesrepublik kann uns Ansporn sein, nicht nur für eine vage Hoffnung, sondern für die Überzeugung, daß sich die Verhältnisse auch in der DDR rasch bessern werden.

(Beifall bei der CDU/CSU und der FDP)

Wir sollten und dürfen an einem solchen Tag einen Augenblick innehalten und uns die historische Dimension dessen ins Bewußtsein rufen, was in diesen Monaten geschehen ist und weiter geschieht. Schauen wir nicht nur, so wichtig dies ist, auf die sich oft überstürzenden Ereignisse und Nachrichten des Tages. Wir sehen die wirtschaftlichen Schwierigkeiten; wir sehen die Probleme und die Notwendigkeiten in der DDR. Aber wir sind uns auch bewußt, daß wir Zeugen eines wahrhaft weltbewegenden Ereignisses und eines großen Augenblicks in der Geschichte unseres Volkes sind.

(Beifall bei der CDU/CSU und der FDP –
Zuruf des Abg. Hoss [GRÜNE])

Lassen Sie uns gemeinsam unserer Verantwortung für alle Deutschen gerecht werden.

(Anhaltender lebhafter Beifall bei der CDU/CSU und der FDP)

24 ». . . der 3. Oktober ist ein Tag der Freude, des Dankes und der Hoffnung«

Zur Herstellung der deutschen Einheit

Liebe Landsleute!

In wenigen Stunden wird ein Traum Wirklichkeit. Nach über vierzig bitteren Jahren der Teilung ist Deutschland, unser Vaterland, wieder vereint. Für mich ist dieser Augenblick einer der glücklichsten in meinem Leben; und aus vielen Briefen und Gesprächen weiß ich, welch große Freude auch die allermeisten von Ihnen empfinden.

An einem solchen Tag richten wir unseren Blick nach vorn. Doch bei aller Freude wollen wir zunächst an jene denken, die unter der Teilung Deutschlands besonders zu leiden hatten. Familien wurden grausam auseinandergerissen. In den Haftanstalten waren politische Gefangene eingekerkert. Menschen starben an der Mauer. Das alles gehört glücklicherweise der Vergangenheit an. Es soll sich niemals wiederholen. Deshalb dürfen wir es auch nicht vergessen. Wir schulden die Erinnerung den Opfern. Und wir schulden sie unseren Kindern und Enkeln. Solche Erfahrungen sollen ihnen für immer erspart bleiben.

Aus demselben Grund vergessen wir auch nicht, wem wir die Einheit unseres Vaterlands zu verdanken haben. Aus eigener Kraft allein hätten wir es nicht geschafft. Viele haben dazu beigetragen. Wann je hatte ein Volk die Chance, Jahrzehnte der schmerzlichen Trennung auf so friedliche Weise zu überwinden? In vollem Einvernehmen mit unseren Nachbarn stellen wir die Einheit Deutschlands in Freiheit wieder her.

Wir danken unseren Partnern, wir danken unseren Freunden. Wir danken insbesondere den Vereinigten Staaten von Amerika, allen voran Präsident George Bush. Wir danken unseren Freunden in Frankreich und in Großbritannien. Sie haben in schwierigen Zeiten stets zu

Fernseh- und Hörfunkansprache vom 2. Oktober 1990, am Vorabend des Tags der Deutschen Einheit.
Bulletin des Presse- und Informationsamts der Bundesregierung Nr. 118 (5. Oktober 1990).

uns gehalten. Sie haben jahrzehntelang die Freiheit des Westteils von Berlin geschützt. Sie haben unser Ziel unterstützt, die Einheit in Freiheit wiederzuerlangen. Ihnen bleiben wir auch künftig in Freundschaft verbunden.

Dank schulden wir auch den Reformbewegungen in Mittel-, Ost- und Südosteuropa. Vor gut einem Jahr ließ Ungarn die Flüchtlinge ausreisen. Damals wurde der erste Stein aus der Mauer geschlagen. Die Freiheitsbewegungen in Polen und in der Tschechoslowakei haben den Menschen in der DDR Mut gemacht, für ihr Recht auf Selbstbestimmung einzutreten. Jetzt gehen wir daran, eine dauerhafte Aussöhnung zwischen dem deutschen und dem polnischen Volk zu verwirklichen.

Wir danken Präsident Gorbatschow. Er hat das Recht der Völker auf den eigenen Weg anerkannt. Ohne diese Entscheidung hätten wir den Tag der Deutschen Einheit nicht so bald erlebt.

Daß dieser Tag schon jetzt kommt, ist besonders jenen Deutschen zu verdanken, die mit der Kraft ihrer Freiheitsliebe die SED-Diktatur überwanden. Ihre Friedfertigkeit und ihre Besonnenheit bleiben beispielhaft.

Wir Deutschen haben aus der Geschichte gelernt. Wir sind ein friedens-, wir sind ein freiheitsliebendes Volk, und nie werden wir unsere Demokratie den Feinden des Friedens und der Freiheit schutzlos ausliefern. Für uns gehören Vaterlandsliebe, Freiheitsliebe und der Geist guter Nachbarschaft immer zusammen. Wir wollen zuverlässige Partner, wir wollen gute Freunde sein. Dabei gibt es für uns auf der Welt nur einen Platz: an der Seite der freien Völker.

Gute Nachbarn wollen wir auch im Innern sein. Aufgeschlossenheit für den Nächsten, Achtung vor dem Andersdenkenden und Verbundenheit mit unseren ausländischen Mitbürgern gehören dazu. Unsere freiheitliche Demokratie muß von Vielfalt, von Toleranz, von Solidarität geprägt sein. Solidarität müssen wir vor allem als Deutsche jetzt untereinander beweisen. Vor uns liegt – jeder weiß dies – eine schwierige Wegstrecke. Wir wollen diesen Weg gemeinsam gehen. Wenn wir zusammenhalten und auch zu Opfern bereit sind, haben wir alle Chancen auf einen gemeinsamen Erfolg.

Die wirtschaftlichen Voraussetzungen in der Bundesrepublik sind heute ausgezeichnet. Noch nie waren wir besser vorbereitet als jetzt, die wirtschaftlichen Aufgaben der Wiedervereinigung zu meistern. Hinzu kommen Fleiß und Leistungsbereitschaft bei den Menschen in der bisherigen DDR. Durch unsere gemeinsamen Anstrengungen, durch die Politik der Sozialen Marktwirtschaft werden schon in wenigen Jahren aus Brandenburg, aus Mecklenburg-Vorpommern, aus Sachsen, aus Sachsen-Anhalt und aus Thüringen blühende Landschaften geworden sein.

Die wirtschaftlichen Probleme, dessen bin ich gewiß, werden wir lösen können: gewiß nicht über Nacht, aber doch in einer überschaubaren Zeit. Noch wichtiger ist jedoch, daß wir Verständnis füreinander haben, daß wir aufeinander zugehen. Wir müssen ein Denken überwinden, das Deutschland immer noch in ein »Hüben« und »Drüben« aufteilt.

Über vierzig Jahre SED-Diktatur haben gerade auch in den Herzen der Menschen tiefe Wunden geschlagen. Der Rechtsstaat hat die Aufgabe, Gerechtigkeit und inneren Frieden zu schaffen. Hier stehen wir alle vor einer schwierigen Bewährungsprobe. Schweres Unrecht muß gesühnt werden, doch wir brauchen auch die Kraft zur inneren Aussöhnung.

Ich bitte alle Deutschen: Erweisen wir uns der gemeinsamen Freiheit würdig. Der 3. Oktober ist ein Tag der Freude, des Dankes und der Hoffnung. Die junge Generation in Deutschland hat jetzt – wie kaum eine andere Generation vor ihr – alle Chancen auf ein ganzes Leben in Frieden und Freiheit. Wir wissen, daß unsere Freude von vielen Menschen in der Welt geteilt wird. Sie sollen wissen, was uns in diesem Augenblick bewegt: Deutschland ist unser Vaterland, das vereinte Europa unsere Zukunft.

Gott segne unser deutsches Vaterland!

25 »... ein gemeinsames Werk der Verständigung, des Friedens und der Versöhnung«

Das wiedervereinigte Deutschland in weltpolitischer Verantwortung

Mit der heutigen Plenarsitzung des gesamtdeutschen Bundestages beginnt die parlamentarische Arbeit im vereinten Deutschland. Vor uns liegen innen- wie außenpolitisch große Aufgaben, die in der kommenden Zeit unsere ganze Kraft beanspruchen werden.

Ich darf namens der Bundesregierung die neuen Kolleginnen und Kollegen sehr herzlich begrüßen, die jetzt im Deutschen Bundestag die Bevölkerung von Brandenburg, von Mecklenburg-Vorpommern, von Sachsen, von Sachsen-Anhalt, von Thüringen und dem Ostteil Berlins repräsentieren.

(Beifall bei der CDU/CSU, der FDP und der SPD sowie bei einzelnen Abgeordneten der GRÜNEN)

In den vergangenen Wochen und Monaten haben sie, ebenso wie alle anderen Mitglieder der Volkskammer und wie die Regierung der bisherigen DDR unter Führung von Lothar de Maizière, unter schwierigsten Bedingungen ein großes Arbeitspensum bewältigt. Dafür gebührt ihnen allen unser Respekt, unser Dank und unsere Anerkennung.

(Beifall bei der CDU/CSU und der FDP sowie bei Abgeordneten der SPD)

Wir vergessen nicht, wem wir die Einheit unseres Vaterlands zu verdanken haben. Viele haben dazu beigetragen, zu allererst die Menschen in der bisherigen DDR. Gerade hier in Berlin möchte ich die Vereinigten Staaten von Amerika nennen, allen voran Präsident George Bush.

(Beifall bei der CDU/CSU, der FDP und der SPD sowie der Abg. Frau Garbe [GRÜNE])

Ich nenne auch unsere französischen Freunde, und ich nenne unsere Freunde in Großbritannien. Wir danken allen unseren Part-

Regierungserklärung zur Politik der ersten gesamtdeutschen Bundesregierung. Deutscher Bundestag. Plenarprotokoll 11/228, 4. Oktober 1990.

nern in der Europäischen Gemeinschaft und im Atlantischen Bündnis für ihre Solidarität.

(Beifall bei der CDU/CSU, der FDP und der SPD sowie bei Abgeordneten der GRÜNEN)

Dank schulden wir vor allem auch den Bürgerrechts- und Reformbewegungen in Mittel-, Ost- und Südosteuropa.

(Beifall im ganzen Hause)

Vor gut einem Jahr ließ Ungarn die Flüchtlinge ausreisen. Die Freiheitsbewegungen in Polen und in der Tschechoslowakei haben den Menschen in der DDR Mut gemacht, für ihr Recht auf Selbstbestimmung einzutreten.

Präsident Michail Gorbatschow hat einen unschätzbaren Beitrag zur Überwindung der Teilung unseres Vaterlands geleistet.

(Beifall im ganzen Hause)

Er hat das Recht der Völker auf den eigenen Weg anerkannt. Ohne das neue Denken in der sowjetischen Außenpolitik hätten wir den Tag der Deutschen Einheit nicht so bald erlebt.

(Beifall bei der CDU/CSU, der FDP und bei Abgeordneten der SPD sowie bei einzelnen Abgeordneten der GRÜNEN und der PDS)

Wann je hatte ein Volk die Chance, Jahrzehnte der schmerzlichen Trennung auf so friedliche Weise zu überwinden? Ohne Krieg und Gewalt, ohne Blutvergießen, in vollem Einvernehmen mit unseren Nachbarn und Partnern und mit ihrer Zustimmung haben wir die Einheit Deutschlands in Freiheit wiederherstellen können. Dies ist ein wichtiges Kapitel für die Zukunft unseres Volkes.

Das vereinte Deutschland sieht sich in der Tradition jener freiheitlichen Strömungen unserer Geschichte, die weder Krieg noch Gewaltherrschaft auszulöschen vermochten. Zu dieser Tradition zählt das Hambacher Fest ebenso wie die Nationalversammlung in der Frankfurter Paulskirche.

Hier im Reichstag denken wir heute gerade auch an jene, die die erste deutsche Demokratie, die Weimarer Republik, gegen ihre Feinde von rechts und von links bis zum bitteren Ende in Schutz nahmen. Wer könnte jemals das unerschrockene Bekenntnis zur Demokratie vergessen, mit dem Otto Wels, der Vorsitzende der SPD-Reichstagsfraktion, dem nationalsozialistischen Machtanspruch trotzte?

(Beifall im ganzen Hause)

Seine Rede in der Kroll-Oper – nach dem Brand des Reichstags – am 23. März 1933, die mit einem Gruß an die »Verfolgten und Bedrängten« schloß, wurde zu einem ergreifenden Zeugnis freiheitlicher Gesinnung.

Mit besonderer Dankbarkeit erinnern wir uns des deutschen Widerstands gegen Hitler, eines Widerstands aus allen Gruppen unseres Volkes. Ich nenne hier besonders die mutigen Männer und Frauen des 20. Juli 1944. Im Kampf für ein friedliches, für ein freies und der Menschenwürde verpflichtetes Deutschland gaben viele ihr Leben hin.

Das Grundgesetz gilt jetzt »für das gesamte Deutsche Volk«, wie es in der Präambel heißt. Damit stellen sich alle Deutschen bewußt auch in die Tradition der Väter und Mütter unserer Verfassung, die sich damals von dem doppelten Schwur leiten ließen: Nie wieder Krieg! Nie wieder Diktatur! – Stellvertretend nenne ich hier Konrad Adenauer, Kurt Schumacher, Theodor Heuss – und hier in Berlin vor allem auch den unvergessenen Ernst Reuter.

(Beifall im ganzen Hause)

In das Selbstverständnis des vereinten Deutschland geht auch die Erinnerung an den 17. Juni 1953 ein. Wir denken an all jene Deutschen, die in der ehemaligen DDR im Kampf für die Freiheit Gesundheit und Leben aufs Spiel setzten und oft auch verloren. Ihr Vermächtnis erfüllte sich in der friedlichen Revolution, mit der das SED-Regime überwunden wurde.

Wenn wir uns zur deutschen Geschichte in allen ihren Teilen bekennen, dann wollen wir auch nicht ihre düsteren Kapitel ausblenden. Niemals darf vergessen, verdrängt oder verharmlost werden, welche Verbrechen in diesem Jahrhundert von Deutschen begangen worden sind, welches Leid Menschen und Völkern zugefügt wurde. Indem wir diese geschichtliche Last gemeinsam tragen, erweisen wir uns auch der gemeinsamen Freiheit würdig. Die Erinnerung auch an das dunkelste Kapitel unserer Geschichte wachzuhalten, schulden wir den Opfern. Wir schulden es vor allem den Opfern des Holocaust, des beispiellosen Völkermords an den europäischen Juden.

Uns leitet der feste Wille, über die Gräben der Vergangenheit Brücken zu bauen für ein gemeinsames Werk der Verständigung, des Friedens und der Versöhnung im Geiste der Menschenrechte. Das gilt für alle Bereiche – im Innern wie nach außen.

Kontinuität und Neubeginn - das vereinte Deutschland steht für das eine wie für das andere. Wir können auf den bewährten Grundlagen aufbauen, die in der Bundesrepublik errichtet und entwickelt wurden, und wir halten fest an unserem Engagement für die europäische Einigung, für den Bau der vereinigten Staaten von Europa und in der Atlantischen Allianz.

Aber wir wissen auch, daß wir nach der staatlichen Wiedervereinigung in vieler Hinsicht erst am Anfang stehen. Wirtschaftliche und soziale Fragen sind jetzt dringlich, aber sie sind wahrlich nicht die einzigen, die wir lösen müssen. Ich denke vor allem auch an die schwerwiegenden Folgen, die vier Jahrzehnte kommunistischer Diktatur im geistigen Leben und in den Seelen der Menschen hinterlassen haben. Die meisten Menschen - in der DDR und in der Bundesrepublik - hatten sich in all der Zeit, die wir erlebt haben, ein waches Bewußtsein dafür bewahrt, daß wir als Deutsche zusammengehören. Ihre Herzen schlugen für die Freiheit und für die Einheit. Die friedliche Revolution im vergangenen Herbst hat dafür auf bewegende Weise Zeugnis abgelegt. Das ändert nichts daran, daß über vier Jahrzehnte hinweg die Deutschen in Ost und West ihr Leben unter ganz unterschiedlichen Bedingungen gestalten mußten, daß sie von völlig verschiedenen, manchmal auch durchaus gegensätzlichen Erfahrungen geprägt wurden. Wir müssen deshalb mit Verständnis und mit gegenseitiger Achtung aufeinander zugehen. Dabei dürfen wir einander nicht überfordern. Gefragt sind Offenheit und Toleranz und die Bereitschaft, einander besser begreifen zu lernen.

Die Diktatur der SED mit ihrem Stasi- und Propaganda-Apparat, mit ihrem praktisch alles erstickenden Geflecht aus Unterdrückung und Verführung hat gerade auch in den Herzen der Menschen Wunden geschlagen. Gezielt versuchten die kommunistischen Machthaber, Menschen gegeneinander auszuspielen, Vertrauen zu zerstören und Haß zu säen. Wir dürfen jetzt nicht zulassen, daß noch im nachhinein diese Saat der SED aufgeht.

(Beifall bei der CDU/CSU, der FDP, der SPD und bei den GRÜNEN sowie bei Abgeordneten der PDS)

Das heißt, wir müssen unbeirrt den Weg des Rechtsstaats gehen. Denn nur im Rechtsstaat verbindet sich die Forderung nach Gerechtigkeit mit dem Willen zum inneren Frieden. Wer schwere Schuld auf sich geladen hat, wird die Konsequenzen dafür tragen müssen. Er wird zur Rechenschaft gezogen werden. Um jedoch für unser Volk den inneren Frieden zu gewinnen, müssen wir auch die Kraft zur inneren Aussöhnung aufbringen.

Mir ist durchaus bewußt, wie schwierig das ist, vor allem für viele, die gelitten haben. Wir alle müssen uns dieser Herausforderung stellen. Ich sage ganz bewußt: wir alle. Denn in einem vereinten Deutschland müssen wir die Lasten gemeinsam tragen, auch jene, die aus der Vergangenheit stammen. Wir würden sonst die Barrieren, die wir niedergerissen haben, in unserem Denken nur neu aufrichten und befestigen. Deutschland zusammenzuführen – in jeder Hinsicht: geistig-kulturell, wirtschaftlich, sozial –, das ist die umfassende Aufgabe der kommenden Jahre.

Dabei hat jeder Wichtiges und Bedeutendes einzubringen: Die Deutschen in der bisherigen Bundesrepublik außer ihrer erfolgreichen Wirtschafts- und Sozialordnung vor allem eine bewährte freiheitliche und rechtsstaatliche Verfassung, unser Grundgesetz, das jetzt in ganz Deutschland gilt. Die Menschen in der bisherigen DDR bringen insbesondere das Selbstbewußtsein jener ein, die sich in einer friedlichen Revolution gegen eine Diktatur durchgesetzt haben. Mit ihrem unverstellten Blick für den Wert der Freiheit schärfen sie vielen das Bewußtsein dafür, welch kostbares Gut das ist: eine freiheitliche Demokratie in einem vereinten Vaterland.

(Beifall bei der CDU/CSU und der FDP sowie bei Abgeordneten der SPD)

Freiheit und Verantwortung gehören unauflöslich zusammen. Deshalb gilt es, jene Institutionen zu stärken, die den Menschen Halt und Orientierung geben. Liebe und Geborgenheit werden zuallererst in der Familie erfahren. Sie ist und bleibt der wichtigste Ort für die persönliche Entwicklung und für die Vermittlung von Werten und Tugenden.

(Beifall bei der CDU/CSU und bei Abgeordneten der FDP)

Der Staat muß die Familie bei der Erfüllung dieser Aufgaben unterstützen. Er darf sich niemals anmaßen, die Familie ersetzen zu wollen.

(Beifall bei der CDU/CSU und der FDP sowie bei Abgeordneten der SPD)

Zum Beitrag der Länder zwischen Elbe und Oder, zwischen Rügen und der Sächsischen Schweiz gehört nicht zuletzt ein unschätzbares kulturelles Erbe. Es sind alte, traditionsreiche Landschaften mit einzigartigen Zeugnissen unserer Geschichte. [. . .] Dieses Erbe - das zugleich ein europäisches Erbe ist - nimmt uns gemeinsam in die Pflicht. Insbesondere müssen wir dafür sorgen, daß die Kulturinstitutionen von europäischem Rang auf dem Gebiet der bisherigen DDR ihre Bedeutung für Deutschland und Europa behalten. Ich weiß um die Verantwortung, die die Bundesregierung - unbeschadet der grundsätzlichen Zuständigkeit der Länder - für das Fortbestehen dieser Einrichtungen trägt. Wir werden uns in diesem Sinne auch zu verhalten haben.

(Beifall des Abg. Graf Huyn [CDU/CSU])

Das Bewußtsein der Menschen für die Einheit unserer Nation hat sich niemals auf die kulturelle Dimension beschränken lassen. Sie wollten als ein Volk in einem vereinten und freien Deutschland leben. Jetzt kommt es darauf an, daß Deutschland auch wirtschaftlich und sozial möglichst rasch wieder eins wird. Das wird uns große Anstrengungen abfordern, und dafür werden wir auch Opfer bringen müssen. Wir werden es schaffen, wenn wir jetzt zusammenstehen.

(Beifall bei der CDU/CSU und der FDP sowie bei Abgeordneten der SPD)

In diesem entscheidenden Augenblick unserer Geschichte müssen wir mehr denn je zu Solidarität fähig sein.

Dann werden wir auch die tiefe geistige, wirtschaftliche und ökologische Krise überwinden, die der Kommunismus und Sozialismus in der bisherigen DDR hinterlassen haben. Es kommt darauf an, daß wir jetzt offen Bilanz ziehen - und daß wir zugleich mit dem Aufbruch beginnen. Jeder weiß: Die Hinterlassenschaft der SED-Diktatur ist verheerend.

Die wirtschaftliche Lage in der DDR wird bestimmt durch den schwierigen Übergang von der sozialistischen Kommandowirtschaft zur Sozialen Marktwirtschaft. Nachdem sich zwei unvereinbare Wirtschafts- und Gesellschaftsordnungen über Jahrzehnte hinweg auseinanderentwickelt haben, geht es jetzt darum, die Zukunft in Freiheit gemeinsam zu gestalten. [. . .] So müssen sich Wirtschaft und Unternehmen durchgreifend ändern und neu orientieren; denn viele der bisherigen Industriegüter können sich im internationalen Wettbewerb nicht behaupten. Dienstleistungen - etwa im Handel, Finanzwesen und Tourismus - wurden stark vernachlässigt.

Vollbeschäftigung gab es im real existierenden Sozialismus nur zum Schein. In Wahrheit bestand in nahezu jedem Betrieb und jeder Verwaltung das, was man als verdeckte Arbeitslosigkeit bezeichnet. Allein der öffentliche Dienst war fast doppelt so stark besetzt wie in der Bundesrepublik. Und niemand wird behaupten, daß der öffentliche Dienst in der Bundesrepublik zu schwach besetzt sei.

(Heiterkeit und Beifall bei der CDU/CSU und der FDP sowie bei Abgeordneten der SPD und der GRÜNEN - Cronenberg [Arnsberg] [FDP]: Bei Gott nicht! - Zurufe von der SPD)

[. . .]

Wer dann noch veraltete Produktionsanlagen und verbreitete Energieverschwendung hinzunimmt, den wundert es nicht, daß die Produktivität nur etwa 40 % des Niveaus der bisherigen Bundesrepublik beträgt. Hier wollen wir gemeinsam durch eine zügige Modernisierung der Betriebe und durch nachhaltig verstärkte Umschulung und Weiterbildung der Arbeitnehmer Abhilfe schaffen. Mit massiven Maßnahmen zur Weiterqualifizierung, zu Investitionszulagen und regionalen Wirtschaftshilfen geben wir die notwendige Unterstützung. Mit der jetzt vorgesehenen Wirtschaftsförderung kann ein Investitionsvolumen von rund 50 Milliarden DM sehr bald verwirklicht werden.

Wie groß die Investitionsbereitschaft ist, zeigt nicht zuletzt die jüngste Umfrage des Ifo-Instituts. Danach will rund die Hälfte der befragten Unternehmen bereits bis Ende kommenden Jahres, also in den nächsten 15 Monaten, in der bisherigen DDR investieren.

Wirksame Hilfen zur Umstrukturierung erhalten ebenso die Landwirtschaft und die Ernährungswirtschaft. Enteignung und Staatsdirigismus haben oft gigantische, aber häufig unproduktive Betriebe entstehen lassen. Die jetzt notwendige Neuorientierung bietet leistungsfähigen landwirtschaftlichen Betrieben eine faire Chance, sich im Markt zu behaupten, und neben Familienbetrieben gehören dazu auch Genossenschaften. Mit der Einheit Deutschlands ist die Landwirtschaft der bisherigen DDR zugleich voll in den europäischen Agrarmarkt integriert. Dank günstiger Standortbedingungen verfügen die Landwirte in ganz Deutschland über gute Voraussetzungen, im europäischen Markt zu bestehen. Aber jeder von uns weiß, daß wir hier noch erhebliche Übergangsprobleme mit Auswirkungen auch auf das Gebiet der bisherigen Bundesrepublik zu bewältigen haben.

Gemeinsame Anstrengungen brauchen wir ferner im Blick auf Wohnungsbau und Infrastruktur. Jeder kann sich, wenn er durch die Städte und Gemeinden der bisherigen DDR geht, ein Bild davon machen, wie sehr Häuser, ja ganze Stadtteile vom Verfall bedroht sind. Dieser Entwicklung wollen wir Einhalt gebieten. Das neue Wohnungsbaumodernisierungsprogramm für die ehemalige DDR bietet hierfür konkrete Hilfen. Zu ungewöhnlich günstigen Bedingungen steht jetzt ein Kreditvolumen von rund 10 Milliarden DM zur Verfügung. Nicht zuletzt aus dieser Sicht eröffnet die Bauwirtschaft neue Beschäftigungsperspektiven für viele, die sich jetzt auch beruflich neu orientieren müssen. [. . .]

Für das Gebiet der bisherigen DDR haben wir ein umfassendes Infrastrukturprogramm eingeleitet. Dabei geht es vorrangig darum, das Straßen-, Schienen- und Telefonnetz instand zu setzen und vor allem zu modernisieren. Nur mit einer leistungsfähigen Infrastruktur kann eine dauerhafte wirtschaftliche Erholung einhergehen. Wir müssen sehr bald dahin kommen, daß es genauso einfach ist, von Dresden nach Rostock zu telefonieren wie heute etwa von Köln nach München.

Um dieses Ziel so rasch wie möglich zu erreichen, hat die Bundespost Milliardeninvestitionen beschlossen. Bis 1997 sind für den Ausbau des Fernmeldenetzes rund 55 Milliarden DM vorgesehen, davon allein über 7 Milliarden DM in den nächsten 18 Monaten. Das bedeutet: In der bisherigen DDR werden jetzt jährlich bis zu eine Million neue Telefonanschlüsse hergestellt.

(Beifall bei der CDU/CSU und der FDP)

Parallel müssen wir für den Ausbau eines modernen Straßen- und Schienennetzes große Anstrengungen unternehmen und besondere Ideen entwickeln. Der Infrastruktur dient zugleich das neue Gemeindeinvestitionsprogramm mit einem Projektvolumen von 10 Milliarden DM. Es unterstützt Kreise, Gemeinden und Städte vor allem dabei, Gewerbeflächen zu erschließen, kommunale Verkehrswege zu verbessern, Stadt- und Dorferneuerung zu ermöglichen sowie Gesundheits- und Pflegeeinrichtungen zu modernisieren. Ich fordere Städte und Gemeinden auf, für solche Aufgaben auch die bereitstehenden Mittel für Arbeitsbeschaffungsmaßnahmen verstärkt zu nutzen. Mit ihnen läßt sich Arbeitslosigkeit kurzfristig verringern, und dringende Arbeiten können mit geringem Kostenaufwand für die Städte und Gemeinden schon jetzt in Angriff genommen werden.

(Beifall bei der CDU/CSU und der FDP)

Mit dem Einigungsvertrag verfügen die Städte, Kreise und Gemeinden über die Voraussetzungen, unverzüglich Grundstücke und Gebäude für arbeitsplatzschaffende Investitionen bereitzustellen.

(Zuruf von der SPD: Das ist doch alles graue Theorie!)

Von dieser Regelung soll und muß jetzt im Interesse der Beschäftigung sofort Gebrauch gemacht werden.

Noch größerer Handlungsbedarf besteht beim Schutz von Natur und Umwelt. Viele Böden sind vergiftet, Seen und Flüsse oft verseucht oder ökologisch tot. Das Trinkwasser ist häufig hoch belastet. Das SED-Regime hat zu verantworten, daß es in der ehemaligen DDR bis zuletzt höhere Belastungen mit Schwefeldioxid und Kohlendioxid gab als irgendwo sonst in der Welt.

Die Kernkraftwerke entsprechen in keiner Weise unseren Sicherheitsanforderungen.

(Zuruf von der SPD: Unsere auch nicht!)

Daß die DDR-Regierung diese Kraftwerke sogar nach Tschernobyl weiter betrieben hat, war unverantwortlich.

(Beifall bei der CDU/CSU und der FDP sowie bei Abgeordneten der SPD und der GRÜNEN)

Inzwischen haben wir bereits vier der fünf Kernkraftwerke abgeschaltet. Der letzte Kernkraftwerksblock in Greifswald wird in Kürze ebenfalls vom Netz genommen werden.

(Zuruf von der SPD: Und was ist mit Stade?)

Dies wird die Stromversorgung nicht in Frage stellen. Mit dem kürzlich abgeschlossenen Stromvertrag wird vielmehr der rasche Aufbau einer leistungsfähigen und umweltfreundlichen Stromerzeugung und -versorgung durch private Energieversorgungsunternehmen sichergestellt.

(Widerspruch bei den GRÜNEN)

Allein in den nächsten fünf Jahren werden hierfür mehr als 20 Milliarden DM investiert.

Für uns gehören wirtschaftlicher Aufschwung und ökologischer Neubeginn zusammen. Besonders gesundheits- und umweltbelastende Betriebe und Betriebsteile wurden inzwischen geschlossen. Mit Nachdruck arbeiten wir an einem ökologischen Sanierungs- und Entwicklungsprogramm, vor allem für hoch belastete Gebiete wie Bitterfeld und Espenhain, für die Region um Mansfeld, für das Obere Elbtal. Einmal mehr erweist sich, wie sehr die Leistungskraft der Wirtschaft Voraussetzung für Entwicklung und Einsatz modernster Umwelt- und Sicherheitstechnik ist.

Ohne eine leistungsfähige Wirtschaft ist nicht denkbar, was viele inzwischen für selbstverständlich halten: ein tragfähiges Netz sozialer Sicherung. Was hier aufzuholen ist, zeigt zuallererst die Situation der Rentner in der bisherigen DDR. Ihre Renten waren niedrig und wurden überdies nur unzureichend an die Lohnentwicklung der Arbeitnehmer angepaßt. Wir haben sichergestellt, daß die Rentner - wie schon bisher in der Bundesrepublik - an der wirtschaftlichen Aufwärtsentwicklung ihren gerechten Anteil haben.

(Beifall bei der CDU/CSU und der FDP - Widerspruch bei den GRÜNEN und bei Abgeordneten der SPD)

Auch in der bisherigen DDR muß gelten, daß die Rente angemessener Lohn für ein ganzes Arbeitsleben ist.

(Zurufe von den GRÜNEN)

Im Gesundheitswesen gab es in der ehemaligen DDR ein Zweiklassensystem. Nur für sehr wenige Privilegierte standen Spitzenmedizin und leistungsfähige medizinische Einrichtungen zur Verfügung. Das galt keineswegs für den sogenannten Normalbürger. Wir führen jetzt unsere bewährte Kranken-, Renten- und Arbeitslosenversicherung ein, selbst wenn das mit hohen Anlaufkosten verbunden ist. Mit dem Einigungsvertrag ist gewährleistet, daß wir auf diesem wichtigen Feld Schritt für Schritt einheitliche Verhältnisse in ganz Deutschland erreichen; denn wirksame soziale Sicherung ist untrennbar verknüpft mit unserer Politik der Sozialen Marktwirtschaft.

(Beifall bei der CDU/CSU und der FDP)

Zur Bestandsaufnahme gehört die Lage der Staatsfinanzen in der bisherigen DDR. Verfügbare Mittel wurden für staatliche Prestigeobjekte, für überbesetzte Verwaltungen und für das Unterdrückungssystem ausgegeben. Statt in die Zukunft zu investieren, ist die Substanz verwirtschaftet worden. Bereits vor Jahresfrist sind führende Funktionäre der SED selbst zu dem Ergebnis gekommen, daß der DDR gegenüber dem westlichen Ausland sehr kurzfristig die Zahlungsunfähigkeit drohe.

Unter derart bedrückenden und entmutigenden Verhältnissen haben die Menschen in der DDR über 40 Jahre leben und arbeiten müssen. Um so höher wissen wir einzuschätzen, was sie in dieser Zeit dennoch geleistet haben. Wer seit über vier Jahrzehnten gleichsam auf der Sonnenseite deutscher Geschichte in der Bundesrepublik Deutschland leben durfte, sollte sich dies immer bewußt machen.

(Beifall bei der CDU/CSU, der FDP und der SPD sowie bei Abgeordneten der GRÜNEN)

Es ist zutiefst deprimierend, daß das SED-Regime die Früchte jahrzehntelanger Anstrengungen der Bürger weitgehend zunichte gemacht hat.

Viele fühlen sich auch jetzt noch von denen verunsichert, die den Neubeginn mit altem Denken bewußt erschweren und verschleiern. Die alte Kommandowirtschaft ist gescheitert. Aber die Konturen der neuen Wirtschaftsordnung sind oft noch nicht klar erkennbar.

Damit verbindet sich die verständliche Frage der Menschen nach der eigenen Zukunft – die Frage nach dem Arbeitsplatz, nach Einkommen oder Rente, nach der Wohnung, nach den neuen Anforderungen einer wettbewerbsorientierten Wirtschaft. Wir alle nehmen diese Fragen und auch die Ängste ernst; es sind Fragen des persönlichen Betroffenseins, Fragen, die uns alle angehen. Daran knüpfen sich zugleich Hoffnungen und Erwartungen – Erwartungen, die manchmal über das hinausgehen, was staatliche und private Unterstützung und Hilfe kurzfristig leisten können. Wir verstehen diese Erwartungen. Wir werden alles in unserer Kraft Stehende tun, um die Folgen der Teilung so schnell wie möglich zu überwinden. Doch was in vier Jahrzehnten zunichte gemacht wurde, kann nicht in wenigen Wochen und Monaten aufgeholt und ausgeglichen werden.

(Beifall bei der CDU/CSU und der FDP sowie bei Abgeordneten der SPD)

Finanzielle Anforderungen finden dort ihre Grenze, wo die Stabilität der D-Mark und die finanzielle Solidität des Gesamtstaats berührt werden. Denn dies ist das Fundament, auf dem wir alle heute stehen und auf dem wir die gemeinsame Zukunft aufbauen wollen. Um so wichtiger ist es, in der öffentlichen Diskussion nicht nur nach den

Kosten des Neubeginns zu fragen. Denn es ist ja ein leichtes, hier horrende Zahlen aufzuaddieren. Wer so redet, sollte bitte auch an die Kosten der Teilung in den letzten 40 Jahren denken –

(Beifall bei der CDU/CSU und der FDP sowie des Abg. Thierse [SPD])

Kosten der Teilung nicht nur in der Bundesrepublik, sondern ebenso in der DDR. Er sollte denken an die vielen Milliarden für Berlin- und Zonenrandförderung, für Transitpauschalen, für Häftlingsfreikäufe – und dies Jahr für Jahr. Er sollte vor allem auch denken an die immensen Ausgaben für das Überwachungs- und Unterdrückungssystem von Stasi, von Mauer und von Stacheldraht. Wer diese Diskussion führt und diese Summen einmal in Relation zueinander setzt, kommt bei den Kosten der Teilung sehr rasch zu Größenordnungen in vierstelliger Milliardenhöhe. Will jemand diese gigantischen Kosten der Teilung wirklich weiter in Kauf nehmen, anstatt jetzt in die Einheit unseres Vaterlandes sinnvoll und mit Augenmaß zu investieren?

(Beifall bei der CDU/CSU und der FDP)

Investitionen in unsere gemeinsame Zukunft haben auch mit Kosten zu tun – aber eben nicht nur mit Kosten, sondern auch mit Erträgen. Auch das ist ja eine der Erfahrungen von 40 Jahren Bundesrepublik.

(Beifall bei der CDU/CSU und der FDP)

So sichert und schafft der wirtschaftliche Wiederaufbau in der ehemaligen DDR Arbeitsplätze in ganz Deutschland; die jüngste Arbeitslosenstatistik zeigt dies ja überdeutlich. Von dieser zusätzlichen wirtschaftlichen Dynamik profitieren zunächst einmal vor allem westliche Lieferanten von Maschinen und Ausrüstungen. Dies trägt aber ebenso dazu bei, die bisherige DDR als Produktionsstandort rasch auszubauen. Dies bedeutet zugleich: steigende Unternehmenserträge und wachsende Einkommen, die ihrerseits wieder zu höheren Staatseinnahmen führen. Auch das ist ja in klassischer Weise während der vergangenen Jahre in der Bundesrepublik deutlich geworden.

(Beifall bei der CDU/CSU und der FDP)

Zu solchen Erträgen gehören auch Entlastungen unserer Umwelt: Weniger Schadstoffe, vor allem in Luft und Wasser: das kommt allen zugute. Das heißt beispielsweise: jede Mark, die wir bereits in Dresden in die Wasserqualität der Elbe investieren, macht eine Sanierung bei

Hamburg zwar nicht überflüssig, aber doch wesentlich einfacher und weniger kostspielig.

(Beifall bei der CDU/CSU und der FDP sowie bei Abgeordneten der SPD)

[...]

Noch etwas gehört in den Zusammenhang von Kosten und Erträgen: Es ist unredlich, den Eindruck zu erwecken, auf dem Gebiet der ehmaligen DDR könne auf absehbare Zeit nichts oder nur sehr wenig aus eigener Kraft finanziert werden. Großzügige Hilfen am Beginn einer marktwirtschaftlichen Neuorientierung sind notwendig, zumal die sozialen Lasten der Menschen damit erträglicher werden. Wer wüßte dies besser als die Deutschen in der bisherigen Bundesrepublik, deren Aufbau mit Geldern des Marshall-Plans aus den USA erleichtert wurde!

(Beifall bei der CDU/CSU und der FDP)

Gerade unsere Erfahrungen zu Beginn der Sozialen Marktwirtschaft in der Zeit nach 1948 zeigen aber ebenso, daß solche Starthilfe im besten Sinne des Wortes Hilfe zur Selbsthilfe ist. Dies wird in Mecklenburg-Vorpommern, in Brandenburg, in Sachsen-Anhalt, in Thüringen und in Sachsen nicht anders sein. Auch dort werden Bürger, Kommunen und Länder bald einen wachsenden Teil zur Finanzierung ihrer eigenen Zukunft selbst tragen können.

Die freiheitliche Wirtschafts- und Gesellschaftsordnung und mit ihr die Soziale Marktwirtschaft waren im westlichen Teil Deutschlands nicht immer unumstritten.

(Opel [SPD]: Ahlener Programm!)

Gerade der Neubeginn 1948 war alles andere als einfach: Vorübergehende Preissteigerungen, heftige Auseinandersetzungen bis hin zum Generalstreik begleiteten den Anfang der Sozialen Marktwirtschaft.

Die Frage der Kursbestimmung der Sozialen Marktwirtschaft stellte sich für die Bundesregierung erneut, als es 1982 darum ging, aus der Rezession heraus eine neue wirtschaftliche Aufwärtsentwicklung in Gang zu setzen – eine Aufwärtsentwicklung, aus der inzwischen der längste Aufschwung der Nachkriegszeit geworden ist. Er geht jetzt mit ungebrochener Dynamik ins neunte Jahr.

(Beifall bei der CDU/CSU und der FDP)

Heute können wir mit Stolz feststellen: Der Standort Deutschland zählt zu den ersten Adressen in der Welt, und die D-Mark gehört zu den gefragtesten und härtesten Währungen.

(Beifall bei der CDU/CSU und der FDP)

Am Arbeitsmarkt eilt die Beschäftigung boomartig von Rekord zu Rekord, zuletzt auf 28,5 Millionen. Binnen Jahresfrist entstanden allein über 700 000 neue, zusätzliche Arbeitsplätze. Ein derart erfreuliches Ergebnis gab es in der Nachkriegszeit nur ein einziges Mal, im Jahre 1955.

(Beifall bei der CDU/CSU und der FDP)

Obwohl in den letzten 12 Monaten annähernd eine Million Aus- und Übersiedler in die Bundesrepublik gekommen sind, ist die Arbeitslosigkeit rückläufig. Kurzarbeit und Jugendarbeitslosigkeit, einst große Belastungen, sind nahezu verschwunden. Allein dieses Beispiel zeigt: Wir haben allen Grund, den Wiederaufbau zwischen Elbe und Oder mit Zuversicht anzugehen.

(Beifall bei der CDU/CSU und der FDP)

Mit dem Staatsvertrag über die Währungs-, Wirtschafts- und Sozialunion und dem Einigungsvertrag haben wir die entscheidenden Weichen für den Übergang zur Sozialen Marktwirtschaft gestellt. [. . .] Wer sagt, dies alles sei ihm viel zu schnell gegangen, der soll unseren Landsleuten in der bisherigen DDR auch sagen, daß er die D-Mark noch eine Weile gern für sich allein behalten hätte

(Beifall bei der CDU/CSU und der FDP –
Widerspruch bei der SPD)

und daß Solidarität nur langfristig und auf Raten zu haben sei.

(Beifall bei der CDU/CSU und der FDP –
Widerspruch bei der SPD)

Die Wahrheit ist, daß wir, wenn wir die Währungs-, Wirtschafts- und Sozialunion am 1. Juli nicht eingeführt hätten, bis zum heutigen Tag ungefähr eine Million Übersiedler aus der DDR in der Bundesrepublik gehabt hätten

(Beifall bei der CDU/CSU und der FDP)

und daß diese Entwicklung zu katastrophalen Verwerfungen in der Gesellschaft der Bundesrepublik wie in jener der DDR geführt hätte.

(Beifall bei der CDU/CSU und der FDP)

[. . .] Zur Wirklichkeit des Jahres 1990 gehört, daß der wirtschaftliche Neubeginn für viele Menschen einen tiefen Einschnitt bedeutet.

Für viele – das zeigt auch die derzeitige Lage auf dem Arbeitsmarkt der bisherigen DDR – ist dies eine persönlich schwierige Phase. In zahlreichen Betrieben muß kurzgearbeitet werden. In vielen Familien wächst die Sorge um Arbeitsplatz und um Bewältigung des Alltags. Doch alle, die jetzt von Arbeitslosigkeit oder Kurzarbeit betroffen sind, haben Anspruch auf Hilfe und Solidarität der Gemeinschaft. Unser bewährtes System der sozialen Sicherung bietet dafür Gewähr.

Solidarität bedeutet für uns genauso, daß jungen Menschen, die die Schule verlassen, eine Zukunft eröffnet wird. Konkret heißt das, daß wir wie vor einigen Jahren in der Bundesrepublik alles tun müssen, daß sie so schnell wie möglich eine Lehrstelle erhalten können.

(Beifall bei der CDU/CSU und der FDP)

Deshalb haben Wirtschaft und Handwerk für das Gebiet der ehemaligen DDR eine neue Lehrstelleninitiative in Gang gebracht, die ich nachdrücklich unterstütze. Auch die Bundesregierung leistet hier mit rund 300 Millionen DM ihren Beitrag.

Im übrigen ist bereits jetzt zu erkennen: Nach gerade drei Monaten der Währungs-, Wirtschafts- und Sozialunion ist viel in Bewegung gekommen. So ist die Gründungswelle voll angelaufen. In diesem Jahr wurden schon knapp 170 000 Betriebe neu eröffnet, davon allein 40 % nach Einführung von D-Mark und Sozialer Marktwirtschaft. Banken, Handels- und Dienstleistungsunternehmen bauen flächendeckende Zweigstellennetze auf und schaffen Tausende von Arbeitsplätzen. Die Privatisierung, Sanierung und, wenn nötig, Stillegung der bisherigen Kombinate und Betriebe unter dem Dach der Treuhandanstalt kommen inzwischen gut voran.

Ich möchte in diesem Zusammenhang denen, die sich unter vollem Einsatz ihrer Person für den Wiederaufbau der bisherigen DDR in Wirtschaft und Verwaltung engagieren, ein herzliches Wort des Dankes sagen.

(Beifall bei der CDU/CSU und der FDP)

Ich nenne bewußt stellvertretend für viele die Herren Rohwedder und Odewald an der Spitze der Treuhandanstalt.

(Beifall bei der CDU/CSU, der FDP sowie bei Abgeordneten der SPD)

Die Preise liegen entgegen manchen Befürchtungen deutlich niedriger als noch vor einem Jahr, und dies bei qualitativ erheblich verbessertem Warenangebot. Damit hat die Kaufkraft von Arbeitnehmern und Rentnern - auch nach Berechnungen der Deutschen Bundesbank - binnen Jahresfrist spürbar zugenommen. Dies ist nicht zuletzt Ergebnis der reibungslosen Einführung der D-Mark in der bisherigen DDR. Hier hat die Deutsche Bundesbank hervorragende Arbeit geleistet. Ich danke Präsident Pöhl und allen seinen Mitarbeitern für diese Hilfe.

(Beifall bei der CDU/CSU, der FDP sowie bei Abgeordneten der SPD)

Mit dem Staatsvertrag über die Währungs-, Wirtschafts- und Sozialunion und mit dem Einigungsvertrag ist der Grundstein für Aufschwung und Wohlstand in ganz Deutschland gelegt. Wesentlich bleibt, daß wir auch unter den schwierigen Bedingungen des Übergangs, der Umstrukturierung und der Neuorientierung an dem festhalten, was sich durch 40 Jahre bewährt hat: an einer freiheitlichen Wirtschafts- und Gesellschaftsordnung, die Chancen für Leistung und Engagement eröffnet und die zugleich dort Hilfe und Unterstützung gewährt, wo die eigene Kraft nicht ausreicht.

Seien wir uns darüber im klaren: Wie wir mit dieser historischen Herausforderung fertig werden, wird auch jenseits unserer Grenzen aufmerksam verfolgt. Das Ergebnis unserer Anstrengungen wird die wirtschaftliche und die politische Position Deutschlands in der ganzen Welt maßgeblich bestimmen. Deswegen war es von Anfang an unser Bestreben, die inneren und äußeren Aspekte unseres Weges zur Einheit so eng wie möglich miteinander zu verknüpfen. Für uns gilt weiterhin: Deutschland ist unser Vaterland, das vereinte Europa unsere Zukunft.

(Beifall bei der CDU/CSU und der FDP sowie bei Abgeordneten der SPD)

Uns war stets bewußt, daß der Weg der Deutschen zur staatlichen Einheit bei vielen Menschen in Europa und auch anderswo Fragen ausgelöst hat, bei nicht wenigen sogar Unbehagen, ja Befürchtungen. Wir verstehen, wir achten diese Gefühle. Aber wir dürfen in diesem Zusammenhang auch an 40 Jahre stabiler rechtsstaatlicher Demokratie in der Bundesrepublik Deutschland erinnern.

(Beifall bei der CDU/CSU und der FDP)

Die kommenden Jahre werden zeigen, daß das vereinte Deutschland für ganz Europa einen Gewinn bedeutet. Wir haben um so mehr

Grund zur Zuversicht, als bereits die »Zwei-plus-Vier«-Gespräche über die äußeren Aspekte der Einheit von bemerkenswertem gegenseitigem Vertrauen geprägt waren. Anfang dieser Woche haben wir das Ergebnis dieser Gespräche, den Vertrag über die abschließende Regelung in bezug auf Deutschland, der KSZE-Außenministerkonferenz in New York vorgestellt. Das erste gesamtdeutsche Parlament ist nunmehr aufgerufen, diesem wahrhaft historischen Vertrag seine Zustimmung zu geben.

Im Inneren wie nach außen wollen wir gute Nachbarn sein. Deutsche Sonderwege oder nationalistische Alleingänge wird es auch in Zukunft nicht geben. Wir wollen als gleichberechtigtes Glied in einem vereinten Europa dem Frieden der Welt dienen. Dieser Auftrag kennzeichnet unser Verständnis von Souveränität. Wir sind bereit, sie im Sinne unserer Verfassung mit anderen zu teilen: Unser Grundgesetz weist uns den Weg, Hoheitsrechte der Bundesrepublik Deutschland auf zwischenstaatliche Einrichtungen zu übertragen und uns - unter Beschränkung unserer Hoheitsrechte - in Systeme kollektiver Sicherheit einzuordnen.

Wir stehen unwiderruflich zu unserem Bündnis, zur Solidarität und zur Wertegemeinschaft mit den freiheitlichen Demokratien des Westens, ganz besonders mit den Vereinigten Staaten von Amerika.

(Beifall bei der CDU/CSU und der FDP sowie bei Abgeordneten der SPD)

Wir wollen mit Nachdruck daran mitarbeiten, die zukunftsweisenden Beschlüsse der Atlantischen Allianz umzusetzen: das Gesamtkonzept der Abrüstung und Rüstungskontrolle von 1989 und die Londoner Gipfelerklärung vom Juli dieses Jahres. Wir arbeiten mit an der Neugestaltung von Strategie und Struktur unseres Bündnisses. Wir prüfen - innerhalb der NATO wie auch innerhalb der WEU -, wie wir gemeinsam mit unseren Verbündeten neuen Gefährdungen unserer Sicherheit, insbesondere aus Krisenregionen, solidarisch und noch wirksamer begegnen können.

Deutschland und Europa brauchen auch in Zukunft die partnerschaftliche und freundschaftliche Zusammenarbeit mit den Vereinigten Staaten und Kanada. Wir wollen dies in einer Transatlantischen Erklärung bekräftigen und auf eine noch breitere Grundlage stellen. Die nordamerikanischen Demokratien müssen auf dreifache Weise in

Europa verankert sein: durch die Atlantische Allianz, durch eine immer enger werdende Zusammenarbeit mit der EG und durch ihr Mitwirken am KSZE-Prozeß.

Auf der Tagesordnung der kommenden Jahre stehen die Schaffung einer Europäischen Union und die Gestaltung einer gesamteuropäischen Friedensordnung. Die Vollendung der deutschen Einheit erweist sich als eine große, ich möchte sagen: als *die* Chance, das Werk der europäischen Einigung zu beschleunigen.

(Beifall bei der CDU/CSU, der SPD und der FDP)

[. . .] Die Europäische Union, die wir anstreben, soll ein festes Fundament für das Zusammenwachsen ganz Europas sein und dessen Kern bilden. Mit Frankreich sind wir entschlossen, uns für die Schaffung einer europäischen Konföderation einzusetzen, in der alle Staaten unseres Kontinents gleichberechtigt zusammenarbeiten. Aber es darf kein Zweifel entstehen: Wir wollen die politische Union in Europa; wir wollen nicht eine gehobene Freihandelszone in Europa, sondern die politische Einigung Europas im Sinne der Römischen Verträge.

(Beifall bei der CDU/CSU, der SPD und der FDP)

Wir wollen den Ausbau der KSZE weiter nach Kräften unterstützen. Dabei geht es uns vor allem um einen weiter verbesserten Schutz der Menschen- und Bürgerrechte. Wir wollen auch den Schritt zu ständigen Institutionen gehen. Im Mittelpunkt unseres Interesses steht jetzt ein Konfliktverhütungszentrum. Die im kommenden Monat anstehende Gipfelkonferenz der Staats- und Regierungschefs der 34 KSZE-Staaten soll in all diesen Fragen die Weichen stellen.

Ebenso wollen wir, daß sich in Paris die Mitgliedstaaten von NATO und Warschauer Pakt in einer Gemeinsamen Erklärung die Hand zur Freundschaft und zu einer jetzt möglichen neuen Partnerschaft reichen. Wir hoffen, daß danach alle übrigen KSZE-Partner mit uns einen solchen Gewaltverzicht feierlich bekräftigen. In alledem sehen wir Bausteine für übergreifende Strukturen der Sicherheit und Zusammenarbeit in ganz Europa.

[. . .] In den letzten Jahren konnten großartige Erfolge erzielt werden, die in der Geschichte von Abrüstung und Rüstungskontrolle ohne Beispiel sind. Die Bundesregierung hat sie maßgeblich mitgestaltet: Fast alle nuklearen Mittelstreckenraketen, die in unserem Lande standen, sind bereits verschrottet.

(Beifall bei der CDU/CSU und der FDP)

[...] Vor wenigen Tagen sind die letzten amerikanischen Chemiewaffen von deutschem Boden abgezogen worden.

(Beifall bei der CDU/CSU und der FDP)

[...] Alle diese Erfahrungen ermutigen uns, auf weitere Fortschritte zu drängen.

(Zurufe von den GRÜNEN)

Die Erfahrungen der letzten Jahre ermutigen uns, jetzt energisch auf weitere Fortschritte zu drängen. Ich nenne vor allem die Wiener Verhandlungen über die konventionellen Streitkräfte in Europa. Ein erstes Abkommen über die konventionelle Abrüstung in Europa wird bald fertiggestellt und beim KSZE-Gipfel im November unterzeichnet werden.

Unmittelbar danach werden die Wiener Verhandlungen fortgesetzt. Deutschland hat hierzu Schrittmacherdienste geleistet: Wir haben uns am 30. August 1990 vor dem Wiener Verhandlungsforum verpflichtet, die Streitkräfte des vereinten Deutschland innerhalb von drei bis vier Jahren auf die Zahl von 370 000 Mann zu vermindern. Wir gehen davon aus, daß in Folgeverhandlungen auch die anderen Teilnehmer ihren Beitrag zur Festigung von Sicherheit und Stabilität in Europa – einschließlich Maßnahmen zur Begrenzung der Personalstärken – leisten werden.

Die Bundesregierung setzt sich gemeinsam mit ihren Bündnispartnern auch auf den anderen Feldern der Abrüstung und Rüstungskontrolle energisch für Fortschritte ein. Dies gilt insbesondere für ein weltweites Verbot chemischer Waffen sowie für die Reduzierung der Zahl strategischer Nuklearwaffen und nuklearer Systeme kürzerer Reichweite der Sowjetunion und der USA.

[...] Eine Schlüsselrolle spielt die umfassende Entwicklung der deutsch-sowjetischen Beziehungen in gesamteuropäischer Verantwortung. Bei den Gesprächen im letzten Jahr in Bonn und vor wenigen Monaten im Kaukasus haben Präsident Gorbatschow und ich die Voraussetzungen dafür geschaffen, daß die deutsch-sowjetischen Beziehungen jetzt auf eine qualitativ neue Stufe gehoben werden. [...] Diesem Ziel dient der jetzt fertig verhandelte Vertrag über gute Nachbarschaft, Partnerschaft und Zusammenarbeit.

(Beifall bei der CDU/CSU und der FDP sowie bei Abgeordneten der SPD)

In diesen Zusammenhang gehört auch der vollständige Abzug sowjetischer Truppen vom deutschen Territorium bis Ende 1994.

(Beifall bei der CDU/CSU und der FDP)

50 Jahre, nachdem sowjetische Soldaten das damalige Reichsgebiet erreicht haben, ziehen die sowjetischen Soldaten jetzt ab. Wir wissen, was das für uns alle bedeutet.

(Beifall bei der CDU/CSU und der FDP sowie bei Abgeordneten der SPD)

Gerade die sowjetischen Soldaten und ihre Familien sollen wissen: Wir sind bereit, ihre Rückkehr in die Heimat, etwa im Bereich des Wohnungsbaus, zu erleichtern und ihnen zu helfen.

Ein vergleichbares Friedenswerk gesamteuropäischen Ranges haben wir uns auch mit der Republik Polen vorgenommen. Wir wissen alle um die schwere Last der Geschichte dieses Jahrhunderts. Aber in der Geschichte beider Völker gibt es viele gute Kapitel, an die wir heute anknüpfen können. Ich denke, die Zeit ist reif für eine dauerhafte Aussöhnung zwischen dem deutschen und dem polnischen Volk.

(Beifall im ganzen Hause)

Wir wollen die deutsch-polnischen Beziehungen der Zukunft auf festen Fundamenten errichten. Nach den Entschließungen des Deutschen Bundestags und der damaligen Volkskammer vom 21. Juni dieses Jahres kann an unserer Bereitschaft zu einer endgültigen und völkerrechtlich verbindlichen Bestätigung der bestehenden Grenze kein Zweifel bestehen. Dies haben wir auch im »Zwei-plus-Vier«-Vertrag ausdrücklich zugesagt.

Die Gemeinsame Erklärung, die Ministerpräsident Mazowiecki und ich im November vergangenen Jahres unterzeichnet haben, bedeutet einen Neuanfang im Zeichen der Verständigung und der Aussöhnung. Darin eingeschlossen sind wichtige Zusagen zur Achtung der Minderheitenrechte, auf die wir besonderen Wert legen.

Mit freundschaftlichem Rat und mit hilfreicher Tat werden wir auch weiterhin den Reformweg Ungarns begleiten. Diese Bereitschaft gilt ebenso für die ČSFR. Die Bundesregierung ist entschlossen, in diesen Ländern auch einen Schwerpunkt ihrer auswärtigen Kulturpolitik zu setzen.

(Beifall bei der CDU/CSU und der FDP sowie des Abg. Becker [Nienberge] [SPD])

Den Reformstaaten Mittel-, Ost- und Südosteuropas insgesamt gilt unser Angebot, sie durch eine auf ihre Bedürfnisse zugeschnittene Assoziierung möglichst bald und eng an die Europäische Gemeinschaft heranzuführen.

Die Entwicklungen in Europa und unsere Verpflichtungen auf diesem Kontinent lassen uns zu keinem Zeitpunkt vergessen, welche Konflikte, welche Sorgen, welche Probleme die Menschen in anderen Teilen der Welt bedrängen. Unter Hunger, Armut, Not und Überbevölkerung leiden viele Völker Afrikas, Asiens und Lateinamerikas. Überschuldung untergräbt ihre politische, wirtschaftliche und soziale Stabilität. Wir werden auch künftig Menschen in Not solidarisch helfen. [. . .]

Wir alle sind uns bewußt: Dem vereinten Deutschland wächst eine größere Verantwortung in der Völkergemeinschaft zu, nicht zuletzt für die Wahrung des Weltfriedens. Wir werden dieser Verantwortung sowohl im Rahmen der Vereinten Nationen, der Europäischen Gemeinschaft und der Atlantischen Allianz als auch in unserem Verhältnis zu einzelnen Ländern gerecht werden. Wir wollen dafür bald klare verfassungsrechtliche Voraussetzungen schaffen.

Wir verurteilen aufs schärfste die irakische Aggression gegen Kuwait,

(Beifall im ganzen Hause)

dessen Annexion und die völkerrechtswidrige Verschleppung ausländischer, darunter auch deutscher Bürger. Dies ist eine Herausforderung für die Völkergemeinschaft und für die Vereinten Nationen. Es ist zugleich ein Testfall für die gemeinsame Entschlossenheit. Die Bundesregierung unterstützt eine Lösung der Krise, die den Entschließungen des Sicherheitsrates in vollem Umfang Rechnung trägt. Wir haben unseren Beitrag zur internationalen Solidarität geleistet, und wir sind sicher, daß ein weiterer Beitrag in nächster Zukunft, im neuen Jahr, fällig sein wird.

(Zurufe von den GRÜNEN)

Die Bundesregierung wird ebenso aktiv an der Lösung der globalen Menschheitsprobleme mitwirken:

Die natürlichen Lebensgrundlagen der Menschheit müssen auch für kommende Generationen erhalten werden. Dem Schutz der tropischen Regenwälder gilt unsere besondere Aufmerksamkeit.

(Beifall bei der CDU/CSU und der FDP – Stratmann-Mertens [Grüne]: Heuchler!)

Ich hoffe sehr, daß das, was wir auf dem Weltwirtschaftsgipfel in Housten vor einigen Monaten beschlossen haben, noch bis zum nächsten Gipfel Wirklichkeit wird: in neuen Verhandlungen mit der Regierung Brasiliens zu erreichen, daß die dort vorhandenen Bestände an tropischen Regenwäldern für die Zukunft gesichert werden.

(Beifall bei der CDU/CSU und der FDP sowie bei Abgeordneten der SPD)

Wir wollen den Teufelskreis von Armut, Bevölkerungswachstum und Umweltzerstörung durchbrechen helfen.

(Zurufe von den GRÜNEN)

Wir werden den Kampf gegen Drogen, gegen Seuchen sowie gegen den internationalen Terrorismus verschärfen.

Die weltweite Stärkung des Schutzes der Menschenrechte, auch der Rechte nationaler, ethnischer und religiöser Minderheiten, ist und bleibt eine wichtige Aufgabe unserer Außenpolitik. Vor dem Hintergrund der Geschichte unseres Jahrhunderts wollen wir helfen, Flüchtlingsströmen in aller Welt vorzubeugen und den Menschen in ihrer angestammten Heimat ein Leben in Recht und Würde zu sichern.

(Beifall bei der CDU/CSU und der FDP)

Bei allem, was wir im Bereich der Asyl- und der Ausländerpolitik zu tun haben, müssen wir wissen: In einem Europa der offenen Grenzen, in einer Welt, die immer enger zusammenwächst, müssen wir die Ursachen der Flüchtlingsströme bekämpfen – dort, wo sie entstehen.

(Beifall bei der CDU/CSU und der FDP sowie bei Abgeordneten der SPD)

Im ersten Artikel unseres Grundgesetzes bekennt sich *»das Deutsche Volk . . . zu unverletzlichen und unveräußerlichen Menschenrechten als Grundlage jeder menschlichen Gemeinschaft, des Friedens und der Gerechtigkeit in der Welt«*. Dies ist der entscheidende moralische Antrieb für die Politik des vereinten Deutschland. [. . .]

(Anhaltender Beifall bei der CDU/CSU und der FDP – Zustimmung bei Abgeordneten der SPD)

26 Politik des Vertrauens und der Solidarität

Die freundschaftlichen Beziehungen Deutschlands zur Republik Polen und zur Sowjetunion

Ich habe Ihnen über zwei Besuche in unserem Land zu berichten, die vor dem Hintergrund der geschichtlichen Situation eine besondere Bedeutung haben: Mit Ministerpräsident Tadeusz Mazowiecki konnte ich den ersten ausländischen Regierungschef und mit dem Präsidenten der UdSSR Michail Sergejewitsch Gorbatschow das erste ausländische Staatsoberhaupt im vereinten Deutschland willkommen heißen. [. . .]

Beiden Besuchen kommt eine erhöhte politische Aussagekraft zu, weil sie in den Tagen stattfanden, in denen sich der Fall der Berliner Mauer zum ersten Mal jährte. Sie verdeutlichten die große, weite politische Wegstrecke, die wir Deutsche seither auf dem Weg zu unserer Einheit zurückgelegt haben, einer Einheit, die wir auch den politischen Umgestaltungen in Mittel- und Osteuropa verdanken und die wir im Einvernehmen mit allen unseren Nachbarn und Partnern glücklich vollenden konnten.

Der zehnjährige Kampf der »Solidarität« in Polen für Freiheit und Selbstbestimmung hat auch unserer, der deutschen Sache gedient.

(Beifall bei der CDU/CSU, der FDP und bei Abgeordneten der SPD)

Ohne das Geschehen an der Danziger Lenin-Werft 1980 wäre Berlin vor einem Jahr nicht denkbar gewesen.

Ich habe besonders gewürdigt, daß Ministerpräsident Mazowiecki und seine Regierung zu den ersten gehörten, die die Mitgliedschaft des vereinten Deutschlands im Bündnis freiheitlicher Demokratien des Westens befürwortet haben.

Regierungserklärung zu den Gesprächen mit dem Ministerpräsidenten der Republik Polen, Tadeusz Mazowiecki, und dem Präsidenten der UdSSR, Michail S. Gorbatschow, sowie zur Unterzeichnung des Vertrags zwischen der Bundesrepublik Deutschland und der Republik Polen über die Bestätigung der zwischen ihnen bestehenden Grenze. Deutscher Bundestag. Plenarprotokoll 11/235, 15. November 1990.

Ich habe Präsident Gorbatschow gedankt, daß er neues Denken auch in der sowjetischen Deutschlandpolitik durchsetzte. Er hat uns Deutschen damit den Weg zur Einheit freigemacht.

(Beifall bei der CDU/CSU, der FDP sowie bei Abgeordneten der SPD und GRÜNE/Bündnis 90)

Der Ort des Treffens mit Ministerpräsident Mazowiecki, Frankfurt an der Oder, hat eine besondere Bedeutung; denn hier verläuft die Grenze, die wir, wie wir es im Vertrag über die abschließende Regelung in bezug auf Deutschland zugesagt haben, durch einen völkerrechtlich verbindlichen Vertrag bekräftigen wollen und die wir zugleich im Sinne der größeren Einheit Europas als Brücke zwischen den Völkern zukunftsgewandt ausgestalten wollen. Die Vertragsverhandlungen zwischen dem vereinten Deutschland und der Republik Polen waren deshalb ein Schwerpunkt der Gespräche mit Ministerpräsident Mazowiecki. Wir waren uns einig, daß neben dem Grenzvertrag auch ein umfassender Vertrag ausgehandelt wird.

Der bereits fertiggestellte Grenzvertrag ist gestern von den beiden Außenministern in Warschau unterzeichnet worden. Der zweite, der umfassende Vertrag wird auf der Gemeinsamen Erklärung, die wir vor einem Jahr unterzeichnet haben, aufbauen. Unser Ziel ist es, ihn bis Ende Januar, Anfang Februar 1991 fertig zu verhandeln. Bereits jetzt haben wir fest vereinbart, daß beide Verträge gemeinsam ins parlamentarische Verfahren eingeführt und ratifiziert werden. Das heißt, daß dabei kein Vertrag vorgezogen wird.

(Dr. Bötsch [CDU/CSU]: Sehr gut!)

Der Inhalt des Grenzvertrags lehnt sich, wie dies von Anfang an beabsichtigt war, aufs engste an die Entschließungen des Deutschen Bundestags und der Volkskammer vom Juni 1990 an. Ich möchte besonders einen Satz aus der Präambel des Vertrags zitieren. Dort heißt es:

». . . eingedenk dessen, daß seit Ende des Zweiten Weltkrieges 45 Jahre vergangen sind, und im Bewußtsein, daß das schwere Leid, das dieser Krieg mit sich gebracht hat, insbesondere auch der von zahlreichen Deutschen und Polen erlittene Verlust ihrer Heimat durch Vertreibung oder Aussiedlung, eine Mahnung und Herausforderung zur Gestaltung friedlicher Beziehungen zwischen beiden Völkern und Staaten darstellt . . .«

Diese Aussage zeugt von gemeinsamer Bereitschaft zur Versöhnung. Deutsche und Polen gedenken des von den Menschen beider Völker Erlittenen und begreifen es als Mahnung und Herausforderung. Deutsche und Polen wollen den Blick nach vorn richten und die Zukunft gemeinsam und friedlich gestalten.

Lassen Sie mich an dieser Stelle noch einmal unterstreichen: Alle Menschen in Deutschland, an deren Leid, an deren Verlust der Heimat erinnert wird, verdienen gerade in diesen Tagen unsere besondere Solidarität und Zuwendung.

(Beifall bei der CDU/CSU und der FDP sowie bei Abgeordneten der SPD)

Gestern, bei der Vertragsunterzeichnung in Warschau, hat Ministerpräsident Mazowiecki betont, man müsse heute auch von den Leiden des deutschen Volkes sprechen. Er sagte wörtlich: *»Wir denken daran, daß es bei der Rechnung der Opfer keine Arithmetik geben kann. Jedes Unrecht bleibt Unrecht, jedes Unglück bleibt Unglück, unabhängig welches Unrecht und welches Unglück wir selbst erlitten haben.«*

Für den zweiten, den umfassenden Vertrag haben Ministerpräsident Mazowiecki und ich uns ein hohes Ziel gesetzt. Wir wollen [. . .] Vorwärtsbewegungen auf allen Gebieten: in der Politik einschließlich der Sicherheitspolitik sowie bei Abrüstung und Rüstungskontrolle, in Wissenschaft, in Wirtschaft und Technik, im kulturellen Austausch und in humanitären Fragen sowie in der breiten Begegnung der Menschen. Insbesondere wollen wir die junge Generation beider Völker zusammenführen. Wir wollen dies durch die Gründung eines deutsch-polnischen Jugendwerks weithin sichtbar machen.

(Beifall bei der CDU/CSU und der FDP sowie bei Abgeordneten der SPD)

Ich bin mit Ministerpräsident Mazowiecki einig, daß eine umfassende Regelung der Rechte der deutschen Minderheit in Polen – und im Gegenzug der bei uns wohnenden polnischen Bürger – Kernstück unseres Vertrags sein wird. Ministerpräsident Mazowiecki hat die Bereitschaft Polens erklärt, diese Rechte nach europäischem Standard zu regeln. Diese Zusage bedeutet, daß wir die einschlägigen Bestimmungen der Schlußakte von Helsinki und der KSZE-Dokumente von Wien und Kopenhagen, die den Charakter politischer Willenserklärungen tragen, nunmehr in den Rang völkerrechtlicher Verpflichtungen erheben und so zur festen Grundlage unserer Beziehungen machen.

Polen wird darüber hinaus für die Rechtsstellung der nationalen Minderheiten Weiteres leisten. Im Zuge seines beabsichtigten Beitritts zum Europarat, den wir selbstverständlich befürworten und fördern, wird es die Europäische Menschenrechtskonvention ratifizieren. Darin ist auch die Zuständigkeit des Europäischen Menschenrechtsgerichtshofs enthalten. Im Zuge seiner Verfassungsreform, die 1991 abgeschlossen sein soll, will Polen die politischen Vertretungsrechte aller nationalen Minderheiten stärken.

Ausführlich haben Ministerpräsident Mazowiecki und ich auch über die Möglichkeiten gesprochen, unseren Landsleuten zusammen mit ihren polnischen Mitbürgern die notwendige Unterstützung vor Ort zu geben. Wir wollen den Sprachunterricht und die Kulturarbeit verstärken. Wir wollen sie mehr als bisher mit unseren Medien versorgen. Wir haben ausdrücklich die Fortschritte in der Frage von Gottesdiensten in der Muttersprache gewürdigt. [. . .]

(Beifall bei der CDU/CSU und der FDP sowie bei Abgeordneten der SPD)

Ein weiterer Schwerpunkt der Gespräche in Frankfurt/Oder war das Zusammenleben an der Grenze. Hier müssen Sofortmaßnahmen und langfristige Planungen Hand in Hand gehen.

Erstens habe ich, nach Vorgesprächen mit Ministerpräsident Stolpe und Oberbürgermeister Denda, mit Ministerpräsident Mazowiecki vereinbart, die Autobahn Berlin-Warschau beiderseits der Grenze auf einer Länge von je fünf Kilometern sechsspurig auszubauen und endlich die Zollabfertigung zu modernisieren und zu beschleunigen. [. . .] Dies hat auch an dieser Grenze eine hohe politische und psychologische Bedeutung.

(Beifall bei der CDU/CSU und bei Abgeordneten der FPD)

In diesem Geiste haben wir *zweitens* vereinbart, die Sichtvermerkspflicht aufzuheben, sobald das laufende Konsultationsverfahren mit unseren Partnern im Schengener Abkommen abgeschlossen ist.

Drittens sind wir uns einig, daß grenzüberschreitende regionale Zusammenarbeit ein Schlüssel für die künftige Gemeinsamkeit beider Staaten und Völker ist. Mit Ministerpräsident Mazowiecki war ich einig, daß es auf beiden Seiten unserer jetzt rund 500 Kilometer langen Grenze zu einer möglichst ausgewogenen Entwicklung kommen muß: bei der industriellen Ansiedlung und bei der Verkehrsinfrastruktur, beim Umweltschutz und bei den vielfältigen gegenseitigen Hilfeleistungen auf kommunaler Ebene.

Damit diese Zusammenarbeit möglichst rasch in Gang kommt, soll noch in diesem Jahr eine Kommission für grenzüberschreitende regionale Zusammenarbeit einberufen werden. In ihr werden die angrenzenden Bundesländer auf unserer Seite, die Woiwodschaften auf der polnischen Seite und die grenznahen Städte und Gemeinden beider Seiten vertreten sein.

Viertens waren Ministerpräsident Mazowiecki und ich uns einig, daß sich an Oder und Neiße als neuer Außengrenze der Europäischen Gemeinschaft keineswegs eine Wohlstandsgrenze verfestigt. Wir waren uns deshalb einig, daß noch bestehende Handelshemmnisse gemäß dem Kooperationsabkommen Polens mit der Europäischen Gemeinschaft zügig abgebaut werden und daß Polen im Rahmen einer Assoziierung so schnell wie möglich näher an die Europäische Gemeinschaft herangeführt werden muß. Wir wollen damit nicht zuletzt die polnischen Reformen in Richtung Marktwirtschaft wirksam abstützen.

Wir werden uns nachdrücklich bemühen, bei der Neuordnung unserer Handelsbeziehungen Übergangslösungen zu finden und der polnischen Volkswirtschaft in Deutschland und im EG-Raum insgesamt lohnende Perspektiven zu eröffnen. Ich beabsichtige darüber hinaus, die weitere Unterstützung der polnischen Wirtschaftsreformen auf dem bevorstehenden Europäischen Rat im Dezember in Rom mit Nachdruck anzusprechen. Wir werden uns wie bisher für die Anliegen auch unserer östlichen Nachbarn einsetzen.

Wer in diesen Tagen die Entwicklung der Beziehungen zwischen Deutschen und Polen bedenkt, wer ihre besondere Verantwortung vor der Geschichte erwägt und ihre herausragende Rolle beim Aufbau eines friedlichen und freiheitlichen Europas würdigt, sollte sich 25 Jahre zurückerinnern. Damals, 1965, haben die beiden Kirchen Worte der Verständigung, der Vergebung und der Versöhnung gefunden. Sie haben damit der Politik beider Staaten und den Bürgern beider Völker die Richtung in eine gemeinsame friedliche Zukunft vorgegeben. Tadeusz Mazowiecki und ich haben uns vor einem Jahr in Kreisau zu dieser gemeinsamen Aufgabe verpflichtet. Wir haben das jetzt in Frankfurt/Oder bekräftigt: Wir halten Kurs!

Der Besuch Präsident Gorbatschows im vereinten Deutschland war ein Markstein in der Geschichte unserer Länder und Völker. Er hat das Neue in den deutsch-sowjetischen Beziehungen verdeutlicht: das gemeinsame Bewußtsein, welch große Bedeutung unserem Verhältnis für die Zukunft ganz Europas und für den Frieden in der Welt zukommt. [. . .] Im Verhältnis zwischen den Deutschen und den Völkern der Sowjetunion ist eine neue Qualität erreicht worden. Unsere Beziehungen werden unübersehbar durch neue Tatsachen geprägt: Jahrzehntelang gab es Widerstand gegen die Einheit unseres Vaterlandes. Jetzt sprach Präsident Gorbatschow davon, daß die Vereinigung Deutschlands im Rahmen der stürmischen internationalen Veränderungen *»beinahe das eindrucksvollste Ereignis«* war.

Wir halten uns nicht länger mit Prognosen über das Scheitern kommunistischer Wirtschaftsstrukturen auf. Heute unterstützen wir aktiv ihre Umgestaltung in Richtung Markt und Privatinitiative. Statt überlebter Feindbilder gibt es jetzt Beweise der Freundschaft. Dies alles geschieht aus dem Geist und aus der Überzeugung, daß nur so gemeinsam eine friedliche Zukunft unserer Völker gestaltet werden kann. Der »Vertrag über gute Nachbarschaft, Partnerschaft und Zusammenarbeit«, den Präsident Gorbatschow und ich am vergangenen Freitag unterzeichnet haben, verkörpert diesen politischen Willen. Er ist der erste politische Grundsatzvertrag, den das vereinte Deutschland schließt. [. . .]

(Beifall der CDU/CSU und der FDP)

Wir wollen den Vorrang des Völkerrechts in der inneren und in der internationalen Politik durchsetzen. Wir wollen das Überleben der Menschheit sichern und für die Erhaltung der natürlichen Umwelt sorgen. Wir wollen nicht zuletzt den Menschen mit seiner Würde und seinen Rechten in den Mittelpunkt der Politik stellen. Zu diesen hohen Zielen bekennen wir uns in unserem Vertrag mit ganz konkreten Verpflichtungen: Achtung der territorialen Integrität aller Staaten in Europa, Verzicht auf Androhung und Anwendung von Gewalt, Nichtangriff und friedliche Konfliktlösung, Abrüstung und Rüstungskontrolle. [. . .] Der Vertrag eröffnet den Weg zu umfassender Begegnung, insbesondere der jungen Generation, und zu verstärktem kulturellen Austausch. Wir wollen, daß unsere Bürger Land und Leute, Sprache und Kultur des Partners besser kennenlernen.

Der Vertrag setzt auch ein Zeichen der Aussöhnung über den Gräbern der Opfer von Krieg und Gewaltherrschaft. Diese Stätten können nunmehr, wo immer sie liegen mögen, besucht, erhalten und gepflegt werden. Sie stehen unter dem Schutz unserer Gesetze.

(Beifall bei der CDU/CSU und der FDP)

Besonders will ich hervorheben, daß der Vertrag es den sowjetischen Bürgern deutscher Nationalität verstärkt ermöglicht, ihre Sprache, ihre Kultur und Tradition zu pflegen und damit ihre Identität zu erhalten. Uns ist die Chance gegeben, ihnen dabei vor Ort zu helfen.

(Beifall der CDU/CSU und der FDP)

Wir werden diese neu eröffneten Möglichkeiten nach besten Kräften nutzen.

Ich habe an Präsident Gorbatschow appelliert, daß die sowjetische Regierung gleichgerichtete Anstrengungen unternimmt, das Leben dieser Menschen in ihrer angestammten Heimat zu erleichtern, damit sie in der Sowjetunion eine gesicherte Zukunft erwarten können.

Unsere menschliche Haltung muß sich auch im Umgang mit den in den neuen Bundesländern stationierten sowjetischen Soldaten und ihren Familien bewähren. Wir haben in einem Vertrag über den befristeten Aufenthalt und den planmäßigen Abzug der sowjetischen Streitkräfte festgelegt, daß diese Soldaten bis Ende 1994 unser Land verlassen werden. Ab jetzt wird bereits ihr Übungsbetrieb vermindert. Doch wir wollen, daß sich die sowjetischen Soldaten und ihre Familien in der verbleibenden Zeit ihres Hierseins wohl fühlen. Sie sollen, wenn sie heimkehren, unser Land und seine Menschen in guter Erinnerung behalten. Wir werden gemäß unserem Überleitungsvertrag ihre Eingliederung durch ein umfassendes Wohnungsbauprogramm und durch Umschulungsmaßnahmen erleichtern.

(Beifall bei der CDU/CSU und der FDP sowie bei Abgeordneten der SPD und der GRÜNEN/Bündnis 90)

Ein Schwerpunkt unserer Gespräche war der Umbau der sowjetischen Volkswirtschaft. Er ist seit den jüngsten Beschlüssen des Obersten Sowjets in ein neues und ganz entscheidendes Stadium getreten. Präsident Gorbatschow hat deutlich gemacht, daß Perestroika vor allem natürlich eine Sache der Sowjetunion selbst ist. Zugleich aber waren wir uns einig, daß der Erfolg des Reformwerks schneller und zielstrebiger erreicht werden kann, wenn es auch von außen mit Rat und Tat abgestützt wird. Dabei kommt der engen wirtschaftlichen und wissenschaftlich-technischen Zusammenarbeit des vereinten Deutschlands mit der Sowjetunion eine Schlüsselbedeutung zu. Das ergibt sich zunächst aus der Tatsache, daß das vereinte Deutschland der größte Wirtschaftspartner der Sowjetunion ist. Das ergibt sich aus unserer Verankerung in einer sich dynamisch entwickelnden Europäischen Gemeinschaft und aus unserer wichtigen Rolle in den internationalen Finanzinstitutionen. [. . .] Die Bestimmungen des »Großen Vertrags« werden durch einen Vertrag über umfassende Zusammenarbeit auf dem Gebiet der Wirtschaft, der Industrie, der Wissenschaft und Technik ergänzt. Diesen Vertrag haben Bundesminister Haussmann und der stellvertretende Ministerpräsident Sitarjan am letzten Freitag unterzeichnet. Er eröffnet Perspektiven der Zusammenarbeit, die weit über die Schwelle unseres Jahrhunderts hinausreichen.

Wir unterstützen die Perestroika weiterhin nach besten Kräften. Ich erinnere an die im Juni von der Bundesregierung verbürgten Bankkredite und an die in diesem Jahr neu gewährten Exportbürgschaften. Ich erinnere an unsere Leistungen im Rahmen des Überleitungsabkommens, insbesondere für Wohnungsbau in der Sowjetunion und für die Umschulung sowjetischer Soldaten. Ich erinnere an wiederholte Lebensmittellieferungen, die wir im Fall akuter Versorgungskrisen auch in Zukunft fortsetzen werden.

(Beifall bei der CDU/CSU und der FDP)

Ich erinnere nicht zuletzt an unsere Bemühungen auf dem EG-Gipfel in Dublin und auf dem Weltwirtschaftsgipfel in Houston, internationale Hilfsleistungen in Gang zu bringen. Für deren zügige Umsetzung und Abwicklung wollen wir uns auch in Zukunft nachdrücklich einsetzen.

Zusätzlich habe ich mit Präsident Gorbatschow vereinbart, daß eine hochrangige Expertengruppe die sowjetische Regierung bei der Umsetzung des Reformprogramms berät. Mit einem von Bundesminister Blüm unterzeichneten Abkommen der beiderseitigen Arbeits- und Sozialressorts wird zugleich der Grund für Beratungen auf dem Gebiet der Arbeitsverwaltung, der Arbeitsvermittlung und der Umschulung gelegt.

Ich habe Präsident Gorbatschow zugesagt, das bei meinem Moskau-Besuch im Oktober 1988 vereinbarte Austauschprogramm über das Jahr 1991 hinaus fortzusetzen und auszubauen. Hier geht es in erster Linie um Aus- und Fortbildung von Fach- und Führungskräften der Wirtschaft, damit auch insoweit Entwicklungschancen eröffnet werden. Flankierend dazu geht es um einen breiten Austausch von Wissenschaftlern, Studenten, Schülern und Jugendlichen insgesamt.

Wir leisten Hilfe zur Selbsthilfe. Wir lassen uns in unserer Politik von der Grunderfahrung leiten, die jeder auch im privaten Lebensbereich nachvollziehen kann: Rasche, uneigennützige Hilfe für den Nachbarn in Not und in Bedrängnis bleibt in langer und guter Erinnerung. Sie begründet dauerhafte Freundschaft

(Beifall bei der CDU/CSU und der FDP sowie der Abg. Frau Renger [SPD])

und ist eine gute Investition in die gemeinsame Zukunft. [. . .] Wir haben die Grundlagen für eine weit in die Zukunft gerichtete freundschaftliche Zusammenarbeit gelegt, die unseren Völkern Frieden und Sicherheit garantieren kann.

(Beifall bei der CDU/CSU und der FDP)

[. . .]

27 Deutschland wächst zusammen

Seit der Einführung der D-Mark in der ehemaligen DDR sind erst zehn Monate vergangen. Das müssen wir uns in dieser gewiß nicht einfachen Phase des wirtschaftlichen Umbaus immer wieder vor Augen führen. Gewiß: In den neuen Ländern ist der Wandel zum Besseren noch nicht so weit fortgeschritten, wie es mancher erwartet haben mag. Aber wir kommen voran, und richtig ist auch, daß die Folgen von über vierzig Jahren sozialistischer Mißwirtschaft nicht in wenigen Wochen oder Monaten bewältigt werden können.

Um annähernd gleiche wirtschaftliche, soziale und ökologische Lebensverhältnisse in ganz Deutschland zu schaffen, brauchen wir Zeit. Ich bleibe dabei: In drei bis fünf Jahren werden die neuen Bundesländer blühende Landschaften sein. Wir haben die historisch einmalige Chance der Wiedervereinigung beherzt zu nutzen gewußt. Und gleichermaßen werden wir jetzt - mit Tatkraft, Aufbauwillen und der Bereitschaft zur Verantwortung - die innere Einheit Deutschlands verwirklichen.

Ich verkenne die Schwierigkeiten nicht, mit denen wir dabei zu kämpfen haben. Aber die neuen Bundesländer haben vorzügliche Startbedingungen für eine erfolgreiche Entwicklung. Die Voraussetzungen sind ungleich besser als zum Beispiel in Polen oder der ČSFR. Dafür steht auch die Wirtschaftskraft der bisherigen Bundesrepublik. Konjunktur und Investitionsklima im Westen Deutschlands sind ausgezeichnet. Dies ist eine hervorragende Ausgangslage für die notwendigen Investitionen in Sachsen-Anhalt, Mecklenburg-Vorpommern und Brandenburg, in Sachsen und Thüringen sowie im wiedervereinigten Berlin.

Unübersehbar sind dort schon jetzt die Anzeichen des Wandels zum Besseren: Im letzten Jahr haben immerhin eine Million Menschen ein neues Arbeitsverhältnis gefunden. Löhne und Gehälter sind

Beitrag für die MAGDEBURGISCHE ZEITUNG/VOLKSSTIMME vom 25. April 1991.

seit der Umstellung auf D-Mark kräftig gestiegen, Vielfalt und Qualität des Warenangebots haben sich seit Beginn der Währungsunion deutlich verbessert. Die Zahl der Gewerbeanmeldungen erlaubt günstige Zukunftsprognosen.

Mit dem umfassenden »Gemeinschaftswerk Aufschwung Ost« unterstützt die Bundesregierung diese positiven Entwicklungen. Über 100 Milliarden D-Mark stehen bereit, um neue Arbeitsplätze, verbesserte Wohnungen, mehr Telefonverbindungen und ein dichtes Verkehrsnetz zu schaffen, den Wandel sozial abzusichern und die Umwelt zu schützen. Durch eine großzügige Regelung für Investitionen entstehen mehr neue Arbeitsplätze.

Neuorientierung und Umstrukturierung der Wirtschaft brauchen schon wegen der notwendigen Anlaufphase bei Investitionen Zeit. Viele Schäden aus der Zeit der SED-Herrschaft müssen noch beseitigt, ganz und gar unwirtschaftliche Produktionen wettbewerbsfähig gemacht oder umgestellt werden. Auch die Verkehrswege und Wohnungen können nicht von heute auf morgen verbessert werden.

Bei alledem sollte jedoch niemand vergessen, daß es auch in der alten Bundesrepublik nach der Währungsreform von 1948 - unter weit schwierigeren Startbedingungen - einige Jahre gedauert hat, bis sich das Konzept der Sozialen Marktwirtschaft auswirkte und eine wirtschaftliche Aufwärtsentwicklung einsetzte. Das »Wirtschaftswunder« der fünfziger Jahre kam nicht über Nacht. Am Anfang standen Probleme, Ängste und hohe Arbeitslosenzahlen. Und es war auch kein »Wunder«, sondern das Ergebnis des Fleißes von Millionen arbeitender Menschen, von Unternehmungsgeist und Wagemut. Dank diesen gemeinsamen Anstrengungen ging es dann schnell bergauf - schneller, als manche Pessimisten vorhergesagt hatten.

Ähnlich wird sich die Lage jetzt in den neuen Bundesländern entwickeln. Mit jeder neuen Fabrikhalle, mit jeder modernen Maschine, mit jeder verbesserten Straße geht es weiter aufwärts. Und dabei brauchen wir die Mitarbeit aller - in den neuen und in den alten Bundesländern. Ich bin zutiefst davon überzeugt: Gemeinsam schaffen wir es.

28 Gewaltige Probleme – aber weit mehr Chancen für die Zukunft

Mit der deutschen Einheit ist eine Vision Wirklichkeit geworden. Ich war immer überzeugt, daß die Einheit kommen würde. Aber ich habe nicht gewußt, daß sie zu meiner Zeit als Regierungschef der Bundesrepublik Deutschland eintreten könnte. Deswegen habe ich mich bewußt und gegen alle Widerstände, die mich noch nie abgeschreckt haben, im letzten Jahr in ein ganz persönliches Engagement begeben – in einer Reihe von Entscheidungen, die ich treffen mußte, zum Teil gegen viele Ratschläge und manche Proteste.

Wenn wir im vergangenen Sommer nicht gehandelt hätten in der konkreten internationalen Lage, nicht zuletzt in der Sowjetunion, hätten wir zu diesem Zeitpunkt die deutsche Einheit nicht erreicht. Ich bin voller Zweifel, ob wir sie in absehbarer Zeit erhalten hätten, jedenfalls nicht unter den optimalen internationalen Bedingungen des vergangenen Jahres.

Ich bin auch heute hierhergekommen, um für Sie zu demonstrieren, und zwar vor der Bevölkerung unseres ganzen Landes. Meine Demonstration gilt Ihnen, den Menschen dieser Region, Ihren Sorgen, aber vor allem auch Ihrer Zukunft. Wenn ich heute hierher nach Schkopau komme und nachher nach Bitterfeld gehe, will ich auch demonstrieren für die Entwicklung und die Standorte der Chemie hier in den neuen Bundesländern.

Im Deutschland von heute und von morgen muß die chemische Industrie ihren wichtigen Platz haben. Unser Land gehört zusammen mit Japan und Amerika zu den großen Industrienationen der Welt. Ohne Chemie werden wir keine moderne Industrienation bleiben. Alle, die die Unternehmen der Chemie möglichst abschaffen wollen, muß man befragen, ob sie auch Arbeitsplätze, Zukunftssicherung und Forschungskapazität dieses Landes abschaffen wollen.

Rede vom 10. Mai 1991, gehalten vor den Mitarbeitern der Buna-Werke in Schkopau.
Bulletin des Presse- und Informationsamts der Bundesregierung Nr. 53 (17. Mai 1991).

Wir haben in den 40 Jahren der »alten« Bundesrepublik vor allem die traditionellen Chemie-Standorte an Rhein und Ruhr wiederaufgebaut. Jetzt muß im wiedervereinigten, größeren Deutschland das andere Standbein hinzukommen: das mitteldeutsche Chemie-Dreieck. Deswegen bin ich hier, um zu sagen: Ich werde alles tun, daß dieses Chemie-Dreieck erhalten bleibt und eine Zukunft hat. Dies ist eine Kernregion im wiedervereinigten Deutschland, deren Perspektiven die Menschen natürlich zutiefst bewegt.

[. . .]

Gewiß stehen wir jetzt vor gewaltigen Problemen, wenn wir die wirtschaftliche, die soziale und vor allem auch die ökologische Einheit Deutschlands herstellen wollen. Diese drei Ziele sind für mich gleichwertig. Wir wollen die wirtschaftliche Einheit, das heißt angeglichene Lebensverhältnisse in möglichst kurzer Zeit. Und ich bleibe bei meiner Prognose. Dieses Ziel können wir in drei, vier, fünf Jahren erreichen.

Wir wollen weiterhin die soziale Einheit. Wir wollen, daß das Netz sozialer Sicherheit, das wir in der alten Bundesrepublik über Jahrzehnte hinweg gemeinsam geknüpft haben, hier ebenfalls möglich ist. Gemeinsam heißt übrigens auch, zusammen mit Unternehmern und Gewerkschaften. [. . .]

Das dritte ist die ökologische Einheit. Das ist längst keine Frage mehr, die allein unser eigenes Land betrifft, sondern das ist eine Herausforderung an die gesamte Welt. Wenn die Regenwälder in Brasilien zerstört werden, spüren wir das an unserem Klima. Wir erleben in einer dramatischen Weise hier, zu welchem Raubbau an Umwelt und Natur 40 Jahre SED-Regime geführt haben.

Die Größe der vor uns liegenden Aufgaben bringt es mit sich, daß sich viele Menschen Sorgen machen und daß sie Ängste haben. Wir sollten vorhandene Ängste nicht noch fördern, sondern realistisch und offen miteinander reden. Vor allem müssen wir mit denen sprechen, die ihren bisherigen Arbeitsplatz aufgeben müssen. Wir sollten darüber sprechen, wie wir neue Betriebsstrukturen schaffen können und wie wir das gemeinsam meistern. Das geht nicht über Nacht. Aber es geht wesentlich schneller als der Aufbau, den wir seinerzeit nach 1948 in der alten Bundesrepublik erlebt haben. Mit einem Satz: Diese Industrieregion mitten in Deutschland gehört in die allerbeste deutsche Industrietradition, und wir wollen sie in diesem Sinne auch fördern. Gerade in der chemischen Industrie sind hervorragende Arbeitskräfte, hochqualifizierte Leute zu Hause. Ihre wissenschaftliche, technische, handwerkliche und kaufmännische Fähigkeit ist Ausgangspunkt und Gewähr für die Zukunft.

Lassen Sie mich das auch einmal sagen gegenüber manchem, was Sie aus den alten Bundesländern hören: Sie können stolz darauf sein, was Sie in den Jahrzehnten unter schwierigsten Bedingungen geleistet haben. Sie haben dabei nicht auf der Sonnenseite deutscher Geschichte gestanden. Aber Sie haben unter den gegebenen Voraussetzungen Beachtliches geleistet! Gehen Sie davon aus, daß wir das überhaupt nicht vergessen. Ein Teil meines Optimismus für diese drei, vier, fünf Jahre beruht auf meinem Vertrauen in Ihren Leistungswillen. Ich weiß, daß die Menschen hier etwas leisten wollen, daß sie etwas auf die Beine stellen können und daß Sie wissen: Wir werden es schaffen können, wenn wir gemeinsam ans Werk gehen.

Viele haben sich den Neubeginn sehr viel schneller vorgestellt. Bei meinen Reden vor Millionen Menschen hier sind die Passagen über die notwendigen Opfer in der Freude über die Einheit bei vielen untergegangen. Es ist auch wahr, in diesen Monaten hätte manches besser laufen können. Ich sage Ihnen das ganz offen. Wenn wir etwa statt im Dezember bereits im Oktober beim Erreichen der deutschen Einheit gewählt hätten, hätten wir sicherlich ein Vierteljahr gewonnen.

Jetzt verfügen Sie seit elf Monaten über die D-Mark, und die deutsche Einheit ist gerade sieben Monate alt. In den Betrieben hier in den neuen Bundesländern haben wir zum Teil erhebliche Probleme. Hinzu kommen Schwierigkeiten von außen, die unvorhersehbar waren - aber auch manches unnötige Hin und Her.

Sie erleben in diesen Tagen die ärgerliche Diskussion um die Wohnungsneubauten, die wir mit der Sowjetunion vereinbart haben für die Unterbringung der zurückkehrenden sowjetischen Soldaten in ihr Land. Die Tatsache, daß es sehr schwer ist in der akuten Umbruchsituation der Sowjetunion alte Betriebsverbindungen wiederzubeleben, brauche ich Ihnen nicht näher zu erläutern. Aber die Sowjetunion ist und bleibt ein großer Markt. Ich bin nicht bereit, diesen Markt aufzugeben wegen der momentanen aktuellen Schwierigkeiten.

Im Osthandel müssen wir eine Durststrecke durchstehen. Dennoch setze ich auch für die Zukunft darauf, daß es gelingt, die Wirtschaftsbeziehungen zu den Ländern Mittel-, Ost- und Südosteuropas auf neue marktwirtschaftliche Grundlagen zu stellen und auszubauen. Darum wollen wir den Übergang auch dort, wo es möglich ist, finanziell begleiten.

Es ist unausweichlich, daß sich die Chemie hier im Chemie-Dreieck auf einen wettbewerbsfähigen Kern hinentwickelt. Gerade darin liegt eine Zukunftschance. Denn ohne einen wettbewerbsfähigen Kern, der weltmarktfähig ist, werden wir keine sicheren Arbeitsplätze haben.

Gegenwärtig wird in enger Abstimmung mit der Landesregierung von Sachsen-Anhalt, mit den Chemie-Unternehmen, mit ihren Betriebsräten und mit der Industriegewerkschaft Chemie an einem Gesamtkonzept der Treuhand für die chemische Industrie gearbeitet. Ich habe guten Grund zu der Annahme, daß diese Standorte gesichert werden können. Sie können darauf vertrauen: Ich setze mich mit meinem ganzen Einfluß und mit meiner ganzen Kraft für dieses Ziel ein. Ich will mich gleichzeitig dafür einsetzen, daß parallel dazu in der Region neue Strukturen entwickelt werden, wie wir sie in den Chemie-Standorten in der »alten« Bundesrepublik auch haben. Wir müssen gemeinsam aktiv daran arbeiten, daß die chemische Industrie in der ganzen Region einer der wichtigen Arbeitgeber bleibt.

Wir haben dabei riesige Probleme zu lösen - an erster Stelle im Umweltbereich. Wir wissen, daß zur ökologischen Sanierung massive öffentliche Investitionen erforderlich sind. Wir wissen auch sehr genau, daß Investoren, die neu hierherkommen, kaum bereit sind, Altlasten zu übernehmen, und daß wir nach Mitteln und Wegen für vernünftige Kompromisse suchen müssen.

Als vorrangige Aufgabe für den Staat kommen massive öffentliche Infrastruktur-Investitionen hinzu. Wir müssen etwa die Verkehrsverbindungen und die technische Kommunikation zügig verbessern.

Für Buna und Leuna hat die Treuhandanstalt jetzt ein Investitionsprogramm von jeweils 250 Mill. DM beschlossen. Wir fördern im Rahmen der Hilfen der Bundesregierung Umweltschutz-Pilotprojekte hier im Chemie-Dreieck Buna–Leuna–Bitterfeld. Es geht dabei um eine umweltverträgliche Umstrukturierung der gesamten Region. [. . .] Mittlerweile wurden 75 Kooperationsvereinbarungen östlicher Chemie-Betriebe mit westdeutschen Unternehmen vereinbart. Ich halte das schon für einen beachtlichen Schritt. Aber dies ist durchaus noch erweiterungsfähig.

Ich sage Ihnen ganz offen: Wer jetzt als Unternehmer weitsichtig handelt, weiß, daß sich Investitionen in den neuen Bundesländern zwar nicht kurzfristig, aber auf einen längeren Zeitraum gesehen rechnen. Investitionen in den neuen Bundesländern sind ein zukunftsträchtiges Engagement. Viele Standorte - ich hoffe, wir können es dann vergleichen, - werden in den neuen Bundesländern in wenigen Jahren besser sein als manche Betriebe in der alten Bundesrepublik. Das ist meine feste Überzeugung. Dies sage ich überall, in den alten Bundesländern, in Brüssel oder sonstwo und nicht nur hier bei Ihnen.

In der Übergangszeit ist es vor allem für diejenigen, die jetzt Arbeitsplätze verlieren, wichtig, daß wir mit Arbeitsbeschaffungs- und mit Qualifizierungsmaßnahmen helfen. Wir haben dafür Milliardenbeträge zur Verfügung gestellt in einer Größenordnung, wie sie noch nie in einer modernen Industriegesellschaft mobilisiert wurde. Mir geht es aber darum, daß Sie die Chance zur Qualifizierung nutzen. Denn Qualifizierung - das gilt nicht nur für die Menschen hier, das gilt für jede moderne Industriegesellschaft - ist die große Herausforderung zur Vorbereitung auf die Welt von morgen.

Deswegen sage ich Ihnen auch ein Wort zum Thema Berufsausbildung: Wir haben vor einigen Jahren - 1983/84 - mit einer gewaltigen Anstrengung die geburtenstarken Jahrgänge der sechziger Jahre in der alten Bundesrepublik in Lehrverhältnisse gebracht. Die Zahl Jugendlicher hier in der früheren DDR, die jetzt eine Lehrstelle suchen, ist wesentlich geringer. Ich bin ganz sicher, daß wir für die allermeisten von ihnen, die einen Ausbildungsplatz benötigen, gute Lösungen finden. Soweit Sie Einfluß darauf haben - ob in der eigenen Familie, bei Verwandten oder bei Freunden -, sagen Sie jungen Leuten, daß sie jetzt die Angebote wahrnehmen sollten, in zukunftweisende Berufe zu gehen und eine erstklassige Ausbildung zu erhalten.

Es ist für mich eines der wichtigsten Ziele der Bundesregierung, daß auch hier in den neuen Bundesländern möglichst viele Jugendliche mit ihrer Ausbildung ein solides Fundament für ihren Lebensweg legen. Für unser Gemeinwesen wäre es eine schlechte Sache, wenn junge Leute beim Verlassen der Schule und beim Eintritt in die Welt der

Erwachsenen als erstes Arbeitslosigkeit erführen. Was wir brauchen, sind bestausgebildete junge Leute für die Zukunft unseres Landes!

Ich bin ganz sicher, daß auch hier in dieser Region das »Gemeinschaftswerk Aufschwung Ost« Wirkung zeigen wird. Zwischen Sommer 1990 und Weihnachten 1991 stehen über 100 Mrd. DM für den Aufbau in den neuen Bundesländern bereit. Diese ungeheuer große Summe ist vollständig für den Anschub der Entwicklung hier bei Ihnen vorgesehen.

Die Wirtschaft der »alten« Bundesrepublik hat im letzten Jahr an der deutschen Einheit hervorragend verdient. Wenn im letzten Jahr das Wachstum des Bruttosozialprodukts bei 4,5 Prozent lag, weiß ich, daß wir ohne die deutsche Einheit mit Sicherheit niedriger gelegen hätten. Wenn die Gewinne, die dort gemacht werden, jetzt in die neuen Bundesländer fließen, halte ich das für einen selbstverständlichen Akt der Solidarität.

Wir haben auf meine persönliche Initiative jetzt eine Sonderhilfe in Höhe von 5 Mrd. DM für Investitionen, für Reparaturen und anderes an die Gemeinden gegeben – je Einwohner 300 DM. Das Programm dient nicht zuletzt dazu, die Bauwirtschaft in Gang zu bringen und so vielen Initiativen zum Durchbruch zu verhelfen. Wenn sich bis zum Sommer die neuen Bundesländer in große Baustellen verwandeln, ist ein wichtiges Ziel erreicht. [. . .] Mir geht es darum – und deswegen habe ich die 5 Mrd. DM für kommunale Investitionen angesprochen –, daß Sie Ihre Möglichkeiten in den Gemeinden und in den Städten zügig nutzen. Es hilft Ihnen allen, wenn die vorhandenen Mittel jetzt schnell und wirksam in Aufträge und Arbeitsplätze umgesetzt werden.

Angesichts der Größenordnung von 100 Mrd. DM, die wir für die neuen Bundesländer in nur 18 Monaten insgesamt aufbringen, kann eigentlich kein neues Bundesland und keine Kommune sagen: Wir haben nicht genug Geld hierfür. Das heißt, es ist jetzt für vieles das Notwendige an materieller Unterstützung da. Jetzt gilt es wirklich, unbürokratisch und mutig zu entscheiden und auch Ideen zu haben. Sie alle sollten jetzt diese Gelegenheit wahrnehmen, den Blick auf die Zukunft richten und die Dinge mutig gestalten. Wenn der Staat und die Privatwirtschaft allein in diesem Jahr rund 60 Mrd. DM in Maschinen, Anlagen, Bauten und Infrastruktur investieren, dann hat das Wirkungen. [. . .]

Trotzdem – und ich rede hier die Lage nicht schön – weiß ich, daß dies eine schwierige Übergangszeit ist. Es geht darum, ein wirkliches Gemeinschaftswerk auf die Beine zu stellen. Das heißt konkret auf diesen Betrieb bezogen, daß der Betrieb in seiner künftigen Gestalt weltmarktfähig ist, daß er genauso erfolgreich auftritt in Amerika, in Brasilien oder sonstwo wie Chemiebetriebe aus den alten Bundesländern, wie die BASF, Bayer oder die Farbwerke Hoechst. Das werden wir erreichen. Es stehen alle Zeichen dafür.

Wir müssen aber auch dafür sorgen, daß diejenigen, die dann nicht mehr in diesem Betrieb sind, am Aufschwung teilhaben. Dazu muß diese Region wieder eine blühende Industrielandschaft werden, in der Sie auch unter ökologischen Gesichtspunkten alle die Überzeugung haben können: Dies ist unsere Heimat. Es liegt nicht im Interesse einer vernünftigen Politik, daß die Menschen hier weggehen. Im Gegenteil. Mein Interesse ist, daß möglichst viele, die weggegangen sind, wieder den Weg zurück in die alte Heimat finden. Denn was wir brauchen, ist nicht eine Völkerwanderung von Ost nach West, sondern eine Stabilität in der regionalen und der wirtschaftlichen Struktur unseres ganzen Landes.

Sie haben einen ganz wesentlichen Anteil daran gehabt, daß 1989 die große Wende möglich wurde. Die deutsche Einheit ist vor allem auch Ihr Werk, und die deutsche Einheit ist das Werk vieler in den Ländern Europas und jenseits des Atlantik, von Michail Gorbatschow bis zu der EG, von George Bush bis zu unseren Nachbarn in Polen und Ungarn, die ihren Beitrag dazu geleistet haben, daß die Öffnung der Grenze zwischen Österreich und Ungarn im Sommer 1989 und damit der entscheidende Schritt zum Fall der Berliner Mauer möglich wurde.

Ich sage dies voller Dankbarkeit. [. . .] Ich weiß zugleich um meine Verpflichtung; aber ich füge hinzu, auch um die Ihre.

Der 3. Oktober 1990 hat uns die deutsche Einheit und die staatliche Souveränität gebracht. Wir arbeiten jetzt – und wir werden Erfolg haben – an der wirtschaftlichen, ökologischen und sozialen Einheit. Aber es bleibt dann immer noch die Frage, ob wir, ob die Menschen zueinanderkommen, ob wir nach jahrzehntelanger Trennung – es sind ganze Generationen in dieser Trennung aufgewachsen – immer noch denken: Wir hüben und die drüben oder auch umgekehrt. Es ist meine Hoffnung, daß wir fähig sind aufeinanderzuzugehen. [. . .]

»Deutschland einig Vaterland«, so haben wir gemeinsam gesungen und gefühlt. Für mich und für Sie sind es sicherlich unvergeßliche Stunden. Wir haben noch viel zu tun, vor allem auch im menschlichen Miteinander, bis das begonnene Werk der deutschen Einheit vollendet ist. Da kommen Erinnerungen und Erfahrungen hoch, die besonders Sie mit dem, was jetzt »alte Strukturen« genannt wird, haben. Dazu gehören die erschütternden Machenschaften der Stasi und manches andere. Wir müssen dies gemeinsam verarbeiten und über allem zueinander finden.

Bei vielem, was jetzt zu tun ist, höre ich: »Das geht nicht« oder: »Das haben wir noch nie gemacht«. Dann kann ich nur sagen: Wir haben vorher auch noch nie die deutsche Einheit vollzogen. Und ich hoffe, es wird nie wieder eine Zeit geben, wo die deutsche Einheit erneut hergestellt werden muß. Jetzt besteht für uns Deutsche die Chance, im letzten Jahrzehnt dieses Jahrhunderts Werke des Friedens zu tun.

Vor den jungen Menschen öffnen sich Perspektiven, wie sie noch nie für eine Generation junger Deutscher bestanden haben: Nämlich zeit ihres Lebens in Frieden und in Freiheit leben zu können, frei und ungehindert die Welt erfahren zu können, einem Volk anzugehören, das Respekt und Achtung genießt und seinen Beitrag – im besten Sinne des Wortes – zum Weltfrieden leistet. Das ist meine kurze Botschaft.

Ich bin nicht hergekommen, um Ihnen Versprechungen zu machen. Ich bin hergekommen, um Ihnen zu sagen: Wir wollen, daß hier in Ihrer Region die Chemie weiterexistiert. Wir wollen, daß die Menschen hier in diesem Betrieb sagen können: »Dies ist unser Betrieb, und wir sind stolz darauf, hier etwas auf die Beine zu stellen. Wir sind genauso gut wie die Arbeiter und Angestellten in Leverkusen, in Ludwigshafen oder in Frankfurt.« [. . .] Wir werden alles tun, um in dieser Zeit neue Arbeitsplätze zu schaffen, Qualifizierungen zu ermöglichen und damit die Zukunft für die Region zu sichern.

Wir wollen dann stolz darauf sein – Sie vor allem, daß Ihre Heimat eine Heimat sein wird, in der es sich lohnt zu leben, in der man zu Hause ist, in der man seine persönlichen Beziehungen hat, in Familie und Freundeskreis, in Vereinen und all dem, was das Leben lebenswert und auch liebenswert macht.

Ich will Ihnen dabei helfen.

29 ». . . in den Herzen der Menschen die Wiedervereinigung erreichen«

Stärkung der kommunalen Selbstverwaltung für den Aufschwung Ost

I

[. . .] Dieser Kongreß findet erstmals mit Repräsentanten der kommunalen Selbstverwaltung aus ganz Deutschland statt. Hierin spiegelt sich wider, was wir in den zurückliegenden Monaten nach über 40 Jahren schmerzlicher Trennung erreicht haben: die staatliche Einheit unseres Vaterlandes. Dies ist wie die Erfüllung eines Traums. Und zu dieser Freude gehört die Fähigkeit zu danken. Das, was jetzt möglich wurde, ist doch nicht unser Verdienst allein - vielleicht mit Blick auf die alten Bundesländer am wenigsten unser Verdienst. Wir haben vielen zu danken.

Zu allererst den Menschen in der früheren DDR, die mit der Kraft ihres Freiheitswillens die kommunistische Diktatur überwunden haben [. . .] Unvergessen bleibt auch der Beitrag der Reformbewegungen in den Ländern Mittel-, Ost- und Südosteuropas, insbesondere in Ungarn, Polen und der ČSFR. Ohne den Mut der Arbeiter auf der Danziger Lenin-Werft, ohne die Bürgerrechtsbewegungen auf dem Wenzelsplatz in Prag und vor allem auch ohne die Öffnung der ungarisch-österreichischen Grenze im Sommer 1989 wäre die deutsche Einheit nicht möglich gewesen. Und ich verweise hier ganz bewußt auf Michail Gorbatschow. Seine Politik des neuen Denkens, der Perestroika, hat die Wende der europäischen Politik mit ermöglicht. Lassen Sie mich das angesichts der gewaltigen Umwälzungsprozesse in der Sowjetunion offen sagen: Ich wünsche mir, daß Michail Gorbatschow mit seiner Politik Erfolg hat. Deshalb möchte ich, daß wir im Rahmen unserer Möglichkeiten als Deutsche Hilfe zur Selbsthilfe für die Reformen in der Sowjetunion geben. Das ist Politik für den Frieden.

Genauso ist es unser Interesse, daß die ČSFR, Polen und Ungarn mit ihren Reformen vorankommen. Die Entscheidungen müssen dort

Rede vom 16. Mai 1991 anläßlich des deutschen Gemeindekongresses 1991 des Deutschen Städte- und Gemeindebunds in Braunschweig.
Bulletin des Presse- und Informationsamts der Bundesregierung Nr. 57 (24. Mai 1991).

fallen. Aber wir müssen fähig sein, auch diesen Ländern Hilfe zur Selbsthilfe zu geben. Wir wollen Partner im Osten sein. Auf längere Sicht sollte es unser Ziel sein, daß gerade diese drei Reformstaaten Mitglieder der Europäischen Gemeinschaft werden. [. . .]

Dieser gesamtdeutsche und zugleich europäische Rahmen unseres heutigen Zusammentreffens ruft jedem den tiefgreifenden Wandel ins Bewußtsein, den Europa und den wir alle in den vergangenen zwei Jahren erlebt haben. Bei allen Problemen des Augenblicks haben wir Grund, uns über das Erreichte zu freuen und dankbar zu sein.

Gerade hier in Braunschweig werden die neuen Perspektiven der Wiedervereinigung unseres Vaterlands und der Öffnung Mittel-, Ost- und Südosteuropas besonders offensichtlich und für jeden erfahrbar. Jetzt stehen die traditionellen Handelswege wieder offen. Es gilt, die neuen Chancen entschieden zu nutzen und die Nachbarschaft von Niedersachsen und Sachsen-Anhalt wieder mit Leben zu erfüllen.

II

Der Sieg von Freiheit, Menschenrechten und Demokratie in der ehemaligen DDR bedeutet eine beispiellose Herausforderung an den Föderalismus. Zentralismus und Planwirtschaft waren Eckpfeiler einer menschenverachtenden Diktatur, deren Versagen offensichtlich ist. Zentralismus und Planwirtschaft bleiben unfähig, auf die Wünsche und Sorgen der Menschen einzugehen. Rücksichtslose Ausbeutung von Natur und Umwelt, verfallene Innenstädte und vernachlässigte kommunale Einrichtungen – das ist das erschreckende Spiegelbild zentralistischer Gleichgültigkeit und politischer Entfremdung gegenüber Bürgern und Gemeinden.

Kommunale Selbstverwaltung, wie sie im Grundgesetz verankert ist und sich in der Praxis bewährt hat, bedeutet dagegen Bürgernähe und Bürgerbeteiligung. Wo Bürger ihre Angelegenheiten in eigener Veranwortung vor Ort regeln, dort können Städte und Gemeinden aufblühen und den Menschen eine lebenswerte Heimat bieten. Nach über 40 Jahren Zentralismus eines totalitären Regimes ist jetzt der Aufbau einer leistungsfähigen kommunalen Selbstverwaltung vordringlich. Demokratie bleibt Stückwerk, solange sie nicht auf örtlicher Ebene im Alltag erfahrbar wird.

Schon in der berühmten »Nassauer Denkschrift« von 1807 hat der große preußische Reformer und Staatsmann Karl Freiherr von und zum Stein obrigkeitsstaatlicher Bevormundung die Mitverantwortung und die Mitgestaltung der Bürger für das öffentliche Leben entgegengesetzt. Mit den preußischen Verwaltungsreformen konnte Stein seine zukunftsweisenden Ideen zielstrebig durchsetzen. Seine Gedanken sind heute so aktuell wie damals. Jetzt endlich können und sollen die Bürger der neuen Bundesländer wieder eigenverantwortlich entscheiden. Ihre Initiative ist gefragt und sie ist gefordert. Auf ihr Handeln kommt es jetzt mehr denn je an.

Die rechtlichen und die finanziellen Voraussetzungen sind geschaffen. Es gilt, sie unverzüglich entschlossen zu nutzen. Dann haben wir alle Chancen, daß unser Land möglichst schnell wirtschaftlich, sozial und nicht zuletzt ökologisch zusammenwächst. Ich bin sicher, die neuen Bundesländer werden attraktive Standorte in Europa. Ich bleibe auch bei meiner These - und ich habe da nichts zurückzunehmen -, daß es uns gemeinsam gelingen wird, in drei, vier, fünf Jahren die neuen Bundesländer zu blühenden Landschaften zu machen. Wir werden bis dahin nicht alle Probleme gelöst haben. Aber wir werden im großen und ganzen dieses Ziel erreichen können.

III

Man muß sich immer wieder den Zeitplan und Ablauf der deutschen Einheit klarmachen. Die staatliche deutsche Einheit war uns möglich am 3. Oktober des vergangenen Jahres. Die Wirtschafts-, Währungs- und Sozialunion ist gerade gut zehn Monate alt. Wenn wir die Entwicklung an diesem Zeitplan messen, dann sieht jeder, daß trotz aller Schwierigkeiten bereits vieles gediehen ist.

In Mecklenburg-Vorpommern, Brandenburg, Sachsen-Anhalt, Sachsen, Thüringen und im Ostteil von Berlin hat die Zeit der kommunalen Selbstverwaltung erst vor einem Jahr wieder begonnen. Die Erwartungen an Bürgermeister und Landräte sind sehr hoch. Viel hängt jetzt von dem Handeln und von der Überzeugungskraft der frei gewählten Kommunalpolitiker in den neuen Bundesländern ab. Dabei kommen die allermeisten aus einem beruflichen Umfeld, in dem sie es vorher nie mit einer solchen Verantwortung zu tun hatten.

Dagegen war es 1945/46 beim Zusammenbruch der nationalsozialistischen Diktatur in den späteren westlichen Bundesländern selbstverständlich, daß die damaligen Besatzungsmächte mit den Überlebenden der kommunalen Selbstverwaltung vor 1933 neue Verwaltungen schaffen konnten. Bei alledem, was ich an Kritik höre, kann ich deshalb nur sagen: Ich habe den allergrößten Respekt vor Mut und Engagement derer, die kommunale Verantwortung in den neuen Bundesländern übernommen haben.

Der Aufbruch in die Soziale Marktwirtschaft erfordert bürgernahe und entscheidungsfreudige Verwaltungen. Sie sind eine Voraussetzung für rasche Investitionen und damit für neue Arbeitsplätze und Einkommen.

Jeder weiß, daß der Weg aus der sozialistischen Zwangswirtschaft einschneidende Veränderungen mit sich bringt. Ineffizienz, hohe verdeckte Arbeitslosigkeit und unvorstellbare Energieverschwendung müssen überwunden werden. [. . .] Meine Sorge ist nicht das Bewältigen der ökonomischen Schwierigkeiten. Das werden wir schaffen. Da habe ich keinen Zweifel. Ich frage mich aber, ob wir menschlich so miteinander umgehen, daß wir auch in den Herzen der Menschen die Wiedervereinigung erreichen. Wichtige Voraussetzungen dafür sind Bereitschaft und Geduld, aufeinander zuzugehen. Hier muß sich jeder von uns und jeder Bürger unseres Landes bewähren!

Die Bundesregierung hat umfangreiche Maßnahmen zur Förderung von Wachstum und Beschäftigung in Gang gesetzt. Für die achtzehn Monate von Beginn der Währungs-, Wirtschafts- und Sozialunion Mitte 1990 bis Ende dieses Jahres stehen insgesamt über 100 Mrd. DM für das wirtschaftliche, soziale und ökologische Zusammenwachsen zur Verfügung. Um die Größenordnung zu verdeutlichen: Dies entspricht etwa dem Volumen der gesamten österreichischen Bundesausgaben für dieses Jahr.

Trotz dieser historisch einmaligen Anstrengung ist eine Durststrecke unvermeidbar. Aber anders als zu Zeiten der Kommandowirtschaft, die keinerlei Perspektiven bot, geht es jetzt lediglich um einen begrenzten Zeitraum des Übergangs. Schon heute zeichnen sich neue Berufs- und Beschäftigungschancen, neue Lebensperspektiven und Teilhabe an wachsendem Wohlstand ab.

Die Frage nach der eigenen Perspektive bewegt und betrifft gerade die jungen Menschen. Deswegen müssen wir allen, die jetzt eine Lehrstelle suchen, dabei helfen, einen Ausbildungsplatz zu finden.

Dies gehört zu den vordringlichen Aufgaben. Denn es wäre eine schlimme Erfahrung, wenn junge Menschen in den neuen Bundesländern beim Übergang in die Soziale Marktwirtschaft Enttäuschungen erlebten und für sich selbst keine Perspektive erkennen würden. Wahr ist auch, daß viele Menschen vorübergehend ohne Arbeitsplatz sein werden. Ich weiß, daß sie und ihre Familien sich Sorgen um ihre Zukunft machen. Hier ist Solidarität das Gebot der Stunde. Es ist Aufgabe von Wirtschaft, Tarifpartnern und Politik, zusammen mit den Betroffenen Perspektiven zu entwickeln. In der Zeit des Übergangs können wir mit Arbeitsbeschaffungsmaßnahmen, Qualifizierungs- und Umschulungsprogrammen Brücken in neue dauerhafte Beschäftigungsverhältnisse schlagen.

Hierbei sind aber nicht allein die Bundesregierung und die Verantwortlichen vor Ort gefordert, sondern ganz entscheidend auch die Betroffenen selbst. Sie müssen jetzt die Initiative ergreifen und die gegebenen Möglichkeiten konsequent nutzen. Die Bundesregierung hat allein hierfür 24 Mrd. DM im Rahmen des »Gemeinschaftswerks Aufschwung Ost« für 1991 und 1992 zur Verfügung gestellt. 5 Mrd. DM haben die Kommunen bereits als Soforthilfe für Investitionen erhalten. Da ich der Vater dieser Idee bin, verfolge ich den Fortgang dieser Angelegenheit natürlich besonders interessiert. Für mich ist selbstverständlich, daß die Verantwortlichen vor Ort auch den Bürgern sagen, wofür sie die Mittel ganz konkret verwenden.

Mit den verfügbaren Mitteln können in diesem Jahr insgesamt 280 000 Arbeitsbeschaffungsmaßnahmen gefördert werden. Für den einzelnen eröffnet dies die Perspektive, sich weiterzuqualifizieren. Damit haben wir eine wichtige Voraussetzung für das Entstehen neuer Arbeitsplätze geschaffen. Zusätzlich können Städte und Gemeinden schon seit einigen Monaten günstige Kredite in Höhe von rund 7,5 Mrd. DM aus dem ungewöhnlich erfolgreichen Programm zur Förderung kommunaler Investitionen in Anspruch nehmen. Und im Rahmen der Gemeinschaftsaufgabe »Verbesserung der regionalen Wirtschaftsstruktur« sind Zuschüsse von bis zu 90 Prozent für den Ausbau der wirtschaftsnahen Infrastruktur möglich. Dies alles eröffnet den Kommunen enorme Handlungsspielräume – Handlungsspielräume, die zu Beschäftigung, Arbeitsplätzen und Einkommen führen.

Als wichtigster öffentlicher Auftraggeber haben es Städte und Gemeinden jetzt in der Hand, die örtliche Wirtschaft zu stimulieren. Straßen zu bauen oder auszubessern sowie Schulen, Altenheime und Krankenhäuser instandzusetzen - das schafft Aufträge im Handwerk, im Mittelstand und in der örtlichen Bauwirtschaft. Auch dies wird zahlreiche Arbeitsplätze sichern.

Damit die vielfältigen Hilfen des Gemeinschaftswerks rasch und unbürokratisch umgesetzt werden können, haben wir die unverzügliche Bildung von Aufbaustäben auf regionaler Ebene angeregt. Meine dringende Bitte ist, daß dies sehr schnell in den neuen Bundesländern erfolgt.

Die Aufbaustäbe sollen unter Vorsitz eines Landrats oder Oberbürgermeisters Entscheidungen im Zusammenhang mit dem regionalen Strukturwandel vorbereiten, Informationen bündeln und Maßnahmen auf den Weg bringen. In den Aufbaustäben sollen erfahrene Mitarbeiter der Arbeitsverwaltung, der örtlichen Wirtschaft und ihrer Verbände sowie des Handwerks, der Kammern und Gewerkschaften zusammenarbeiten. Die Aufbaustäbe sind auch das geeignete Forum für eine Frage, die in den vergangenen Wochen wiederholt aufgetreten ist: Die Koordination zwischen Maßnahmen der Arbeitsbeschaffung auf der einen Seite und Aufträgen an die private Wirtschaft auf der anderen Seite.

Eines muß jedenfalls klar sein: Arbeitsbeschaffungsmaßnahmen dürfen nicht zu Lasten der aufstrebenden örtlichen Wirtschaft und ihrer Beschäftigten gehen! Sie müssen vielmehr Aufträge an private Unternehmen in sinnvoller Weise ergänzen. Ich will hierfür nur zwei Beispiele nennen:

- Die Arbeit der freien Wohlfahrtsverbände. Sie befinden sich in den neuen Bundesländern noch im Aufbau und stehen vor einer Fülle neuer Aufgaben - etwa in der Alten- und Krankenbetreuung. Denken Sie an die Arbeiterwohlfahrt, die erst jetzt wieder neu belebt werden kann. Auch die Caritas und die Bereiche der Diakonie stehen vor Aufgaben, von denen sie früher vom sozialistischen Regime ferngehalten wurden. Ich halte dem entgegen: Es ist erforderlich, nützlich und in jeder Hinsicht hilfreich, daß der Pluralismus der Gesellschaft in den neuen Bundesländern auf diesem Feld endlich wieder zur Geltung kommt.

- Ein zweites Beispiel ist die Sanierung von Grundstücken, die durch Schadstoffe belastet sind. So können neue Gewerbeflächen für die Ansiedlung von Unternehmen gewonnen werden. Dies bietet auch Aussicht auf zusätzliche Arbeitsplätze.

Kommunen können nur dann neue Unternehmen gewinnen, wenn auch die anderen Voraussetzungen vor Ort stimmen. Gewerbegebiete müssen erschlossen und Gewerberäume müssen zu akzeptablen Kosten bereitgestellt werden. Die Wasserversorgung und -entsorgung muß funktionieren.

Die Bundespost wird allein in diesem und im nächsten Jahr in den neuen Bundesländern über eine Million neuer Telefonanschlüsse legen. Eine so hohe Zahl wurde auch über Jahrzehnte zusammengenommen in der alten DDR nicht erreicht.

Das kommunale Straßennetz und der öffentliche Personennahverkehr der Kommunen müssen ausgebaut werden, damit sie dem wachsenden Bedarf gerecht werden. Wir haben hierzu einen Beschluß gefaßt, der - vor allem in den alten Ländern - nicht überall auf Verständnis gestoßen ist. In diesem Jahr geben wir beim kommunalen Straßenbau in den neuen Bundesländern Zuschüsse bis zu 100 Prozent. Dies sind in der Tat Konditionen, von denen ein Bürgermeister etwa in Rheinland-Pfalz nur träumen kann.

Genauso gefordert sind beim Aufbau einer modernen Infrastruktur Bund und Länder. Denn sie müssen überregional leistungsfähige Verkehrswege und Telefonverbindungen schaffen.

Für all das fehlt es nicht an Geld. Aber es dauert oft noch zu lange, bis die vorhandenen Mittel in Aufträge und Arbeitsplätze umgesetzt werden. Deshalb kommt es jetzt besonders darauf an, kostbare Zeit zu gewinnen. Wir haben in den alten Bundesländern erlebt, daß in der dramatischen Aufbauphase der fünfziger Jahre vieles in einer Weise geschah, die dem Rechtsmittelstaat des Jahres 1991 nicht entsprochen hätte. Wenn alles das, was damals aus guten Gründen und zum Nutzen der Menschen gemacht worden ist, nur mit den Methoden der allzu oft umständlichen bürokratischen Absicherung hätte geschehen können, wäre es damals nicht zum sogenannten Wirtschaftswunder gekommen. Deswegen will ich als Kanzler der Bundesrepublik Deutschland Sie, die Delegierten, die Bürgermeister und die kommunalen Verantwortlichen in den Räten einfach ermutigen, auch das ein oder andere

Risiko einzugehen zugunsten der Entwicklung in Ihrer Gemeinde oder auch in Ihrem Landkreis.

Die Bundesregierung will durch das Beschleunigungsgesetz und einige Maßnahmegesetze die Planungs-, Genehmigungs- und Vergabezeiten im Verkehrsbereich drastisch verkürzen. Braunschweig ist durch den Ausbau des Mittellandkanals und des Elbe-Havel-Kanals unmittelbar in die »Verkehrsprojekte Deutsche Einheit« einbezogen. Zusätzlich wird der Ausbau der Autobahn Hannover–Magdeburg–Berlin und der Eisenbahnstrecken nach Berlin die Ost-West-Verbindungen erheblich verbessern. Mit diesen Maßnahmen zur Beschleunigung vordringlicher Infrastrukturinvestitionen geht kein Verlust an Rechtsstaatlichkeit einher. Sie gehen auch nicht auf Kosten der Umwelt.

Überdies müssen die Kommunen durchaus nicht alles selbst besorgen. Zusätzliche Planungskapazitäten und Finanzquellen lassen sich erschließen, wenn öffentliche Dienstleistungen an private Auftragnehmer übertragen werden. Die Erfahrung zeigt: Privatisierung ist nicht nur möglich, sondern kann auch für die Bürger und Kommunen gleichermaßen vorteilhaft sein.

Um so mehr geht meine Bitte an die kommunalen Spitzenverbände, auch hier sachgerecht zu informieren: Helfen Sie den Gemeinden in den neuen Bundesländern etwa mit Musterverträgen und Leitfäden noch intensiver dabei, gemeinsam mit privaten Investoren rasch moderne kommunale Infrastrukturen aufzubauen!

Ganz gewiß ist dafür auch qualifiziertes Personal in den öffentlichen Verwaltungen erforderlich. Die Bundesregierung entsendet deshalb eigene Mitarbeiter und hilft den östlichen Kommunen, Fachkräfte aus den westlichen Bundesländern zu gewinnen. Das für 1991 auf 100 Mill. DM verdoppelte Personalkostenzuschußprogramm enthält dafür Mittel für bis zu 2000 Fachkräfte. Zur Zeit sind wohl mehr als 10 000 Mitarbeiter aus dem westlichen Teil in dem östlichen Teil unseres Landes tätig, um auf allen Ebenen den Aufbau der Verwaltungen voranzutreiben. In vielen Bereichen – etwa im Grundbuchwesen – ist auch weiterhin der verstärkte Einsatz von erfahrenen Beamten aus den westlichen Bundesländern dringend geboten. [...] Inzwischen sind wir aber zu praktikablen Regelungen gekommen, die nun von den Kommunen wie der Treuhandanstalt umgesetzt werden müssen.

Die Bundesregierung hat sich in der Eigentumsfrage von zwei Zielen leiten lassen:

- Zum einen haben willkürliche Enteignungen durch das SED-Regime in den letzten 40 Jahren viel Unrecht geschaffen. Dies muß – soweit möglich – wiedergutgemacht werden.
- Zum anderen gilt es, Investitionen und Arbeitsplätze nicht an strittigen Eigentumsfragen scheitern zu lassen.

Das ist eine Gratwanderung. Aber wir müssen diesen gewiß nicht einfachen Weg gehen. Wer erklärt, er habe eine Patentlösung, soll bedenken, daß gerade in dieser Frage die Substanz des freiheitlichen Rechtsstaats immer wieder berührt wird.

Wir haben Investitionen und Arbeitsplätzen Vorfahrt vor Rückgabeansprüchen eingeräumt. Jetzt liegt es an Städten und Gemeinden, die verfügbaren Grundstücke möglichst schnell und zu realistischen Preisen an Investoren zu verkaufen. Noch verfügen die Kommunen über rund 50 Prozent des gesamten Mietwohnungsbestands in den neuen Ländern. Zügige Verkäufe können die dringend notwendige Modernisierung fördern und zugleich die kommunalen Haushalte entlasten.

Natürlich sollte jeder, der Wohneigentum erwerben will, vorher auch über die damit verbundenen Risiken aufgeklärt werden. Aber ich bin sehr dafür, daß wir – etwa im Rahmen von Modellvorhaben – sehr rasch ein deutliches Signal setzen und vor allem Mieter zu Eigentümern machen. Der Bund fördert den preisgünstigen Verkauf von solchen Wohnungen durch bis zu 20prozentige Zuschüsse. Zugleich werden wir die Privatisierungsbestrebungen der Gemeinden durch sachgerechte Informationen – bis hin zu Musterverträgen – unterstützen.

IV

Die gewaltigen Kraftanstrengungen für den wirtschaftlichen Aufbau der neuen Bundesländer sind nur möglich, weil wir uns auf die gute Konjunktur in den westlichen Bundesländern stützen können. Deswegen sage ich auch: Wann wollten wir die deutsche Einheit finanzieren, wenn nicht jetzt angesichts der günstigen wirtschaftlichen Lage und eines beachtlichen Wohlstandes in den alten Bundesländern?

Unbestreitbar ist auch: Wir in den alten Bundesländern – und nicht nur wir, sondern viele in der Welt - verdienen gut an der deutschen Wiedervereinigung. Im letzten Jahr lag die Steigerung des Bruttosozialprodukts bei 4,5 Prozent. Ein guter Teil davon ist durch die deutsche Wiedervereinigung zustande gekommen. Jacques Delors, der Präsident der EG-Kommission, hat im letzten Jahr für die gesamte EG geschätzt, daß die deutsche Einheit eine zusätzliche Steigerung des Bruttosozialprodukts in einer Größenordnung von 0,5 Prozent ausgemacht hat.

Jetzt bewährt sich unsere solide Wirtschafts- und Finanzpolitik. Die wachstumsfördernde dreistufige Steuerreform hat sich positiv auf die kommunalen Einnahmen ausgewirkt. Trotz der massiven Steuersenkung im letzten Jahr haben die Steuereinnahmen der Städte und Gemeinden in den alten Bundesländern weiter zugenommen. Auch für 1991 sind die Aussichten gut. Investitionsrekorde, über 2,5 Millionen neue Arbeitsplätze seit 1983 und 28,8 Millionen Beschäftigte in der bisherigen Bundesrepublik sind ein Ergebnis, das für sich spricht.

Mit Blick auf die Vollendung des großen Europäischen Binnenmarkts mit 340 Millionen Menschen Ende 1992 nimmt der Standortwettbewerb auch für die Unternehmen in der Bundesrepublik weiter zu. Deshalb wollen wir die Rahmenbedingungen für Investoren durch eine Reform der Unternehmensbesteuerung weiter verbessern. Denn die steuerliche Belastung der Unternehmen entscheidet wesentlich darüber, wo investiert wird und wo neue Arbeitsplätze entstehen.

Aber ebenso deutlich sage ich auch hier: Wir tun nichts, was die Grundstruktur unserer Gemeindeverfassungen in irgendeiner Weise einschränkt. [. . .] Bund, Länder und Gemeinden sollen sich zusammensetzen und ganz vernünftig miteinander reden, wie wir den Standort Bundesrepublik Deutschland so bestmöglich wie denkbar auf die Zukunft vorbereiten können. Es geht darum, wie wir für die Zukunft erreichen können, daß Bürgermeister und Gemeinderat Interesse an der örtlichen Wirtschaft haben und die örtlichen Gewerbebetriebe Interesse haben am Gemeinderat und an der Gemeindeverwaltung.

V

Der wirtschaftliche Erfolg unseres Landes kann sich auch im internationalen Maßstab sehen lassen. Unzweifelhaft gehört die Bundesrepublik Deutschland zu einer der besten Adressen in der Welt.

Die alten wie auch neue Bundesländer bieten sich als Investitionsstandort mit ausgezeichneten Zukunftsperspektiven an. Mit seiner Wirtschaftskraft und seinem hohen Wohlstand übt Deutschland auf viele Menschen ungebrochene Anziehungskraft aus. Dies verleitet manchen in unserem Land zu Mißgunst und dazu, in ausländischen Mitbürgern lästige Konkurrenten um Arbeitsplätze und Wohnungen zu sehen.

Wir alle gemeinsam müssen verhindern, daß verständliche Zukunftssorgen einzelner, aber auch Neid und Enge im Denken anderer in eine unbegründete Ausländerfeindlichkeit umschlagen. Mit dem neuen Ausländergesetz haben wir die Grundlagen für eine dauerhafte Integration geschaffen. Weltoffenheit in der Ausländerpolitik kann allerdings keinen unbegrenzten Zuzug bedeuten. In der wichtigen Asylfrage setzt sich die Bundesregierung deshalb mit aller Kraft dafür ein, in der Europäischen Gemeinschaft so rasch wie möglich zu einer einheitlichen Regelung zu kommen. Wir müssen und wollen das Asylrecht auch dadurch schützen, daß wir seinem Mißbrauch wirksam begegnen.

Ich weiß, daß der hohe Zustrom von Asylbewerbern die Länder und Kommunen in besonderer Weise fordert. Und vielfach ist das bisherige Arbeitsverbot für Asylbewerber auf Unverständnis gestoßen. Auch aus diesem Grund haben wir am letzten Mittwoch im Kabinett beschlossen, das einjährige Arbeitsaufnahmeverbot abzuschaffen. Wir können die Probleme aus dem Zusammenleben vieler Menschen unterschiedlicher Nationalitäten nur im Geiste der Mitmenschlichkeit lösen. Dabei ist Toleranz im Umgang mit Menschen anderer Kultur, Religion und Mentalität geboten. Umgekehrt dürfen wir auch bei denen, die hier leben, Bereitschaft erwarten, sich hier zu integrieren.

VI

Städte und Gemeinden sind unverzichtbarer Teil einer künftigen föderativen und dezentralen Ordnung in Europa. Dieser Ordnung wollen wir mit den weiteren Etappen der Europäischen Integration, insbesondere mit der Wirtschafts- und Währungsunion und der Politischen Union, näherkommen. Bei beiden entspricht es unseren Vorstellungen, die Europäische Gemeinschaft mit neuen Kompetenzen auszustatten. [. . .]

Der europäische Einigungsprozeß wird allerdings nur erfolgreich sein, wenn er in der Bevölkerung verwurzelt ist. Ein »Europa der Bürger« braucht deshalb die Identifikation der Menschen mit ihrer Heimat, mit ihrem Land und mit Europa. Kommunale Selbstverwaltung als eines der Fundamente unseres demokratischen und sozialen Bundesstaats hat sich bei uns in über 40 Jahren hervorragend bewährt. Viele unserer Nachbarn in der Europäischen Gemeinschaft beneiden uns darum.

Mehr und mehr setzt sich die Erkenntnis durch: Was die jeweils kleinere Einheit in eigener Verantwortung wirksam entscheiden kann, soll die höhere Ebene nicht an sich ziehen. Kommune, Bundesland, Mitgliedstaat und Europäische Gemeinschaft sollen daher jeweils nur die Aufgaben wahrnehmen, für die sie am besten geeignet sind. Wer glaubt, daß man von Brüssel aus die Lebensbedingungen zwischen Kopenhagen und Palermo regeln kann, geht an der Wirklichkeit europäischer Geschichte vorbei.

Kommunale Selbstverwaltung, Föderalismus und Europäische Integration lassen sich nicht voneinander trennen. Alle diese politischen Grundentscheidungen sind in unserem Grundgesetz verankert. Sie bilden keine Gegensätze - weder in der Theorie noch in der praktischen Politik.

Städtepartnerschaften sind ein Beispiel, wie Kommunen den europäischen Einigungsprozeß selbst aktiv vorantreiben. Die Bürger der bisherigen Bundesrepublik haben damit gute Erfahrungen gemacht. Aus anfänglich wenigen Kontakten sind vielfältige freundschaftliche Begegnungen über sprachliche und kulturelle Grenzen hinweg geworden. Es gibt inzwischen einen breiten Austausch zwischen Bürgern, Vereinen und Verbänden.

Auch kommunale Partnerschaften mit Städten und Gemeinden in unseren östlichen und südöstlichen Nachbarländern, mit Polen und der ČSFR können helfen, das vormals Trennende zu überwinden. Gerade mit diesen Ländern wünsche ich mir einen intensiven Jugend-, Schüler- und Studentenaustausch. [. . .]

Anliegen unserer Politik ist es, neue Wohlstandsgrenzen in Europa zu verhindern. Städtepartnerschaften können helfen, daß das Miteinander unserer Völker selbstverständlich wird.

VII

[. . .] Europa ist aufgebrochen zu neuer Einheit - einer Einheit, die wir jahrzehntelang schmerzlich vermißt hatten. Heute stehen wir vor der Perspektive, Europa wieder zusammenzuführen. Dabei fällt uns Deutschen besondere Verantwortung zu.

Was wir beim Aufbau der neuen Bundesländer erreichen und wie wir es schaffen, die Einheit unseres Volkes auch in den Herzen der Menschen wiederherzustellen, muß auch zum Hoffnungssignal der Menschen in Mittel-, Ost- und Südosteuropa werden. Dabei gilt es, entschlossen zu arbeiten: Für unsere Heimat, für Deutschland und für ein einiges Europa.

30 ». . . im Zeichen von Freiheit, Rechtsstaatlichkeit und Demokratie«

Aufgaben deutscher Politik in den neunziger Jahren

I

Ich bin Ihrer Einladung gern gefolgt, um den bedeutenden Beitrag zu würdigen, den Sie und Ihre Institutionen seit vielen Jahren zur deutsch-amerikanischen Freundschaft leisten.

Hervorragende Persönlichkeiten Ihres Landes - Politiker, Wirtschaftsführer, Wissenschaftler, Journalisten und Künstler - haben als engagierte Freunde der Deutschen mein Land auf seinem Weg mit gutem Rat und hilfreicher Tat begleitet. Es ist für mich eine besonders gute Gelegenheit, Ihnen Dank zu sagen für alles, was die amerikanische Nation zum Wohle Deutschlands und Europas geleistet hat. Ihr Land hat jahrzehntelang die Freiheit in Europa verteidigt. Ohne den unermüdlichen Einsatz Amerikas und seiner Präsidenten - von Harry S. Truman bis George Bush - über mehr als vier Jahrzehnte hinweg, hätte Deutschland seine Einheit in Freiheit nicht wiedererlangt.

Mein besonderer Dank gilt Präsident George Bush. Nicht zuletzt seinem Weitblick, seinem staatsmännischen Geschick und seinem engagierten Eintreten verdanken wir es, daß an jenem denkwürdigen 3. Oktober 1990 der Traum von der Freiheit und der Einheit aller Deutschen Wirklichkeit werden konnte. Amerika hat oft Undank erfahren müssen. Wir Deutschen werden indes niemals vergessen, daß es insbesondere die Vereinigten Staaten von Amerika waren, die uns - im Westen unseres zerstörten Vaterlands - die Hand zur Versöhnung reichten und uns halfen, nach der Gewaltherrschaft des Nationalsozialismus nicht unter die Diktatur eines kommunistischen Regimes zu geraten.

Mit der Wiedergewinnung der staatlichen Einheit und der vollen Souveränität geht ein Zeitabschnitt zu Ende, in dem die Deutschen

Vortrag vom 20. Mai 1991, gehalten auf Einladung von Atlantic Council, Georgetown University, Center for Strategic and International Studies und American Institute for Contemporary German Studies in Washington.
Bulletin des Presse- und Informationsamts der Bundesregierung Nr. 56 (22. Mai 1991).

über vier Jahrzehnte hinweg im Brennpunkt der Ost-West-Konflikte standen. Zusammen mit unseren Freunden und Partnern haben wir in der Vergangenheit zahlreiche Bewährungsproben bestanden. Ich erinnere hier nur an die Berlin-Blockade 1948/49, den Bau der Berliner Mauer 1961 und die Auseinandersetzung um den NATO-Doppelbeschluß Anfang der achtziger Jahre, den wir unter Führung von Präsident Ronald Reagan durchgesetzt haben. Unsere gemeinsame Standfestigkeit und Beharrlichkeit haben sich ausgezahlt: Nach dem Umbruch in Mittel-, Ost- und Südosteuropa beginnt ein neues Zeitalter im Zeichen von Freiheit, Rechtsstaat und Demokratie.

Zugleich stellen sich uns neue, gemeinsame Aufgaben: die Sicherung politischer und wirtschaftlicher, sozialer und ökologischer Stabilität in jenem Teil Europas, der sich nach Jahrzehnten vom Joch der kommunistischen Zwangsherrschaft befreit hat. An die Stelle der Herausforderungen von gestern sind neue getreten, für die es in der Geschichte kein Beispiel gibt. Es geht um die Überwindung der verheerenden Hinterlassenschaft des kommunistischen Systems und um den Aufbau einer freiheitlichen Wirtschafts- und Gesellschaftsordnung in diesen Ländern.

Während dieser Zeit - das erleben wir jetzt im östlichen Teil Deutschlands - wurden die Menschen von einer maroden und unproduktiven Kommandowirtschaft um den Lohn ihrer Arbeit gebracht. Industrieanlagen und Wohnungen sind vom Verfall bedroht, die Verkehrswege sind in katastrophalem Zustand, das Telefonnetz hoffnungslos veraltet und die Umwelt in bisher nicht gekanntem Ausmaß geschädigt. Wer dort nicht gewesen ist, kann sich das ganze Ausmaß dieses schlimmen Erbes kaum vorstellen.

Vor allem aber haben die Unrechtsregime in den Herzen der Menschen tiefe Wunden geschlagen. Die Menschen müssen jetzt Vertrauen zu sich selbst und dem Leben in einer neuen Ordnung finden.

Der Umbruch in Europa stellt insbesondere uns Deutsche vor eine große Bewährungsprobe. Freiheit verpflichtet. Wir tragen heute als vereintes und souveränes Land eine wachsende Verantwortung - in Europa und weltweit. Dabei wissen wir, daß wir nur gemeinsam mit unseren amerikanischen und europäischen Freunden dieser Verantwortung gerecht werden können. Präsident Bush hat uns eingeladen,

»partners in leadership« zu sein. Wir sind dazu bereit. Wir sind bereit, den Teil der innerwestlichen Lastenteilung (burden sharing) zu übernehmen, den wir entsprechend unserer Leistungskraft erbringen können - wirtschaftlich und politisch.

Drei große Aufgabenfelder gilt es in den neunziger Jahren zu gestalten:

Erstens: Wir wollen die beiden über vier Jahrzehnte lang getrennten Teile meines Landes jetzt auch wirtschaftlich, sozial und kulturell zusammenführen.

Zweitens: Wir wollen mitwirken am Bau einer dauerhaften und gerechten Friedensordnung für Europa, die alle Völker unseres so lange geteilten Kontinents in gemeinsamer Freiheit zusammenführt. Wir wollen jetzt die politische Einigung, den Bau der Vereinigten Staaten von Europa.

Drittens: Wir wollen unseren Beitrag leisten zu einer Weltfriedensordnung, die auf die Herrschaft des Rechts gegründet ist: auf die Achtung der Menschenrechte und das Selbstbestimmungsrecht der Völker sowie auf den gemeinsamen Willen zur Bewährung der dem Menschen anvertrauten Schöpfung.

Auch von unserem, dem deutschen Beitrag wird es mit abhängen, ob wir alle morgen in einer besseren Welt leben können. Diese Tatsache nimmt uns in besonderer Weise in die Pflicht.

II

Der Wiederaufbau im östlichen Teil Deutschlands, also den neuen Bundesländern Mecklenburg-Vorpommern, Brandenburg, Sachsen-Anhalt, Sachsen und Thüringen sowie dem Ostteil von Berlin, ist eine Pionieraufgabe, für die es kein Vorbild gibt.

Das Gelingen dieses Werkes ist von großer Bedeutung weit über die Grenzen unseres Landes hinaus - als Zeichen der Hoffnung und der Ermutigung auch für Ungarn, Polen, Tschechen und Slowaken, Rumänen und Bulgaren, für die Albaner und nicht zuletzt die Menschen in Jugoslawien und in der Sowjetunion, die alle weit schwierigere Startbedingungen vorfinden als die Deutschen in den neuen Bundesländern.

Wir haben hier zugleich eine Bewährungsprobe für unsere gemeinsamen westlichen Wertvorstellungen zu bestehen. Mehr als vierzig Jahre Kommunismus zu bewältigen, braucht Zeit. Aber ich bin sicher:

Wir werden es schaffen, und die ersten Erfolge werden schon bald zu sehen sein, vor allem im östlichen Teil Deutschlands. Die Voraussetzungen für den Neubeginn sind günstig. Wir haben im westlichen Teil Deutschlands im neunten Jahr in Folge eine glänzende Konjunktur und ein ausgezeichnetes Investitionsklima. Im westlichen Teil Deutschlands hatten wir im vergangenen Jahr ein Wirtschaftswachstum von 4,5 Prozent. Die Bundesrepublik Deutschland ist heute auch und gerade wegen der hohen Nachfrage aus Ostdeutschland Konjunkturlokomotive Europas.

Auf diesem stabilen Fundament fördern wir den raschen wirtschaftlichen Aufbau in den neuen Bundesländern mit aller Kraft. Mit zahlreichen Hilfs- und Aufbauprogrammen, darunter dem »Gemeinschaftswerk Aufschwung Ost« – einer Art nationalem Marshall-Plan – stellen wir in den 18 Monaten von Mitte 1990 bis Ende dieses Jahres für die wirtschaftliche, soziale und ökologische Einheit über 100 Mrd. DM zur Verfügung, das heißt fast 58 Mrd. Dollar.

Zu keinem Zeitpunkt in den vergangenen vierzig Jahren gab es in Deutschland eine vergleichbar große Kraftanstrengung. Was wir aber jetzt vor allem brauchen, sind private Investitionen – auch aus den Vereinigten Staaten. Nie zuvor gab es in Deutschland so attraktive Förderbedingungen für Investoren aus aller Welt. Wir haben inzwischen gute Fortschritte erzielt bei der äußerst schwierigen Aufgabe der Privatisierung und Sanierung der Staatsbetriebe der ehemaligen DDR. Die dafür zuständige Treuhandanstalt wird in New York ein Büro eröffnen, das Interessenten aus den Vereinigten Staaten zur Verfügung steht. [. . .]

Wir haben damals im westlichen Teil unseres Landes unter viel schwierigeren Bedingungen den Neuaufbau geschafft. Und wir werden es auch diesmal schaffen: In den vergangenen zwölf Monaten sind schon mehr als eine Million neue Arbeitsplätze im östlichen Teil unseres Landes entstanden. Dank den heute neu eingerichteten und einzurichtenden Betrieben und einer neuen Infrastruktur wird sich der östliche Teil Deutschlands in den neunziger Jahren zu einem der weltweit modernsten Industriestandorte entwickeln.

Meine Erfahrungen bei meinen Besuchen in diesen Wochen im Osten Deutschlands zeigen mir: Die Menschen wollen arbeiten, sie wollen ihre Chance in der Freiheit der Sozialen Marktwirtschaft nutzen. Ich bleibe gerade auch auf Grund meiner Erfahrungen in diesen Tagen bei meiner Prognose: In drei, vier, fünf Jahren werden die Gebiete der früheren DDR blühende Regionen sein.

Schwieriger noch als alle wirtschaftlichen Probleme aber ist die Bewältigung der Hinterlassenschaft der vierzig Jahre kommunistischer Diktatur im geistigen und kulturellen Leben. Über vier Jahrzehnte hinweg haben die Deutschen in Ost und West ihr Leben unter ganz unterschiedlichen Bedingungen gestaltet. Sie zusammenzuführen, ist eine der großen Aufgaben der neunziger Jahre, und auch sie hat eine europäische Dimension. Daß dieses Werk gelingt, liegt - so meine ich - im Interesse aller freien Völker und damit auch in Ihrem, im amerikanischen Interesse.

III

Auch in Zukunft bleiben Deutschland und die Europäische Gemeinschaft den Demokratien Nordamerikas aufs engste verbunden.

Wir wollen diese transatlantische Partnerschaft weiter ausbauen. Europa braucht Amerika auch in Zukunft - und ich füge hinzu: Amerika braucht Europa.

Ich nenne ganz bewußt an erster Stelle die kulturellen Bindungen zwischen dem Alten und dem Neuen Kontinent. Ich bin fest davon überzeugt, daß unsere Gemeinsamkeiten in Literatur, bildender Kunst, in der Musik und im Film an Bedeutung gewinnen werden - als Quelle neuer und vielfältiger künstlerischer Leistungen.

An zweiter Stelle nenne ich die wirtschaftliche Dimension unserer Beziehungen. Auch sie wird an Bedeutung gewinnen. Je mehr Europa zusammenwächst und je größer die Europäische Gemeinschaft wird, desto wichtiger wird dieser Wirtschaftsraum für die Vereinigten Staaten. Zusammen mit Nordamerika und Ostasien wird er eines der drei Zentren der Weltwirtschaft sein.

Bei alledem bleiben die Rolle und die Verantwortung der USA und Kanadas in und für Europa für den Frieden und die Sicherheit unseres Kontinents und vor allem auch für das geeinte Deutschland in seiner Mitte von existentieller Bedeutung. Unverzichtbarer Sicherheitsverbund zwischen Europa und Nordamerika ist und bleibt die Nordatlantische Allianz.

Die Atlantische Allianz verdankt ihre Vitalität und ihre Erfolge im

Dienste des Friedens über vierzig Jahre hinweg nicht zuletzt der Fähigkeit, sich veränderten Bedingungen anzupassen und dabei die Einheit des Bündnisses zu wahren. Unser Bündnis gründet sich eben nicht auf gemeinsame Feindbilder, sondern auf die Gemeinsamkeit vitaler Interessen und grundlegender Werte – und nicht zuletzt auf historisch gewachsene menschliche, kulturelle und politische Bindungen.

Gerade in einer Zeit großen Wandels geht es um die Wahrung der Kontinuität. Zwar hat der politische Umbruch in Europa die Konfrontation zwischen Ost und West abgebaut, und die Sicherheitslage auf unserem Kontinent hat sich trotz verbleibender Risiken spürbar verbessert; gleichwohl ist das Bündnis, dem gerade wir, die Deutschen, so viel verdanken, in keiner Weise überflüssig geworden.

Man kann nicht oft genug daran erinnern: Es war nicht zuletzt das Bündnis, das den Wandel in Europa und in Deutschland entscheidend mit herbeigeführt und zugleich hieraus die notwendige Konsequenz gezogen hat. So haben wir in der Gipfelerklärung vom Juli 1990 die Weichen zu einer umfassenden Überprüfung von Strategie und Strukturen gestellt. Wesentliche Elemente sind:

Erstens: Ein politischer Rahmen, der die Sicherheit und Stabilität in Europa weiterhin gewährleistet. Dabei müssen wir uns verstärkt auf kontrollierte Streitkräfteverminderung, vertrauensbildende Maßnahmen, aktive Krisenvorsorge und Konfliktverhütung sowie friedliche Streitbeilegung abstützen.

Zweitens: Eine neue Strategie, die weniger auf Nuklearwaffen setzt und die die bisherige Vorneverteidigung tiefgreifend verändert.

Drittens: Eine Struktur, die sich – mit weiterhin strikt defensiver Ausrichtung – auf kleinere, beweglichere Streitkräfte stützt.

Ein weiterer neuer Ansatz könnte sein, multinationale Einheiten aus Angehörigen verschiedener Partnerländer zu schaffen. Ich bin sicher, daß damit auch der Zusammenhalt im Bündnis weiter verstärkt wird.

Bei all dem ist die substantielle Präsenz nordamerikanischer Streitkräfte in Westeuropa und auf deutschem Boden auch künftig als ein Garant transatlantischer Bindungen unabdingbar. Sie ist der Kern unserer Sicherheitspartnerschaft, und sie liegt im Interesse Europas ebenso wie im Interesse der Vereinigten Staaten. Der Ost-West-Konflikt gehört der Vergangenheit an. Dies kann und darf aber nicht bedeuten, daß wir auf die Fähigkeit verzichten, Frieden und Freiheit auch künftig vor Bedrohung von außen wirksam zu schützen. Dies bleibt der Auftrag der Bundeswehr – an der Seite unserer amerikanischen und europäischen Verbündeten.

IV

Der grundlegende Wandel, dessen Zeugen wir alle seit dem Herbst 1989 sind, bestätigt für uns Deutsche auch die Richtigkeit einer Politik, deren Grundlagen Konrad Adenauer in den fünfziger Jahren gelegt hat. Diese Politik beruht auf der Überzeugung, daß die deutsche Einheit und die Einheit Europas zwei Seiten derselben Medaille sind. Es ist die Vision eines freien und vereinten Deutschland in einem freien und vereinten Europa.

Diese Politik hat reiche Früchte getragen. Die Wiedervereinigung vollzog sich mit der Zustimmung aller Freunde, Partner und Nachbarn Deutschlands in Ost und West.

Diese Grunderfahrung ist für uns Deutsche aber auch eine großartige Ermutigung, uns mit ganzer Kraft der Fortsetzung des europäischen Einigungswerkes zu widmen. Unser Ziel ist die Schaffung der Einheit Europas – dessen, was Winston Churchill in seiner berühmten Züricher Rede von 1946 einmal die *»Vereinigten Staaten von Europa«* nannte.

Wir sind dankbar, daß die USA unseren Weg zur Einheit Europas mit Zustimmung und Ermutigung begleitet haben. Sie haben das in dem Bewußtsein getan, daß Europa ein verläßlicher, aber auch ein selbstbewußter Partner der Vereinigten Staaten bleibt. Gerade dies liegt im ureigenen Interesse Amerikas. Denn nur eine starke und geschlossene Europäische Gemeinschaft kann die Zukunft des europäischen Kontinents mitprägen und Seite an Seite mit den Vereinigten Staaten eine gemeinsame Verantwortung in der Welt übernehmen.

Europa ist auf gutem Wege. Niemand redet heute mehr von einem Niedergang des Alten Kontinents. Wir haben in den letzten Jahren entscheidende Fortschritte erzielt. Der Europäische Binnenmarkt mit 340 Millionen Bürgern wird am 31. Dezember 1992 vollendet sein. Dieser Markt trägt bereits erheblich zur wirtschaftlichen Entwicklung in Deutschland und in ganz Europa bei.

Damit erreichen wir ein wichtiges Etappenziel auf dem Wege zur Europäischen Union. Vor uns liegen weitere Schritte. Wir wollen die beiden Regierungskonferenzen über die Wirtschafts- und Währungsunion und über die Politische Union zum Erfolg führen, wobei diese beiden Regierungskonferenzen für mich zwingend ein politisches Ganzes bilden.

Ein Kernpunkt für mich ist, daß der Vertrag über die Politische Union in seinem Handlungsrahmen und seinen wesentlichen Zielsetzungen nicht hinter der Wirtschafts- und Währungsunion zurücksteht.

Die Verwirklichung der Wirtschafts- und Währungsunion und die damit verbundene Schaffung einer einheitlichen europäischen Währung ist eine unserer großen Gestaltungsaufgaben. Die Staats- und Regierungschefs der EG haben auf dem Europäischen Rat Ende Oktober 1990 in Rom hierfür klare inhaltliche und zeitliche Vorgaben festgelegt, zu denen die Bundesregierung steht. Unverzichtbar sind für uns:

- die wirtschaftspolitische und wirtschaftliche Konvergenz aller Mitgliedstaaten,
- die Haushaltsdisziplin seitens aller Regierungen der Gemeinschaft,
- und schließlich eine unabhängige, der Geldwertstabilität verpflichtete Zentralbank.

Genauso wichtig für uns Deutsche sind jetzt vergleichbare Fortschritte auf dem Weg zur Politischen Union. Unsere Bemühungen gelten in besonderem Maße der Stärkung der Rechte des Europäischen Parlaments. Seine Kompetenzen müssen deutlich erweitert und denen der nationalen Parlamente stufenweise mehr und mehr angenähert werden. Zur Europäischen Union gehört auch eine gemeinsame Außen- und Sicherheitspolitik. Nur wenn die Europäer mit einer Stimme sprechen und gemeinsam handeln, werden sie ihr Interesse in der Welt wirkungsvoll zur Geltung bringen und aktiv zur Lösung der großen Probleme unserer Zeit beitragen können.

Ich weiß, daß gerade angesichts der jüngsten Entwicklung am Golf bei vielen Freunden hier in den Vereinigten Staaten der Eindruck entstanden ist, daß dieses Ziel noch in der Ferne liegt. Es läßt sich auch nicht von heute auf morgen erreichen – denn schließlich blicken wir Europäer auf über zweihundert Jahre nationalstaatliches Denken zurück. Auch hier kommt es darauf an, daß wir in den kommenden Jahren Schritt für Schritt weitere Fortschritte erzielen.

Ich bin mir bewußt, daß die Überlegungen zu einer künftigen gemeinsamen europäischen Außenpolitik - und auf die Dauer auch einer gemeinsamen Verteidigungspolitik - hier in Washington aufmerksam verfolgt werden und da und dort auf Kritik stoßen. Lassen Sie mich zwei Dinge unmißverständlich feststellen:

- Meine Regierung will das bestehende und bewährte Atlantische Bündnis in keiner Weise geschwächt oder gar durch eine eigene europäische Struktur ersetzt sehen.
- Meine Regierung wendet sich entschieden gegen alle Überlegungen, partielle Zuständigkeiten zu schaffen, die dem Prinzip der Unteilbarkeit unserer gemeinsamen Sicherheit zuwiderlaufen und die nur dazu führen würden, den transatlantischen Sicherheitsverbund aufzulösen.

[. . .] Die Westeuropäische Union bietet sich an, sowohl zur Stärkung des europäischen Pfeilers in der Allianz wie auch zur Entwicklung einer sicherheitspolitischen Dimension in der Gemeinschaft. Wir Deutschen wollen, daß der sicherheitspolitische Dialog zwischen Europa und Nordamerika über diese Fragen vertrauensvoll und intensiv geführt wird - zwischen der Europäischen Gemeinschaft, der Westeuropäischen Union und der NATO. Die Transatlantische Erklärung vom November 1990 ist hierfür ein guter Wegweiser.

Ich wünsche mir, daß wir im Dezember dieses Jahres auf dem Europäischen Gipfel in Maastricht die Vertragsentwürfe zur Politischen Union sowie zur Wirtschafts- und Währungsunion unterzeichnen. Dann könnten sie im Jahre 1992 von den nationalen Parlamenten ratifiziert werden und - eventuell stufenweise - in diesem Jahrzehnt in Kraft treten.

Die Vertiefung der Integration ist angesichts des grundlegenden Wandels in Europa aber nur ein Teil unserer Aufgabe. Die Europäische Gemeinschaft ist nicht das ganze Europa. Sie muß grundsätzlich für andere europäische Länder offen sein. Das heißt nicht, daß wir morgen oder übermorgen alle Länder Europas aufnehmen können. Aber das bedeutet, daß wir niemanden ausgrenzen dürfen, wenn die politischen und wirtschaftlichen Voraussetzungen für eine Mitgliedschaft gegeben sind.

Dies gilt in erster Linie für die Länder der EFTA, von denen sich einige bereits heute auf eine Mitgliedschaft in der Gemeinschaft vorbereiten, wie zum Beispiel Österreich und Schweden.

Zur politischen Verantwortung der Gemeinschaft gehört auch, daß wir jenen Ländern in Mittel- und Südosteuropa, die die entsprechenden Voraussetzungen erfüllen, nicht den Weg in die Gemeinschaft versperren. Wir wissen, daß die Wegstrecke dorthin noch lang und schwierig ist. Aber wir wissen auch: die Menschen in den Reformstaaten brauchen unsere Hilfe. Sie brauchen gerade angesichts der gewaltigen wirtschaftlichen und politischen Probleme, vor die sie der Umbruch stellt, eine europäische Perspektive.

Wir dürfen nicht zulassen, daß Freiheit, Demokratie und Menschenrechte – unsere gemeinsamen westlichen Werte – überschattet werden von schweren Rückschlägen beim wirtschaftlichen Wiederaufbau. Die Erfahrung der Zusammengehörigkeit und der Gemeinschaft aller Europäer erleichtert den Menschen in diesen Ländern den Weg in die Zukunft. Sie kann dazu beitragen, schwierige Minderheitenprobleme in einem neuen Geist zu lösen. Wir können so zur Stabilisierung und festen Verankerung der Demokratie wichtige Hilfestellungen geben – als Nachbarn, als Europäer und als Demokraten. Demokratische und rechtsstaatliche Ordnungen sind die beste Garantie für Frieden zwischen Völkern und Staaten.

Das vereinte Deutschland unterstützt die Reformstaaten in Mittel- und Südosteuropa auf ihrem Weg zu stabiler Demokratie und Sozialer Marktwirtschaft mit starkem Einsatz. Wir haben hierfür 17 Mrd. US-Dollar aufgewandt. Ich will das hier hervorheben, weil diese Tatsache in der Diskussion der letzten Monate auch in den USA zu kurz gekommen ist – bei manchen, weil sie meinten, wir Deutsche seien allzusehr mit den Problemen der Wiedervereinigung beschäftigt, aber wohl auch, weil die Ereignisse am Golf die Entwicklung in Mittel-, Ost- und Südosteuropa überschattet haben.

Es geht bei unseren Bemühungen für die Reformstaaten nicht allein um eine Frage unseres nationalen Interesses. Unsere Unterstützung liegt im gesamteuropäischen Interesse und sie ist auch Teil der notwendigen Lastenteilung innerhalb der Atlantischen Allianz.

Dazu nur ein Beispiel: Polen. Die deutschen Leistungen für dieses Land gehen bereits heute deutlich über das Engagement anderer westlicher Partner hinaus. Ich sage dies, weil hier zum Teil völlig falsche Zahlen in Umlauf sind. Nehmen Sie nur die Themen »Umschuldung« und »Schuldenerlaß«. Hier hat die Bundesregierung sich von Anfang an für eine großzügige Regelung im Rahmen des Pariser Club eingesetzt. Einschließlich des bereits im vergangenen Jahr erlassenen »Jumbo-Kredits« erreicht unser Schuldenerlaß auf Basis des Gegenwartswertes fast 70 Prozent. Dabei ist zu berücksichtigen, daß wir mit Abstand der größte Gläubiger dieses Landes sind: rund 5,5 Mrd. US-Dollar im Vergleich zu rund 3,8 Mrd. US-Dollar, die Polen den USA schuldet.

Wenn man den Ländern des östlichen Mitteleuropa die »Heimkehr nach Europa« ermöglichen will, dann darf man sich nicht auf finanzielle Fragen beschränken.

Ein grundlegendes Menschenrecht ist die Freizügigkeit. Von den kommunistischen Diktaturen wurde es jahrzehntelang mit Füßen getreten; allein der Hinweis auf die Berliner Mauer sagt mehr als viele Worte. Für uns gilt: Es dürfen keine neuen Wohlstandsgrenzen entstehen. Der Verzicht auf die Visumspflicht bei der Einreise polnischer Bürger nach Deutschland und in andere Länder wie Frankreich, Italien und die Benelux-Staaten ist ein wichtiger Schritt hin zu einem Europa der offenen Grenzen.

Zum Thema Lastenteilung gehören auch die erheblichen finanziellen Leistungen in Höhe von 7,5 Mrd. Dollar, die wir auf uns nehmen, um den Abzug der Sowjetarmee – rund 380 000 Soldaten und ihre Angehörigen – aus Ostdeutschland bis 1994 zu ermöglichen. Allein in diesem Jahr kehren rund 100 000 sowjetische Soldaten von dort in ihre Heimat zurück – ohne Zweifel ein enormer Zugewinn an Sicherheit für den Westen insgesamt! Aber dies ist noch nicht alles: Einschließlich aller Kreditgarantien und Exportbürgschaften beläuft sich unser Beitrag zu den Reformen in der Sowjetunion – das sind alle bestehenden und geplanten Leistungen – auf über 33,7 Mrd. Dollar. Wir tragen damit zur Stabilität und Sicherheit ganz Europas bei. Unsere Leistungen gehen auch hier ganz erheblich über das Engagement anderer westlicher Partner hinaus. Wir tun dies alles im Rahmen unserer finanziellen Möglichkeiten. Wir haben nicht die Absicht, die deutsche Volkswirtschaft zu überlasten. Wir wollen die Stabilität der Mark erhalten, und es gibt keinen Grund von dieser Politik abzugehen.

Wir wollen der Sowjetunion bei der Lösung ihrer Probleme helfen.

Es sind gewaltige Probleme zu lösen. Das braucht Geduld, und das braucht Durchstehvermögen. Deswegen bekenne ich mich nachdrücklich zu einer Politik, die eben nicht beiseite steht und abwartet, sondern die fähig ist zur Hilfe zur Selbsthilfe. Ich sage bewußt Selbsthilfe, weil die Entscheidungen für diese Reformen in der Sowjetunion durchgesetzt werden müssen und weil wir von außen nur Anstöße und Hilfen im Rahmen unserer Möglichkeiten geben können. Ich bin sicher, daß Michail Gorbatschow die Politik des »Neuen Denkens« und den außenpolitischen Kurs der Kooperation fortsetzen möchte. Nach meiner festen Überzeugung weiß er, daß es kein Zurück mehr gibt. Auch die sowjetische Führung muß - und wird gewiß - erkennen, daß sich das Recht auf Selbstbestimmung durchsetzen wird. Es kann jedoch nicht unser Ziel sein - und es wäre töricht, unsere Politik darauf auszurichten -, zu einer Auflösung der Sowjetunion im Ganzen beizutragen. Eine solche Politik würde die Chancen auf wirkliche Abrüstung und dauerhaften Frieden zerstören und fände niemals meine Zustimmung.

V

Die Auflösung des Warschauer Pakts verlangt von uns heute auch eine Antwort auf die Frage: Wie tragen wir gemeinsam am besten dazu bei, daß die jungen Demokratien ihren Weg in eine stabile und friedliche Zukunft finden können?

Die Lösung dieses Problems läßt sich nicht auf die Frage einer eventuellen Mitgliedschaft Ungarns, der ČSFR oder Polens im Bündnis verkürzen. Noch weniger taugen unselige Begriffe einer schlimmen Vergangenheit, in der die Länder und Völker Ost-Mitteleuropas mit Begriffen wie »Glacis« oder »Cordon Sanitaire« zu Objekten einer zynischen Machtpolitik wurden. Im Europa der Demokratie und der Selbstbestimmung, im Zeitalter auch des »Neuen Denkens« in der sowjetischen Außenpolitik müssen wir eine neue Antwort geben. Es geht um die Sicherung von Frieden und Freiheit durch Selbstbestimmung und Zusammenarbeit.

Dabei ist der Dialog zwischen der Atlantischen Allianz und den Staaten Ost-Mitteleuropas nur ein Element eines umfassenden Sicherheitskonzepts. Weitere Elemente sind die Annäherung an die Europäische Gemeinschaft durch eine Assoziierung mit der Perspektive einer späteren Vollmitgliedschaft ebenso wie der Ausbau und die Pflege der

Beziehungen zum Europarat, der ersten wichtigen europäischen Organisation der Nachkriegszeit.

Eine bedeutende Rolle kommt der Institutionalisierung des KSZE-Prozesses zu, der Fortsetzung der Rüstungskontrolle und nicht zuletzt der bilateralen und regionalen Zusammenarbeit. Der KSZE-Prozeß ist ein unverzichtbarer Bestandteil einer dauerhaften und gerechten Friedensordnung für ganz Europa. Auch hier wirken die Vereinigten Staaten aktiv an der Gestaltung der gesamteuropäischen Zukunft mit. Die »Charta für ein neues Europa«, die die Staats- und Regierungschefs der KSZE im November 1990 in Paris unterzeichnet haben, weist neue Wege und schafft neue gesamteuropäische Institutionen. Ohne das Engagement Amerikas, ohne die Partnerschaft mit unseren amerikanischen Freunden kann das Werk der Schaffung einer gesamteuropäischen Friedensordnung nicht gelingen. Wenn Europa und Amerika ihre geistigen und materiellen Ressourcen bündeln, dann investieren sie damit in ihre gemeinsame Zukunft. Diese Investition ist nicht nur ein Gebot der Solidarität, sondern auch der Vernunft.

Es ist unser gemeinsames Interesse, daß in Mittel-, Ost- und Südosteuropa wieder blühende Landschaften entstehen und daß Freiheit, Demokratie und Menschenrechte auch dort für immer zu Hause sind. Ich bitte unsere amerikanischen Freunde herzlich, an diesem Werk des Friedens tatkräftig mitzuwirken. Auch unsere japanischen Freunde können einen Beitrag zum Gelingen dieses Werkes leisten. Als eine der großen Handels- und Industrienationen haben auch sie ein Interesse am Erfolg. Mit ihrem Engagement können sie zugleich ihrem wachsenden Bewußtsein weltweiter Verantwortung Ausdruck verleihen.

VI

Die Bewältigung der außerordentlichen Herausforderungen, vor die uns der tiefgreifende Wandel in Europa stellt, fordert eine große Kraftanstrengung. Aber wenn wir Deutsche unserer Verantwortung als eine der großen Demokratien und Industrienationen des Westens gerecht werden wollen, dann müssen wir auch unseren Beitrag zur Lösung der weltweiten Probleme leisten. Mit Erfolg haben wir uns bisher besonders aktiv für wirtschaftliche Stabilität in der Welt eingesetzt.

Vom vereinten Deutschland wird jetzt auch mehr Mitwirkung an der Lösung internationaler Fragen erwartet. Angesichts der aktuellen weltpolitischen Entwicklungen wäre es ein verhängnisvoller Fehler, wenn wir vor den neuen Gefährdungen von Frieden und Freiheit die Augen verschlössen. Für uns Deutsche kann es ebensowenig wie für andere europäische Staaten eine Nische in der Weltpolitik geben. Die weltpolitische Entwicklung seit dem Tag der Wiedervereinigung Deutschlands am 3. Oktober 1990 – also vor gerade sieben Monaten – hat den Deutschen wenig Zeit gelassen, sich an ihre neue Rolle zu gewöhnen.

Tatsache ist, daß wir von Anfang an im Rahmen unserer Möglichkeiten einen erheblichen Beitrag zum Gelingen der militärischen Operationen am Golf geleistet haben. Das gilt vor allem für die massive logistische Unterstützung, die die deutsche Bundeswehr geleistet hat. Ich darf darüber hinaus an unseren finanziellen Beitrag zur Lastenteilung im Golf-Konflikt erinnern, der sich auf 11,5 Mrd. US-Dollar belief. Davon gingen allein 6,6 Mrd. Dollar an die Vereinigten Staaten.

Wir erbringen diese Leistungen zusätzlich zu den außerordentlichen finanziellen Anstrengungen, die der Wiederaufbau im östlichen Teil Deutschlands und in den Ländern Mittel-, Ost- und Südosteuropas von uns fordert.

Wir haben nicht zuletzt Israel in seiner bedrängten Lage durch umfangreiche Material- und Ausrüstungslieferungen unterstützt und einen substantiellen Beitrag zur wirtschaftlichen Stabilisierung Ägyptens, der Türkei, Jordaniens und anderer Länder geleistet. Wir helfen heute – zusammen mit den USA und unseren europäischen Partnern – den irakischen Flüchtlingen, insbesondere den Kurden, auf vielfältige Weise, auch durch den Einsatz von Pionieren und Sanitätern der Bundeswehr im Iran.

Daß wir nicht – wie andere – militärisch am Golf präsent waren, hat uns – auch hier in den USA – Kritik eingetragen. Das hatte, wie Sie wissen, mit verfassungsrechtlichen Problemen in meinem Land zu tun. Der neuen Verantwortung gerecht zu werden, fordert von uns Deutschen auch eine kritische Prüfung der Möglichkeit, selbst an konkreten Maßnahmen zur Sicherung von Frieden und Stabilität in der Welt mitzuwirken. Dazu gehört auch die Frage, ob und inwieweit wir zu einem militärischen Engagement außerhalb des NATO-Gebietes bereit sind.

Niemand – am wenigsten wir Deutsche selbst – will, daß Deutschland eine eigene globale Rolle anstrebt – was im übrigen auch gar nicht in unseren Möglichkeiten läge. Ein deutsches militärisches Engagement außerhalb des NATO-Gebietes ist deshalb nur denkbar im Rahmen kollektiver Operationen – der Vereinten Nationen oder auch der Westeuropäischen Union. Es ist mein Ziel, die verfassungsrechtlichen Grundlagen dafür in Deutschland klarzustellen.

Als eine der großen Handelsnationen haben wir Deutsche ein besonderes Interesse an offenen Weltmärkten. Wir – und die Europäische Gemeinschaft insgesamt – wollen einen baldigen Erfolg der Uruguay-Runde im GATT. Wir alle müssen dabei unseren Beitrag leisten zu dem gemeinsamen Ziel eines fairen Ausgleichs wirtschafts- und handelspolitischer Interessen, und so die Uruguay-Runde zu einem erfolgreichen Ende führen.

Wir brauchen neue Ansätze, auch in der Europäischen Gemeinschaft. Ich denke, wir sind jetzt auf einem guten Weg. Denn jeder weiß im Grunde: Keiner der Beteiligten kann den erreichten Grad weltwirtschaftlicher Verflechtung ohne hohes Risiko in Frage stellen, geschweige denn aufgeben. Zugleich ist die Wiederaufnahme der Verhandlungen auch eine Anerkennung der politischen Verantwortung aller Beteiligten für einen erfolgreichen Abschluß der GATT-Runde.

Wir haben die große Chance, gemeinsam an einer Weltordnung des politischen Ausgleichs und des friedlichen wirtschaftlichen Wettbewerbs zu bauen.

Die ebenso großartigen wie dramatischen Entwicklungen in Europa und in Deutschland dürfen unseren Blick nicht von den wachsenden Problemen der Dritten Welt ablenken. Wir müssen deshalb auch in Zukunft eine Entwicklungspolitik fortsetzen, die den Ärmsten und Schwächsten tatkräftig zur Seite steht – und die ihnen vor allem hilft, sich selbst zu helfen.

Es geht auch hier um Investitionen in unsere gemeinsame Zukunft. Vor diesem Hintergrund habe ich auf den vergangenen Weltwirtschaftsgipfeln – zuerst beim Gipfel von Toronto 1988 – vorgeschlagen, das Thema Umweltschutz mit Schuldenfragen zu verknüpfen. So sollten zum Beispiel Schuldenerlasse für Länder der Dritten Welt auch davon abhängig gemacht werden, daß frei werdende Mittel möglichst für konkrete Umweltmaßnahmen eingesetzt werden.

Die Vernichtung der tropischen Regenwälder und das Ozonloch über der Antarktis betreffen die Menschen in Amerika ebenso wie in Europa, in allen Kontinenten gleichermaßen. Die Gefahr weltweiter Klimaveränderungen rührt ohne Unterschied an den Lebensnerv aller Völker. Wir brauchen deshalb eine weltumspannende Umweltpartnerschaft.

Es hat für die Sache von Freiheit, Rechtsstaat und Demokratie im letzten Jahrzehnt ermutigende Erfolge gegeben: nicht nur in Europa oder in Süd- und Mittelamerika, sondern auch in Afrika. Aber wahr ist auch, daß in vielen Teilen der Welt Menschen noch immer willkürlich verhaftet, erniedrigt, gefoltert oder gar ermordet werden. Ihnen gilt unsere Solidarität, und für sie werden wir weiter mit ganzem Nachdruck eintreten.

Wir wollen unseren Beitrag dazu leisten, eine Welt zu gestalten, in der mehr Freiheit herrscht, der Frieden sicherer ist und die natürlichen Lebensgrundlagen des Menschen wirksamer geschont und geschützt werden.

Wir Deutsche wollen gemeinsam mit unseren Freunden und Partnern - vor allem gemeinsam mit unseren amerikanischen Freunden - unseren Beitrag hierzu leisten.

31 »... daß der Geist der Solidarität verständlich wird«

Der Beitrag freier Gewerkschaften für die Stabilität der Demokratie

[...]

I

Ihre Gewerkschaft, die IG Metall, blickt zurück auf ein Jahrhundert, das gerade in Deutschland von tiefen inneren Widersprüchen gekennzeichnet war: Auf der einen Seite ungeahnte Fortschritte auf politischem, wirtschaftlich-sozialem und wissenschaftlich-technischem Gebiet; auf der anderen Seite die Katastrophen zweier Weltkriege und der nationalsozialistischen Gewaltherrschaft - und danach im östlichen Teil unseres Vaterlands über vierzig Jahre kommunistische Diktatur.

Die Gründung des Deutschen Metallarbeiter-Verbands fand im Kaiserreich statt - wenige Monate, nachdem das Sozialistengesetz außer Kraft gesetzt worden war. Damals bildeten sich die Gewerkschaften, um für den Grundsatz zu streiten, daß soziale Sicherheit keine beliebig widerrufbare Wohltat der Arbeitgeber oder des Staates ist, sondern ein Gebot der sozialen Gerechtigkeit.

Heute ist das für uns selbstverständlich, und der besondere Rang dieses Grundsatzes kommt gerade auch im Sozialstaatsprinzip unseres Grundgesetzes zum Ausdruck. Nach dem Ende des Ersten Weltkriegs haben wir, die Deutschen, erfahren, wie die erste Demokratie auf dem Boden unseres Vaterlands zwischen den Extremen von links und rechts zerrieben wurde. Es gibt viele Ursachen dafür, daß es den Nationalsozialisten 1933 gelang, an die Macht zu kommen.

Ein Grund dafür war gewiß auch, daß die demokratischen Kräfte der Republik - und dazu gehörten auch die Gewerkschaften - nicht solidarischer zusammenstanden.

Aus dieser Erfahrung erwuchs nach 1945 die Idee der Einheitsge-

Rede vom 5. Juni 1991 auf der Festveranstaltung »100 Jahre IG Metall« in der Frankfurter Paulskirche.
Bulletin des Presse- und Informationsamts der Bundesregierung Nr. 65 (11. Juni 1991).

werkschaft. Sie hat tiefe Wurzeln im gemeinsamen Widerstand von Gewerkschaftern unterschiedlicher Richtung gegen die Gewaltherrschaft. Hierfür stehen Namen wie Wilhelm Leuschner, Jakob Kaiser und Max Habermann. Sie alle zogen die Lehre aus der Erfahrung, daß die Zersplitterung in Richtungsgewerkschaften nicht nur dem Interesse der Arbeitnehmerschaft schadet, sondern auch die Demokratie schwächen kann. Zwischen 1933 und 1945 wurden über 100 000 Männer und Frauen aus der Arbeiterbewegung wegen ihrer Überzeugungen verurteilt. Über 30 000 mußten ihr Leben lassen.

Im Westen unseres Vaterlands, beim Aufbau der Bundesrepublik Deutschland, haben die Überlebenden das Vermächtnis dieser mutigen Männer und Frauen in die Tat umgesetzt und damit maßgeblich zur Erfolgsgeschichte der zweiten Demokratie auf deutschem Boden beigetragen.

Im Osten Deutschlands hingegen entstand eine neue totalitäre Herrschaft. Sie maßte sich die Bezeichnung »Arbeiter- und Bauernstaat« an, trat aber in Wahrheit die Freiheit der wirtschaftlichen und gewerkschaftlichen Betätigung mit Füßen. Wenige Gewerkschaften waren jemals unfreier als der sogenannte Freie Deutsche Gewerkschaftsbund FDGB. Er war nichts anderes als Handlanger von Partei und Staat und diente allein dem Zweck, die Arbeitnehmer bis in ihren privaten Bereich hinein unter Kontrolle zu halten.

Die Gewerkschaften bei uns in der Bundesrepublik Deutschland haben einen maßgeblichen, einen entscheidenden Anteil am Aufbau unseres Sozialstaats Bundesrepublik Deutschland gehabt. Ich nenne nur wenige Meilensteine auf diesem Weg: Die Lohnfortzahlung im Krankheitsfall, die Einführung der dynamischen Rente, eine moderne Gesetzliche Kranken- und Unfallversicherung, das Betriebsverfassungsgesetz und die Mitbestimmung. Namentlich die Einführung der Montan-Mitbestimmung 1951 bleibt ein hervorragendes Beispiel für ein vernünftiges Zusammenwirken zwischen Bundesregierung und Gewerkschaften, und ich nenne gern die Namen: Hans Böckler und Konrad Adenauer.

Dieses gemeinsame Aufbauwerk nach der Währungsreform im freien Teil unseres Vaterlands konnte sich auf das Engagement, auf die Verantwortungsbereitschaft und die Besonnenheit der Gewerkschaften und ihrer führenden Repräsentanten stützen. Sie haben verstanden, daß die Soziale Marktwirtschaft wie keine andere Wirtschafts- und Gesellschaftsordnung die Prinzipien von freiem Wettbewerb auf dem Markt und von freiem Ausgleich zu verbinden weiß, ja verbinden muß. Beides gehört untrennbar zusammen.

Heute stehen Politik und Gesellschaft erneut vor einer Aufgabe von historischer Dimension. Gemeinsam stehen wir in der Pflicht, mit vereinten Kräften das Zusammenwachsen unseres bis vor kurzem geteilten Vaterlands zu fördern - in wirtschaftlicher und sozialer, in ökologischer und, was letztlich das Wichtigste ist, auch in menschlicher Hinsicht.

Viele Menschen in den neuen Bundesländern machen sich jetzt angesichts der tiefgreifenden wirtschaftlichen Veränderungen Sorgen, nicht zuletzt um ihren Arbeitsplatz. Wir alle können ihre Gefühle und Ängste sehr gut verstehen. Wir wissen, was dieser Umbruch für den einzelnen, für seine Familie und für seine Lebensgestaltung bedeutet. Ich weiß auch, daß dieser Umbruch vor allem für die älteren Arbeitnehmerinnen und Arbeitnehmer oft mit großen persönlichen Problemen und Härten verbunden ist. Sie haben nicht - wie die jungen Menschen - ein ganzes Arbeitsleben vor sich, in dem sie neue Chancen ergreifen können. Sie haben genauso fleißig gearbeitet wie ihre Kolleginnen und Kollegen in den westlichen Bundesländern, aber sie sind vom Regime um die Früchte ihrer Arbeit betrogen worden. Und dies ist eine bittere Lebenserfahrung. Ich danke deshalb besonders denen in den Gewerkschaften, die jetzt vor Ort dabei mithelfen, daß der Geist der Solidarität selbstverständlich wird.

Und ich darf bei dieser Gelegenheit an Sie appellieren: Denken Sie vor allem auch an die Älteren, von denen ich eben gesprochen habe, die erstmals in ihrem Leben erfahren dürfen und können, was es heißt, in einer freien und wirklich unabhängigen Gewerkschaft mitarbeiten zu können.

Und ich bitte Sie alle, Ihren Beitrag dazu zu leisten, daß unser gemeinsames Aufbauwerk in den neuen Bundesländern gelingt. Sie, die Gewerkschafterinnen und Gewerkschafter, können in diesen Prozeß ganz Wesentliches einbringen: Ihr Wissen um die Sorgen und Anliegen der Menschen, und zwar in Ost und West. Sie können dazu beitragen, daß die Menschen in den neuen Bundesländern Vertrauen in unsere Staats- und Gesellschaftsordnung gewinnen. Und in der

Bundesrepublik Deutschland konnten eben mehr als vier Jahrzehnte lang Frieden, Freiheit und Wohlstand und soziale Sicherheit gewährleistet werden, weil wir trotz aller Unterschiede sehr wohl zur Gemeinsamkeit fähig waren.

Viele im Westen Deutschlands betrachten heute freie Gewerkschaften als etwas Selbstverständliches. Wir sollten deshalb das Bewußtsein dafür schärfen, daß es sich hierbei um eine große Errungenschaft handelt, für die gerade in unseren Tagen Millionen von Menschen in Mittel- und Südosteuropa jahrzehntelang haben kämpfen müssen. Es ist bezeichnend, daß die Bürgerrechtsbewegungen in Polen und in Ungarn, in der Tschechoslowakei und in der ehemaligen DDR von Anfang an für die Zulassung freier Gewerkschaften eingetreten sind. Freie Gewerkschaften sind eine Voraussetzung für die Gestaltung der Sozialen Marktwirtschaft und auch eine wichtige Voraussetzung für die Stabilität unserer Demokratie.

II

Dank der hervorragenden Ausgangslage im Westen Deutschlands sind die Voraussetzungen für das gemeinsame Aufbauwerk in den neuen Bundesländern gut. Diese Ausgangslage ermöglicht es uns, in den entscheidenden 18 Monaten von Mitte 1990 bis Ende 1991 allein von Bundesseite über 100 Milliarden DM für den Osten Deutschlands aufzuwenden - eine finanzielle Anstrengung, die in der Geschichte ohne Beispiel ist. Hinzu kommt die Leistungsbereitschaft der Arbeitnehmerinnen und Arbeitnehmer in den neuen Bundesländern - ihre Entschlossenheit, tatkräftig anzupacken und ihre Zukunft in die eigene Hand zu nehmen.

Die Bundesregierung erwartet - wie der Wirtschafts-Sachverständigenrat und Forschungsinstitute -, daß sich die wirtschaftliche Situation in den neuen Bundesländern bereits im Verlauf dieses Jahres Schritt für Schritt verbessern wird. Schon jetzt gibt es hierfür deutliche Hinweise:

- Seit Beginn des vergangenen Jahres haben bereits weit über eine Million Menschen einen neuen Arbeitsplatz gefunden.
- Es sind inzwischen rund 385 000 neue gewerbliche Betriebe angemeldet worden - seit Jahresbeginn allein 105 000.

Dies ist ein Anfang. Natürlich dürfen wir uns mit dem bislang Erreichten nicht zufriedengeben. Es gibt große Sorgen um den Arbeitsplatz, um die Wohnung, um die Bewältigung des Alltags. Wir müssen deswegen gemeinsam alles tun, um die schwierige, aber unvermeidliche Zeit des Übergangs von der kommunistischen Kommandowirtschaft zur Sozialen Marktwirtschaft für die Menschen so kurz und so sozialverträglich wie möglich zu gestalten.

Wir müssen Arbeitsplätze erhalten, neue Arbeitsplätze schaffen und Hilfe für Umschulung und Weiterbildung gewähren. Gefordert ist selbstverständlich auch die Bereitschaft, unkonventionelle Wege zu beschreiten. Wo Arbeitsplätze vorübergehend schneller wegfallen als neue entstehen, können auch Beschäftigungsgesellschaften dazu beitragen, Brücken in eine bessere Zukunft zu bauen.

Ebenso wichtig ist, daß wir im Interesse aller die zur Zeit noch begrenzte Leistungsfähigkeit der Unternehmen in den neuen Bundesländern berücksichtigen. Hier gilt es, im sozialen Dialog einen vertretbaren Ausgleich und vernünftige Lösungen zu finden. Der ohnehin schon schwierige Gesundungsprozeß darf nicht durch Kosten verschärft werden, die der wirtschaftlichen Leistungsfähigkeit vieler Betriebe vorauseilen.

Ich bin mir bewußt, daß sich die Tarifparteien hier auf schmalem Grat bewegen. Selbstverständlich respektiere ich die Tarifautonomie, aber wir müssen in dieser schwierigen Situation den richtigen Mittelweg finden zwischen raschem Einkommensanstieg einerseits und dauerhaft wettbewerbsfähigen Betrieben und Arbeitsplätzen andererseits.

Um die gemeinsame Verantwortung von Politik, Unternehmen und Gewerkschaften geht es auch bei der Frage der Ausbildung gerade junger Menschen. Ich fordere die Unternehmen auf, sich hier noch stärker zu engagieren - und ich appelliere an die Arbeitnehmer, die Angebote zur beruflichen Weiterbildung zu nutzen. Qualifizierung ist und bleibt die beste Voraussetzung für einen sicheren Arbeitsplatz morgen und übermorgen. So wird die Bundesregierung in einer gemeinsamen Kraftanstrengung mit den Gewerkschaften und der Wirtschaft alles unternehmen, damit alle Schulabgänger in den neuen Bundesländern die Chance auf einen Ausbildungsplatz erhalten. Wie bei der so erfolgreichen Lehrstelleninitiative nach 1982 setze ich auch diesmal darauf, daß uns dies mit vereinigten Kräften gelingen wird.

III

Wer für die Rechte und Interessen der arbeitenden Menschen eintritt, muß heute mehr denn je bereit sein, auch über die Grenzen des eigenen Landes hinaus zu blicken. Ihr 100. Geburtstag fällt in eine Zeit dramatischer Veränderungen in der Welt, in Europa und in Deutschland. Der Bau eines vereinten Europa und die Mitwirkung an einer friedlichen Gestaltung unserer Welt ist eine Aufgabe, die auch die Gewerkschaften angeht - denn Sie stehen in einer langen Tradition internationaler Solidarität.

In weniger als zwei Jahren werden wir den Europäischen Binnenmarkt vollendet haben. Die Vorbereitung auf diesen Markt für 340 Millionen Menschen trägt bereits heute ganz erheblich zur wirtschaftlichen Entwicklung in Deutschland bei. Aber wir verdanken der Europäischen Gemeinschaft mehr als das: Sie hat den deutschen Einigungsprozeß entscheidend gefördert und erleichtert - vor allem durch ihre politische Unterstützung. Wir werden dies der Gemeinschaft nie vergessen. Mehr denn je ist unser Schicksal mit dem unserer Nachbarn verbunden. Mittlerweile hängt jeder dritte Arbeitsplatz bei uns von unseren Exporten ab, und deshalb wäre es auch ein verhängnisvoller Fehler, wenn sich das zusammenwachsende Europa nach außen protektionistisch abschotten würde.

Es geht aber nicht nur um den Wirtschaftsraum Europa. Zugleich wollen wir den Sozialraum Europa verwirklichen. Deshalb darf der Binnenmarkt beispielsweise nicht zum Vorwand für einen Ausstieg aus strengeren Arbeitnehmer-Schutzvorschriften werden. Dies war und bleibt Politik der Bundesregierung. Hierin sind wir uns mit den Gewerkschaften und Arbeitgeberverbänden einig. Mit der Annahme der Gemeinschafts-Charta der sozialen Grundrechte im Dezember 1989 ist die europäische Sozialpolitik in eine neue Phase getreten.

Die Regierung einzelner Mitgliedstaaten, vor allem die Bundesregierung, sowie Gewerkschaften und Europäisches Parlament fordern darüber hinaus einen Katalog verbindlicher sozialer Mindeststandards. Dazu gehört etwa die Einrichtung europäischer Betriebsräte zur Information und Konsultation der Arbeitnehmer in gemeinschaftsweit tätigen Unternehmen.

[...]

32 Stationen auf dem mühsamen Weg zur Vereinigung der beiden Staaten in Deutschland

Persönliche Impressionen

Als erstes kommt mir in Erinnerung ein langes Gespräch mit Michail Gorbatschow hier im Park des Bundeskanzleramtes. Es fand statt im Juni 1989, bei seinem Besuch in der Bundesrepublik Deutschland. Es war später Abend, wir waren unter uns - nur der Dolmetscher war dabei - und hatten uns auf die Mauer gesetzt, von der aus man diesen schönen Blick auf den vorbeiströmenden Rhein und das gegenüberliegende Ufer hat.

Bei diesem Gespräch wurden wir uns einig, daß wir die deutsch-sowjetischen Beziehungen auf eine neue Grundlage stellen müssen, wenn sich die Lage in Europa zum Besseren wenden soll. Wir kamen auf das Thema deutsche Einheit zu sprechen. Ich erklärte, daß die Teilung Deutschlands die entscheidende Belastung zwischen unseren Völkern sei. Er hat dem damals noch vehement widersprochen, und zwar ganz im Sinne der sowjetischen Theorie, wonach die Teilung eben die logische Folge der geschichtlichen Entwicklung sei.

Ich habe ihm entgegnet: »Schauen Sie sich den Rhein an, der an uns vorbeiströmt. Er symbolisiert die Geschichte; sie ist nichts Statisches. Sie können diesen Fluß stauen, technisch ist das möglich.

Doch dann wird er über die Ufer treten und sich auf andere Weise den Weg zum Meer bahnen. Und so ist es mit der deutschen Einheit. Sie können ihr Zustandekommen zu verhindern suchen, und dann erleben wir beide sie vielleicht nicht mehr. Aber so sicher wie der Rhein zum Meer fließt, so sicher wird die deutsche Einheit kommen - und auch die europäische Einheit.« Über diesen Gedankengang haben wir uns später noch oft unterhalten. Michail Gorbatschow hat sich meine Überlegungen angehört und nicht mehr widersprochen.

Kurze Zeit später, im August 1989, erhielt ich einen Anruf des damaligen ungarischen Ministerpräsidenten Nemeth. Wir hatten Un-

Erinnerungen im Gespräch mit Ulrich Wildermuth am 19. September 1991, veröffentlicht u.d.T. »Vom Rhein über den Kaukasus und Dresden zur Einheit« im Extrablatt der SÜDWEST PRESSE, 2. Oktober 1991.

garn bei seinem Reformkurs tatkräftig unterstützt. Bei diesem Telefongespräch teilte Nemeth mir mit, die ungarische Regierung werde die Tausende von Flüchtlingen aus der DDR nicht zurückschicken, sondern die Grenze nach Österreich für sie öffnen. Er hat Wort gehalten und vier Wochen später, auf den angekündigten Tag genau, die Grenze geöffnet. Es war mir klar, daß dieses Ereignis die Entwicklung vor allem auch in der DDR stark beschleunigen würde.

Im November reiste ich nach Polen, um dort Gespräche über einen Vertrag zu führen, in dem wir gute Nachbarschaft und freundschaftliche Zusammenarbeit vereinbaren wollten. Während ich dort war, wurden die Berliner Mauer und die innerdeutsche Grenze geöffnet. Selbstverständlich habe ich meinen Besuch deswegen kurz unterbrochen.

Was sich dann am 10. November 1989 vor dem Schöneberger Rathaus abspielte, war schon – vorsichtig gesagt – merkwürdig. Der rotgrüne Berliner Senat hatte zu einer Kundgebung aufgerufen und mich als Redner angekündigt, ohne daß ich gefragt worden war. Nach meiner Landung in Berlin fuhr ich mit Blaulicht zum Schöneberger Rathaus. Dort war die ganze linke Gefolgschaft aufmarschiert und begrüßte mich mit großem Gebrüll.

In seiner Rede sprach dann Herr Momper jenen skandalösen Satz, an den er sich heute nicht mehr gern erinnern läßt: Es gehe nicht um Wiedervereinigung, sondern um Wiedersehen. Das war natürlich gegen mich gerichtet, denn alle wußten, daß ich das Ziel der deutschen Einheit niemals aufgegeben hatte. Und während die linke Gefolgschaft mich auspfiff, erhielt ich die Nachricht, Gorbatschow habe in Bonn angerufen mit der Frage, ob Berichte zuträfen, wonach die Lage in Berlin völlig aus dem Ruder laufe. Ich stand eingezwängt auf dem Balkon des Schöneberger Rathauses und hatte keine Möglichkeit, selbst ans Telefon zu gehen.

Der KGB und die Stasi wollten eine militärische Intervention der in der DDR stationierten sowjetischen Truppen herbeiführen; daran besteht für mich gar kein Zweifel. Und das ausgerechnet in dem Augenblick, in dem Tausende von jungen Menschen auf der Mauer tanzten. Ich habe dann Gorbatschow antworten lassen – ich selbst konnte es ja nicht, weil ich nicht vom Balkon wegkam –, er habe mein Wort, daß diese Befürchtungen nicht zuträfen. Die Stimmung sei wie bei einem Familienfest.

Knapp drei Wochen später, am 28. November 1989, habe ich dann im Bundestag mein Zehn-Punkte-Programm für die deutsche Einheit vorgestellt. Der Kerngedanke war, über die Zwischenstation »konföderative Strukturen« zu einem deutschen Bundesstaat, zu einem vereinten Deutschland zu gelangen. Hierauf gab es viele unfreundliche Reaktionen, auch im Westen. Mir wurde vorgeworfen, ich hätte mich mit den Verbündeten, mit unseren Freunden nicht abgestimmt. Aber das Zehn-Punkte-Programm enthielt in Wahrheit nichts, was nicht der Politik des Westens seit Jahrzehnten entsprochen hätte.

Wie es weitergehen würde, das wurde mir wenig später schlagartig klar, als mein Flugzeug am 19. Dezember in Dresden landete. Dort traf ich den damaligen DDR-Ministerpräsidenten Modrow. Auf den Dächern vor dem Flughafengebäude standen viele Menschen, und als ich aus dem Flugzeug stieg, drehte ich mich zu Rudolf Seiters um und sagte ihm: »Die Sache ist gelaufen.« Als wir dann in die Stadt hineinfuhren, waren die Straßen rechts und links von Schulklassen gesäumt, von Arbeitern, die ihrem Betrieb ferngeblieben waren, und vor dem Hotel standen die Menschen gleich zu Zehntausenden.

Nach alledem stand fest: Ich mußte zu den Menschen reden, aber wir wußten nicht, wo und wie wir das organisieren sollten. Der damalige Dresdner Oberbürgermeister Berghofer hat uns dann aus der Verlegenheit herausgeholfen. Und bei der Kundgebung waren über hunderttausend Menschen anwesend. Für mich war es eine der schwierigsten Reden, die ich je gehalten habe, weil ich unter allen Umständen vermeiden mußte, die Emotionen aufzupeitschen.

Die Botschaft meiner Rede war: »Wir gehören zusammen. Wir wollen gemeinsam in Freiheit leben. Deutschland, einig Vaterland!« Diese Botschaft fand ein überwältigendes Echo. Auch am nächsten Tag, als wir Dresden verließen, kamen die Menschen wieder zu Zehntausenden. Aus alledem gab es nur eine Schlußfolgerung: Das SED-Regime war am Ende.

Anfang 1990 kam dann der Wahlkampf zur ersten demokratischen Volkskammer-Wahl. Zu Anfang gab es viel Hohn und Spott für die CDU. Ich wurde hämisch gefragt, wo in der DDR eigentlich unsere Verbündeten seien. Das seien doch alte sozialdemokratische Kernlande. Doch es gelang uns, in ein paar Nächten die »Allianz für Deutschland« zu schmieden, bestehend aus dem Demokratischen

Aufbruch, der CDU und der DSU. Bei diesen Gesprächen griff ausgerechnet Wolfgang Schnur, der kurz darauf als Stasi-Mitarbeiter enttarnt wurde, die Ost-CDU am schärfsten an: Mit diesen Leuten könne man sich überhaupt nicht zeigen.

Mein erster Wahlkampfauftritt war in Erfurt. Ich fuhr dorthin mit dem Auto, und überall an den Autobahnbrücken hingen schon Transparente, die mich begrüßten. Als wir dann nach Erfurt hineinfuhren, fiel uns als erstes auf, daß selbst überall auf den Straßenbahnen Plakate klebten, und als wir schließlich den Platz der Kundgebung erreichten, standen dort mehr als hunderttausend Menschen. Es war unfaßbar. Hier zeichnete sich zum ersten Mal ab, daß die Chancen der »Allianz für Deutschland« besser waren, als alle Skeptiker vorausgesagt hatten. Ein paar Tage später bin ich dann zum Wahlkampf nach Chemnitz gefahren. Dort waren es schon 200000 Menschen. Und so ging es weiter.

Daneben galt es, die äußeren Aspekte der deutschen Einheit im Rahmen der »Zwei-plus-Vier«-Gespräche zu regeln. Michail Gorbatschow war dabei die Schlüsselfigur. Schon im Februar 1990 hatte er im Prinzip das Recht der Deutschen anerkannt, in einem gemeinsamen Staat zu leben, wenn sie dies wollen. Ungeklärt war aber noch die Frage geblieben, ob er mit der vollen Souveränität Deutschlands einverstanden sein würde, und dazu gehörte natürlich auch das Recht der Deutschen, über ihre Bündniszugehörigkeit selbst zu bestimmen.

Im Juli 1990 flog ich deshalb nach Moskau und anschließend in den Kaukasus. Es war Gorbatschows Vorschlag gewesen, daß ich in seine Heimat kommen sollte – ein Zeichen dafür, wie ausgesprochen freundschaftlich unsere Beziehung inzwischen geworden war. Bei unseren Gesprächen ging es, wie gesagt, um die Frage, ob das vereinte Deutschland in der NATO bleiben könne oder nicht. Alle möglichen Leute hatten die Befürchtung, jetzt würden die Deutschen aus der Atlantischen Allianz herausgelockt.

Noch in Moskau sagte ich Gorbatschow, wir müßten diese Frage an Ort und Stelle regeln, weil es sonst gar keinen Sinn hätte, in den Kaukasus zu fahren. Ich machte ihm klar: Sollte er mich vor die Alternative stellen, zwischen der deutschen Einheit und dem Ausscheiden Deutschlands aus der NATO wählen zu müssen, dann bräuchten wir nicht weiterzureden. Darauf würde ich mich nicht einlassen. Wenn eine Einigung darüber ausgeschlossen sei, wäre es für mich besser, wieder heimzufahren, als für die Medien eine Show ohne Ergebnis aufzuführen. Hierauf entgegnete Gorbatschow nur, ich bräuchte die Reise in den Kaukasus nicht abzusagen. Das Ergebnis unserer Gespräche ist ja bekannt.

Während des Fluges von Moskau in den Kaukasus sprachen wir sehr lange miteinander – er, seine Frau und ich. Wir haben über seinen Vater und seinen Großvater gesprochen, der – ein überzeugter Kommunist – in der Stalin-Ära viel zu leiden hatte. Gorbatschow hielt ein kleines Kolleg über die Geschichte der KPdSU. Es war hochinteressant. Über das eigentliche Thema meiner Reise redeten wir nicht, aber es war deutlich zu spüren, daß die Frage entschieden war – in dem von mir gewünschten Sinne. Daran gab es für mich keinen Zweifel mehr.

Schon bei unserem Abflug aus Moskau hatte ich zu den Mitgliedern der Delegation gesagt: »Für morgen könnt Ihr Euch auf eine große Überraschung gefaßt machen.« Am Abend haben wir dann die entscheidenden Verhandlungen geführt – mit dem bekannten Ergebnis, daß die Sowjetunion dem vereinten Deutschland das Recht zugestand, über seine Bündniszugehörigkeit selbst zu bestimmen, das heißt in der NATO zu bleiben.

Wenn ich heute Rückschau auf diese Zeit halte, dann bin ich sicher, daß wir Deutschen im Jahre 1990 die Chance zur Einheit nur während einer Zeitspanne von vielleicht vier bis fünf Monaten hatten. Danach wäre sie vertan gewesen. Deshalb habe ich die Gelegenheit ohne zu zögern genutzt. Alle Vorwürfe, ich hätte überstürzt gehandelt, wir drückten auf das Tempo, haben sich ja im nachhinein als äußerst töricht erwiesen.

Im Jahre 1990 gab es ein weiteres Thema, dem ich mich intensiv gewidmet habe – der europäischen Einigung. Meine These ist, daß die deutsche Einheit nur eine halbe Sache wäre, wenn nicht auch noch die europäische Einigung hinzukäme. Ein vereintes Deutschland und ein vereintes Europa – das sind für mich zwei Seiten derselben Medaille.

Bei unseren Partnern hat sich auch in der zweiten Hälfte des Jahres 1990 die Erkenntnis durchgesetzt, daß die Bundesrepublik eben nicht nach Osten abdriftet, sondern eine treibende Kraft im Prozeß der europäischen Einigung bleibt. Viele hatten ja Angst, die Deutschen würden abdriften – jedenfalls dachten sie so. Margaret Thatcher war da ganz ehrlich, sie hat es offen ausgesprochen.

Von ganz großer Bedeutung waren deshalb die beiden EG-Gipfel im Oktober und im Dezember 1990, auf denen der gemeinsame Vorschlag von François Mitterrand und mir aufgegriffen wurde, zusätzlich zur geplanten Wirtschafts- und Währungsunion auch die Politische Union zu schaffen. Das war für viele in der EG der endgültige Beweis, daß die Deutschen auch nach der Wiedervereinigung gute Europäer sind und bleiben.

Am Rande bemerkt: Ich finde es immer noch erstaunlich, wie wenig die SPD 1990 begriff, was sich da entwickelte. Es ist für mich schwer begreiflich, daß eine Partei mit so großer Tradition die einmalige historische Chance der Deutschen nicht erkannte. Bei führenden Sozialdemokraten mußte ich einen Mangel an historischem Verständnis feststellen. Sie reduzierten die Frage der deutschen Einheit auf ein materielles, auf ein ökonomisch-soziales Problem und verkannten auf diese Weise die geschichtlichen, die geistig-kulturellen Kräfte, die sich in Bewegung gesetzt hatten. Ihnen ging das Gespür für Geschichte ab.

Wenn Sie mich fragen, wo die entscheidenden Weichen im Wiedervereinigungsprozeß seit 1989 gestellt wurden, dann antworte ich Ihnen: Es war mein nächtliches Gespräch mit Gorbatschow, als er im Juni 1989 in Bonn war. Ich meine das nicht in dem Sinne, daß wir damals bereits konkrete Abmachungen getroffen hätten. Aber es war ein Durchbruch zu gegenseitigem Verständnis.

Gorbatschow hat ja sehr früh erkannt, daß die Tage des Kommunismus gezählt sind. Es gab für ihn nur zwei Alternativen: Entweder versucht die Sowjetunion, die politischen, wirtschaftlichen und gesellschaftlichen Reformen aus eigener Kraft zu schaffen. Die andere Möglichkeit war, westliche Hilfe anzunehmen. Dabei können die Deutschen eine entscheidende Rolle spielen, weil sie – und vor allem der Bundeskanzler – mit zu den verläßlichsten Partnern und Freunden der USA gehören; ihr Wort hat Gewicht.

Im Rückblick auf alles, was 1989 und 1990 geschehen ist, empfinde ich zunächst einmal große Dankbarkeit. Ich empfinde Dankbarkeit nicht zuletzt darüber, daß ich die Chance hatte, in einer entscheidenden geschichtlichen Stunde der Deutschen unser Vaterland zur Einheit in Freiheit zu führen. Solange ich politisch aktiv war, ist mein Ziel gewesen, einen Beitrag zur deutschen Einheit – wie auch zur europäischen Einigung – zu leisten. Für mich ist ein Traum in Erfüllung gegangen.

Was die Frage der deutschen Einheit anbetrifft, so hat es zwischen Franz Josef Strauß und mir niemals einen Meinungsunterschied gegeben. Er war ein deutscher Patriot. Jedermann weiß, daß wir uns oft miteinander gestritten haben. Aber angesichts der törichten Diskussion, die gegenwärtig über seine deutschlandpolitischen Aktivitäten geführt wird, will ich hier wiederholen, was ich schon vor dem Deutschen Bundestag gesagt habe: Franz Josef Strauß hat sich um die Einheit unseres Vaterlandes große Verdienste erworben.

Wir haben oft darüber gesprochen, wie lange das SED-Regime noch überleben könne. Wir wußten, daß es auf tönernen Füßen stand – aber wie brüchig das Fundament war, habe ich nicht gewußt. Als der Gedanke eines Milliarden-Kredits für die DDR aufkam, als es darum ging, ob wir Honecker ökonomisch helfen sollten, da war mir klar, daß wir bei einer positiven Entscheidung auf großes Unverständnis bei der Anhängerschaft der Union stoßen würden. Deshalb war es wichtig, daß beide Parteivorsitzende eine gemeinsame Haltung eingenommen haben. Daß Franz Josef Strauß dieses Vorhaben unterstützte, erleichterte die Sache ungemein.

Entscheidend war, daß wir gegenüber Honecker auf einer Gegenleistung bestanden haben: Die Gegenleistung bestand darin, daß er Millionen von Landsleuten aus der damaligen DDR – darunter vielen Menschen unterhalb des Rentenalters – Besuche in der Bundesrepublik ermöglichen mußte. Über die Folgen dieses Schritts war er sich offenbar gar nicht im klaren: Diese Besuche haben das Bewußtsein für die Zusammengehörigkeit der Nation geschärft und die Feindbilder der SED-Propaganda zerstört. Auf diese Weise hat das SED-Regime sich selbst das Wasser abgegraben. Im Jahre 1989 war schon jeder fünfte Bewohner der DDR mindestens einmal in der Bundesrepublik zu Besuch gewesen.

Das entscheidende Problem ist jetzt, wie wir Deutsche miteinander umgehen: Ob wir genügend Geduld füreinander aufbringen; ob die Menschen in den neuen Bundesländern erkennen, daß der Wohlstand im Westen nicht vom Himmel gefallen ist, sondern hart erarbeitet wurde. Andererseits beobachte ich im Westen immer wieder eine gewisse Überheblichkeit.

Ich wende mich entschieden gegen jede Form von Arroganz und Überheblichkeit gegenüber den Deutschen in den neuen Bundesländern seitens mancher Deutschen im Westen. Ich will es an einem Beispiel erläutern: Was wäre aus mir geworden, wenn ich 1930 in Leipzig und nicht in Ludwigshafen geboren worden wäre? Ich wäre mit größter Wahrscheinlichkeit auch in der DDR zur CDU gegangen – das war 1947 die CDU eines Jakob Kaiser. Wenn ich in der DDR geblieben wäre, hätte ich den Bau der Mauer im Alter von 31 Jahren erlebt. Ich kann nicht sagen, ob ich dann nicht versucht hätte, mich mit den Verhältnissen in der DDR irgendwie zu arrangieren. Ich habe größten Respekt vor denen, die sich nicht arrangiert haben – bis hin zur Konsequenz, daß sie ins Gefängnis kamen. Wenn man sich das klarmacht, dann wird man bescheidener und zurückhaltender.

Deshalb werde ich immer wieder mahnen, daß jene Deutschen, die das Glück hatten, jahrzehntelang in Freiheit zu leben, bei der Beurteilung ihrer Landsleute in den neuen Bundesländern, die jahrzehntelang auf der Schattenseite deutscher Geschichte leben mußten, Fairneß und Verständnis zeigen.

33 Bedeutung der kulturellen Dimension des europäischen Einigungsprozesses

I

Ich danke herzlich für die Auszeichnung, die mir heute verliehen worden ist. Für mich ist sie nicht nur ein Zeichen der Anerkennung. Ich fühle mich dadurch auch in die Pflicht genommen, in einer historischen Phase europäischer Politik auch weiterhin mit aller Kraft für die Einigung unseres Kontinents einzutreten.

[...] Das Wirken der Stiftung F.V.S. ist ein eindrucksvolles Beispiel dafür, was privates Engagement, schöpferische Initiative und Phantasie für das Gemeinwohl zu leisten vermögen. Die wertvollen Beiträge zur Verständigung zwischen West und Ost, zwischen Deutschen und Franzosen, ihr vielfältiges Engagement zur Förderung von Wissenschaft und Kunst sowie ihre wegweisenden Initiativen zum Schutz der Natur und zur Pflege von Kulturdenkmälern verdienen hohe Anerkennung. All dies ist patriotisches Wirken eines deutschen und europäischen Weltbürgers.

Für Sie, verehrter Herr Professor Toepfer, war unternehmerisches Wirken stets nur ein Teil Ihrer Lebensaufgabe. Ihr Ideenreichtum und Ihre Tatkraft galten zugleich der Förderung des Allgemeinwohls. Ihm fühlten Sie sich stets in besonderer Weise verpflichtet. Die Kunstpreise und Stipendien, die die von Ihnen gegründeten Stiftungen vergeben, sind ein Spiegelbild der Vielfalt, die das kulturelle Leben unseres Vaterlands und unseres ganzen Kontinents auszeichnen. Frühzeitig haben Sie die Bedeutung der Einigung Europas erkannt und zu Ihrer Vertiefung beigetragen. Für dieses verdienstvolle Wirken danke ich Ihnen.

Daß Sie gerade Straßburg als Ort der Preisverleihung gewählt haben, ist gewiß auch Zeichen für die große Bedeutung, die die deutsch-

Rede vom 12. November 1991 anläßlich der Verleihung des »Europapreises für Staatskunst« der Stiftung F.V.S. in Straßburg.
Bulletin des Presse- und Informationsamts der Bundesregierung Nr. 137 (3. Dezember 1991).

französische Freundschaft für die europäische Einigung hat. Aus der vermeintlichen Erbfeindschaft vergangener Zeiten ist längst eine enge Freundschaft geworden, die dem europäischen Einigungswerk viele entscheidende Impulse gegeben hat und gibt. Wer wie ich aus einer Grenzregion kommt, fühlt ganz besonders den grundlegenden Wandel, der sich im Verhältnis beider Länder zueinander vollzogen hat.

Es ist von besonderer symbolischer Bedeutung, daß wir hier im Europaratsgebäude zu Gast sind. Diese Institution verkörpert wie keine zweite die Einheit Europas im Geist der Menschenrechte – jenen »Genius Europas«, von dem Papst Johannes Paul II. 1988 in seiner Rede vor dem Europäischen Parlament hier in Straßburg gesprochen hat.

Die politischen und gesellschaftlichen Umbrüche in Mittel-, Ost- und Südosteuropa haben das Gewicht des Europarats vergrößert und werden dies auch weiterhin tun. Ich freue mich, daß nach Ungarn und der ČSFR auch das demokratische Polen noch in diesem Monat in den Europarat aufgenommen wird.

Die Menschen, die jahrzehntelang jenseits des Eisernen Vorhangs ein Leben unter kommunistischer Diktatur führen mußten, haben ihre Selbstbefreiung in den Jahren 1989, 1990 und 1991 stets auch als »Heimkehr nach Europa« verstanden. Die Aufnahme der neuen Demokratien in den Europarat drückt besonders deutlich aus, daß sie in der großen Familie der freien Völker unseres Kontinents herzlich willkommen sind.

Von Anfang an hat der Europarat seine Aufgabe auch darin gesehen, das Bewußtsein für die kulturelle Einheit Europas wachzuhalten und zu pflegen. Auch in dieser Hinsicht wird seine Bedeutung wachsen. Ökonomische Fragen sind für die Einigung unseres Kontinents von wesentlicher Bedeutung – ich erwähne hier nur die starken Impulse, die von der Vorbereitung auf den Europäischen Binnenmarkt 1992 ausgegangen sind, und auf den zwischen EG und EFTA vereinbarten Europäischen Wirtschaftsraum, der rund 380 Millionen Menschen umfassen wird.

Dennoch habe ich immer wieder davor gewarnt, die kulturelle Dimension des europäischen Einigungsprozesses aus dem Auge zu verlieren. Die gemeinsame Kultur ist das stärkste Band, das Europa zusammenhält und auch in Zukunft zusammenschließen wird. Gerade die Menschen in Mittel-, Ost- und Südosteuropa haben sich das Bewußtsein für die kulturelle Einheit Europas bewahrt – und keine Diktatur hat dieses Zusammengehörigkeitsgefühl jemals zerstören können. Sie haben stets Wert darauf gelegt, daß sie nicht nur geographisch, sondern auch aus ihrem Selbstverständnis, aus ihrer Tradition, aus ihrer Geschichte heraus geistig und kulturell Europäer sind.

II

Der Eiserne Vorhang existiert nicht mehr, die Bundesrepublik Deutschland liegt nicht mehr am Rande des freien Westens, sondern im Herzen eines in Freiheit zusammenwachsenden Europa. Der tiefgreifende Wandel in Europa bedeutet einen Sieg der Freiheit über die Unfreiheit, einen Sieg der Menschen über totalitäre Systeme. Er wäre aber auch nicht möglich gewesen ohne die standfeste und beharrliche Politik der freiheitlichen Demokratien des Westens.

Entscheidend war, daß wir, die freiheitlichen Demokratien des Westens, Anfang der achtziger Jahre zwei schwere Bewährungsproben bestanden haben. Die Europäische Gemeinschaft befand sich damals in einer Phase der Stagnation. Die Atlantische Allianz stand vor einer außergewöhnlichen Herausforderung.

Mit der Durchführung des NATO-Doppelbeschlusses 1983 hat die Bundesrepublik Deutschland einen unerläßlichen Beitrag zur Festigung des Atlantischen Bündnisses geleistet. Ich nehme gerne die Gelegenheit wahr, Ihnen, Herr Kollege Schmidt, für Ihre Leistung zu danken, denn ohne Ihre Vorarbeit beim NATO-Doppelbeschluß wäre so nicht möglich gewesen, was ich dann in Ihrer Nachfolge für die Bundesrepublik Deutschland erreichen konnte.

Die sowjetische Führung mußte die Aussichtslosigkeit ihrer Versuche erkennen, europäische und amerikanische Sicherheit voneinander abzukoppeln und auf diese Weise die Allianz zu spalten. Ich bin davon überzeugt, daß diese Erfahrung eine wesentliche Voraussetzung für die Politik des »Neuen Denkens« in der Sowjetunion gewesen ist – Präsident Gorbatschow hat mir das selbst bestätigt.

Ohne diese Erfahrung wäre es nicht zu den großen Erfolgen bei Abrüstung und Rüstungskontrolle gekommen, die Wiedervereinigung Deutschlands läge noch in weiter Ferne, und die Reformbewegungen in Mittel-, Ost- und Südosteuropa wären auf dem Wege zu Freiheit,

Im Palais de l' Europe in Straßburg nimmt Bundeskanzler Dr. Helmut Kohl den Europa-Preis für Staatskunst der Hamburger Stiftung F.V.S. »für seine Verdienste um die deutsche Wiedervereinigung« entgegen.

Demokratie und Marktwirtschaft noch nicht so weit vorangekommen. Diesen Bewegungen ist auch durch die weitreichenden Fortschritte der Europäischen Gemeinschaft der Rücken gestärkt worden.

Auf dem Europäischen Rat vom Juni 1983 in Stuttgart wurden erstmals Rückschritte und Stagnation überwunden und neue Anstöße zur Fortentwicklung der Gemeinschaft gegeben. Ich habe damals erklärt: »Wir müssen den Weg zu einem gemeinsamen Europa fortsetzen. Dazu gibt es keine Alternative, es sei denn den Rückfall in das 19. Jahrhundert.«

Wir haben seither die Süderweiterung der Gemeinschaft durch die Aufnahme Portugals, Spaniens und Griechenlands erfolgreich durchgeführt. Gleichzeitig haben wir große Fortschritte bei der Vertiefung der europäischen Integration gemacht. In gut zwölf Monaten wird der große Europäische Binnenmarkt mit 340 Millionen Menschen vollendet sein.

Und es ist jetzt schon abzusehen, daß die Europäische Gemeinschaft noch in diesem Jahrzehnt eine erneute Erweiterung erfahren wird. Mit dem für mich sicheren Beitritt Österreichs und Schwedens Mitte dieses Jahrzehnts und mit dem wahrscheinlichen Beitritt Finnlands und Norwegens, um nur einige zu nennen, wird sich die EG immer umfassender als europäische Gemeinschaft darstellen.

In nicht ganz einem Monat werden die Staats- und Regierungschefs der EG in Maastricht über die europäische Wirtschafts- und Währungsunion und die Politische Union entscheiden. Auch hier handelt es sich um weitere wichtige Etappen auf dem Weg zu unserem großen Ziel – den »Vereinigten Staaten von Europa«.

Die politische und wirtschaftliche Einigung Europas und die deutsche Einheit waren für mich immer zwei Seiten einer Medaille. Die deutsche Einheit haben wir erreicht, jetzt widmen wir uns mit aller Kraft der Erfüllung des zweiten großen Auftrags in der Präambel unseres Grundgesetzes von 1949, die Einigung Europas herbeizuführen. Sonst würden gerade wir Deutsche die Herausforderung der Geschichte verfehlen.

Mit der Vollendung der staatlichen Einheit Deutschlands und im Zuge des europäischen Einigungsprozesses wird von Deutschland zu Recht ein stärkeres Engagement erwartet, um gemeinsam mit unseren Partnern die politischen, wirtschaftlichen und ökologischen Herausforderungen in Europa und der Welt zu bewältigen.

III

Der Europäische Rat in Maastricht ist der Testfall für die Bereitschaft der Mitgliedstaaten der Europäischen Gemeinschaft, ihr Schicksal unwiderruflich miteinander zu verknüpfen. Wir wollen die beiden Regierungskonferenzen über die Politische Union sowie die Wirtschafts- und Währungsunion zum Erfolg führen. Zwischen beiden Konferenzen besteht für mich ein unauflöslicher Zusammenhang. Die

Politische Union ist das unerläßliche Gegenstück zur Wirtschafts- und Währungsunion.

Die Bundesrepublik Deutschland wird in Maastricht keiner Vereinbarung zustimmen, in der nicht einigermaßen adäquat Politische Union und Wirtschafts- und Währungsunion zusammenpassen. Alles andere wäre falsch, denn eine Wirtschafts- und Währungsunion ohne den notwendigen politischen Rahmen wäre auf Dauer zum Mißerfolg verurteilt.

Für mich steht fest, daß mit der Schaffung der Politischen Union eine Stärkung der Rechte des Europäischen Parlaments verbunden sein muß, denn wir wollen ein Europa der Gewaltenteilung. Ich möchte das gerade in Straßburg betonen: Die Kompetenzen des Europäischen Parlaments müssen deutlich erweitert und denen der nationalen Parlamente angenähert werden.

Wir wollen einen föderalen Aufbau Europas, das dem Prinzip der Subsidiarität verpflichtet sein muß, denn beides - Föderalismus wie Subsidiarität - hat sich bei uns und anderswo in vielfältiger Weise bewährt. »Einheit in Vielfalt« ist unsere Vision von Europa. Der Dreiklang »Heimat - Vaterland - Europa« wird die Zukunft der europäischen Völker bestimmen.

Zur Politischen Union gehört auch eine gemeinsame Außen- und Sicherheitspolitik. Nur wenn die Europäer mit einer Stimme sprechen und gemeinsam handeln, werden sie aktiv zur Lösung der großen Probleme unserer Zeit beitragen können. Ich nenne nur das Stichwort Jugoslawien. Wir kommen um die Frage nicht herum, welches Instrumentarium Europa benötigt, um mit derartigen Konflikten fertig zu werden oder besser noch: ihnen vorbeugend zu begegnen.

Viele, die jetzt über mangelndes Engagement der EG klagen, vergessen, daß man der Europäischen Gemeinschaft das Instrumentarium zum gemeinschaftlichen Handeln bisher nicht gegeben hat. Gerade die Erfahrungen, die wir jetzt in Jugoslawien machen müssen, bestärken mich in der Überzeugung, daß es höchste Zeit ist, auch die Politische Union zu schaffen. Ich weiß, daß wir uns damit eine Aufgabe gestellt haben, die keinen Vergleich in der Geschichte kennt, und ich bin mir auch bewußt, daß wir noch viele Schwierigkeiten zu bewältigen haben.

Die jüngste deutsch-französische Initiative hat vor allem zum Ziel, in dem für das europäische Schicksal entscheidenden Bereich der Außen- und Sicherheitspolitik zu einem möglichst engen Schulterschluß zu kommen. Es geht darum, daß die Europäer - auch im Sinne einer Lastenteilung - stärker zu ihrer eigenen Verantwortung stehen und den europäischen Pfeiler ausbauen, so wie es auch unsere transatlantischen Partner seit langem fordern.

Ein vereintes Europa ist auf Dauer ohne gemeinsame europäische Verteidigung nicht denkbar. Dies ist weder Ausdruck des Zweifels am Atlantischen Bündnis noch ein Versuch, konkurrierende Zuständigkeiten zu schaffen.

Es geht hier in Wahrheit nicht um ein Entweder-Oder, sondern um ein Sowohl-als-auch: Wir brauchen die NATO noch für lange Zeit - und wir brauchen den europäischen Pfeiler in der Allianz. Wir wollen die Präsenz der USA in Europa auch in Zukunft, aber es liegt zugleich im Interesse des Bündnisses - gerade auch unserer amerikanischen und kanadischen Freunde -, den europäischen Pfeiler zu stärken.

IV

Eine weitere Aufgabe, die sich Deutschland wie auch der Europäischen Gemeinschaft stellt, ist der Ausbau der wirtschaftlichen und politischen Zusammenarbeit mit unseren Nachbarn in Mittel-, Ost- und Südosteuropa. Es ist unsere Pflicht, unseren Beitrag zu leisten, damit Soziale Marktwirtschaft und Demokratie dort auf Dauer verankert werden.

Der gesamte Westen sollte sich immer vergegenwärtigen, daß eine solche Entwicklung in seinem eigenen Interesse liegt. Das gilt auch für die Baltischen Staaten und ebenso für die Republiken der sich erneuernden Sowjetunion. Wir Deutsche haben uns bereits in den vergangenen Jahren stark engagiert - und tun es auch weiterhin. Aber wir können diese Last nicht alleine tragen. Nur gemeinsame Anstrengungen aller westlichen Industrienationen versprechen auf Dauer Erfolg. Ich möchte auf das entschiedenste jenen Auffassungen widersprechen, die da lauten: Erst einmal abwarten, was aus dem Ganzen wird, und dann über Hilfen sprechen.

Wir standen im August dieses Jahres für drei Tage vor der Frage: Wird sich in der Sowjetunion wieder alles ändern? Wird es einen Rückschlag geben? Wird eine Militärdiktatur entstehen? Wenn dies so gekommen wäre, hätten wir erneut erhebliche Finanzmittel für Waffen ausgeben müssen, so wie wir es zur Verteidigung von Frieden und Freiheit aus guten Gründen in den vergangenen Jahrzehnten getan haben.

Es ist eine glückliche Entwicklung, daß wir in den nächsten Jahren und Jahrzehnten die Chance haben, in einer friedlichen Zeit dieses Geld dafür auszugeben, daß Gegner und Feinde von gestern Partner und Freunde von heute und morgen sein können. Vor kurzem sprachen wir in Rom auf dem NATO-Gipfel davon, daß Mitgliedstaaten des ehemaligen Warschauer Pakts heute ernsthaft hoffen, Mitglied der NATO zu werden. Daran erkennt man doch, wie sehr sich das Bild innerhalb weniger Jahre geändert hat.

Zur gesamteuropäischen Verantwortung der EG gehört auch, daß die Reformstaaten Mitglied der Gemeinschaft werden können, sobald sie die politischen und wirtschaftlichen Voraussetzungen erfüllen. Ein wichtiger Schritt auf diesem Wege werden Assoziierungsverträge sein, wie sie zur Zeit zwischen der EG und den neuen Demokratien Polen, Ungarn und ČSFR verhandelt werden.

V

Wir leben in einer Zeit, in der sich umwälzende Ereignisse geradezu überstürzen. Das sollten wir uns immer wieder bewußt machen. Der Fall der Berliner Mauer am 9. November 1989 war darin ein entscheidendes Datum. Václav Havel, ein Bürgerrechtler und Schriftsteller von europäischem Rang, wurde Präsident der ČSFR. Leningrad heißt wieder St. Petersburg, und in der letzten Woche ist die KPdSU in Rußland endgültig verboten worden. So hat die August-Revolution als Antwort auf den Putschversuch in Moskau das Zeitalter des Kommunismus auf unserem Kontinent endgültig beendet.

In den fünf Jahren vom Fall der Mauer bis zu den nächsten Wahlen zum Europäischen Parlament im Sommer 1994 vollzieht sich in Europa ein Wandel, von dem vor kurzem kaum jemand zu träumen wagte. [. . .]

Wenn wir Europäer die Chancen, die sich uns allen heute bieten, beherzt nutzen, dann können wir unseren Kindern einen Kontinent des dauerhaften Friedens und gesicherter Zukunft hinterlassen. Daran mitzuarbeiten, darf ich Sie alle einladen.

Bildnachweis

(Die Ziffern verweisen auf die Nummern der Reden)

Deutscher Bundeswehrverband e. V. (Jörg-Thomas Födisch): 9
von Mannstein Werbeagentur, Solingen: Umschlagvorderseite
Presse- und Informationsamt der Bundesregierung: 3, 14, 15, 33 sowie sämtliche Bilder des Farbtafelteils

Register